内定獲得のメソッド

就職活動がまるごと分かる本

いつ？ どこで？ なにをする？

JN074003

マイナビ

はじめに

就職活動とは相手の心に食い込む力を試される活動

就職活動の過程では、仕事や社会に対する「理解力」、面接官に対する「コミュニケーション力」、1日に何社もの説明会・選考試験をはしごする「フットワーク力」、ES(エントリーシート)での「記述力」、面接での「プレゼンテーション力」など、さまざまなものが問われます。言うなれば、就職活動とはあなたの「総合的な人間力」が試される機会なのです。

就活知識ゼロの状態から、内定獲得レベルに成長できる

本書は、弱点を抱えた平凡な学生A君、B君、C子さんと、著者との会話形式で進行します。**アドバイスは6段階・54項目にわたり、就活の局面ごとに細かく解説した内容**になっています。また、4人の会話を通して、イメージを膨らませながら、内定獲得までの道筋を理解することができます。

採用担当者・面接官の考え方が手に取るように分かる

本書では、企業採用アドバイザーでもある著者の知識を元に、採用担当者及び面接官の考え方・求めるものを明らかにしてあります。皆さんは、就職活動の重要ポイントをただ暗記するのではなく、「なぜそれが必要であり、そうしたほうが良いのか?」を理解し、すっきりと納得できるでしょう。

毎年、多くの就活生が笑顔で社会に巣立っていきます。本書は、あなたの就職活動が笑顔で振り返られるものとなるよう、全力で応援します。

岡 茂信

もくじ

巻頭特集

内定獲得までのポイントを5分でチェック!

自己分析・ES・面接

就活実践テクニック

就職活動の準備はここから!　自己分析、エントリーシート(ES)、面接の準備に欠かせないポイントを紹介します。予備知識がほとんどない人でも心配ありません。各項目、5分程度のチェック作業に取り組むだけで、就職活動に必要な業界・会社・職種研究、自己分析の方法やES作成、面接対策のコツをダイジェストで学べます。これを読めば、就職活動の不安解消に、また効率的な就職活動にきっとつながります!

【就活キーワード解説】

業種…メーカー、金融など、会社を事業内容でグループ化した場合のグループ名とイメージしましょう。就活では、自分の取り組みたい仕事が明確であることが必要です。そこで、業種研究に取り組んで、できるだけ早く志望業種を絞り込みましょう(詳しくはP88〜91参照)。

職種…会社は例えば人事、営業など、複数の職が連動し成り立っています。企業は、学生が自分にマッチした職を自分自身で見つけることを求めますので、職種研究に力を入れ、志望職種を絞り込む必要があります(詳しくはP92〜95参照)。

自己分析…志望業種を絞り込むにも、自分にマッチした職を発見するにも、自己PRするにも、自分のことを自分自身が深く理解する必要があります。自己分析、他己分析を通して、あなたのアピールポイントや価値観、興味の方向性を深く掘り下げましょう(詳しくはP76〜87参照)。

エントリーシート(ES)…「大学生活で力を入れたこと」「当社を志望する理由」など、企業の質問に文章で回答するものです。業種、職種、会社研究、自己分析の結果を報告書としてまとめて提出するものとイメージすれば良いでしょう(詳しくはP168〜185参照)。

面接…大きくは、集団面接、個人面接の2種類に分けられます。合格するために、外してはいけないポイントもありますが、最も大切なのは面接官とのコミュニケーションを実のあるものにすることです。そのためにもアピールしたいことを整理しておきましょう(詳しくはP188〜247参照)。

キャリアビジョン…入社後10年、20年と続く仕事において、あなたが設定する目標です。企業は、本気で志望している人はキャリアビジョンを持っていると考え、面接などで確認してきます。ですから、自分のキャリアビジョンをしっかりと形成する必要があります(詳しくはP112〜115参照)。

あなたの就活準備は今、どの段階?

まずは各項目をチェックして、あなたが就職活動の過程の中で、今、どの段階にあるのかを客観的に確認しましょう。太字の部分は特に大事なポイントです。該当しない項目は飛ばして先に進んでも良いですが、項目の内容はしっかりと確認して今後の就職活動に役立てましょう。各項目は就活の進度に沿っており、P43から始まる本編の内容と関連しています。

(就活初期では、今後の「やることリスト」として活用できます)

スタート段階

1	□「有名な会社、大きな会社に就職したい」**こんな就活意識では企業に相手にされない**と理解できている
2	□**やりたい仕事、向いている仕事探し**を始めなくては、就活は始まらないと理解している
3	□やりたい、向いている仕事を探すには、自分を理解する必要があるため**自己分析**を始めている

就活の進路模索段階

4	□自己分析の結果、自分の**特徴、長所、短所、興味の方向性、価値観**が掴めてきている
5	□自分の特徴が掴めてきたので、**業種、職種研究**を始めている
6	□自分に向いていそうな業種・職種候補が見つかっている

研究初期段階

7	□候補とした業種の中に、**どのような会社があるかを検索**してみた。**3社ほど、会社説明や募集要項**を読んでみた
8	□募集要項で志望職を募集しているかを確認した。募集していない場合は、志望業種もしくは職種を変え、**現実に応募できるように自己分析をし直してみた**
9	□応募できる会社の会社案内を**10社程度**、真剣に隅から隅まで読んでみた
10	□多くの会社が共通的に**「社風や仕事のやりがい、会社が目指す方向性」**に力を入れて紹介していることが分かった

本格研究段階

11	□**イメージではなく、仕事や会社の中身を詳しく研究する必要性**を実感した
12	□会社と仕事研究で便利なのは社員紹介記事だと思った
13	□紹介されている社員は、皆、**仕事や会社に前向き。自分も同様になる必要がある。また、前向きな気持ちに説得力をもたせる**には、自分自身をしっかりと理解する必要性を改めて感じた
14	□改めて自己分析し、**仕事に求めるやりがい、会社と共有したい価値観、目指すべきキャリアビジョン**を整理した
15	□特に将来のキャリアビジョン形成には時間がかかったが、**どのような理念をもった会社やプロジェクト、顧客の抱える問題解決に長きに渡って関わっていきたいか**が固まった
16	□業種や職種志望がますます強固になった（迷いがある場合は、一度、5に戻ってみよう）

応募開始段階

17	□応募する会社を増やすために50社以上、会社を研究した。ビジョンが明確なので、**自分が応募したい会社、そうでない会社を区別しやすい**（区別しにくい場合は、一度、14に戻ってみよう）
18	□応募したい会社が増えてくると、**少しでも、価値ある仕事ができ、成長できる会社に入社したいという欲が出てきた**

志望レベル充実段階

19	□会社の**業績**（例、社員一人当たり売上高、売上高営業利益率、複数年の業績動向）を調べた
20	□業績を表計算ソフトに入力し、平均値を出してみた
21	□平均値以上の会社を優先して合説や説明会で接触した。肌で感じるものをメモした
22	□好感をもった会社をもっと知りたくなり、**社員訪問**も行った。ここで感じたこともメモした
23	□業績、肌で感じたことをもとに、**大きく第一志望群と第二志望群**に分けた

選考段階

24	□志望順位はあるが、**内定を一つ得るまでは、どの会社も第一志望**の意識で選考に臨んでいる
25	□くじけそうになっても、学校の**就職課や就活仲間の応援を得ながら**、諦めずベストを尽くしている

『自己分析』攻略１

先輩たちの自己PRを参考に始めてみよう

就活では、ES、面接など、自己PRが必要になる場面がいくつかあります。自分の売りとなる特徴を理解するためにも、大学生活を通してあなたが取り組んだこと、アピールポイントになりそうなこと、成長できたことを整理しておきましょう。

STEP 1　あなたが大学生活で取り組んだことを記入しましょう。	
ゼミ・研究室概要	
資格・語学	
部活動・サークル	
アルバイト	
趣味・その他	

〈例〉アルバイト→接客 家庭教師　語学→英語（英検準１級）独語

STEP 2　以下は先輩たちが自分のアピールポイントにした内容です。あなたの経験と重なるものがあればチェックしましょう。（複数選択可、ピッタリ同じでなくとも近いと感じるものにはチェックしましょう）	
全体	□期限を意識し、計画を立て進めた　□隙間時間まで無駄なく使った □自己管理を徹底しメリハリある生活ができた　□長期間、継続している □質にこだわった
主に勉強	□留学・Wスクール等に全力で臨んだ　□友人が刺激となり、今までの何倍も頑張った □新規の研究テーマに取り組んだ　□研究に関連することを学外でも情報収集した □実験や発表では事前準備を充実させた　□勉強・実験法を創意工夫した □失敗原因を明らかにし修正・改善できた
主に課外活動	□自主的に仕事を探した　□持論に固執せず周囲と協調できた　□チームをまとめた □後輩のお手本となるよう率先して動いた　□合宿等を段取れた、経費を削減できた □サークル等を立ち上げた　□対立関係を間に立ち解消した □アルバイトでは世代の違う方とも円滑に業務を進めた
成果	□マニュアルを作り採用された、効率化に繋がった　□接客法等のアイデアが採用された □新しい環境に適応できた　□教授や社員、お客様に評価された □売上や動員人数等、前年以上の結果を残した　□学会等で発表した □優秀な成績を残した・資格に合格した
その他	〈例〉苦労を乗り越えることが、自信につながることを知った

『自己分析』攻略2

企業のニーズと一致するあなたの成長は?

企業は成長できる人を求めています。ここでは、自己分析攻略1で振り返った大学生活の取り組みを通して、自分が成長できたことを明らかにしましょう。

以下に、企業が就活生に求める力を取り上げました。あなたが大学生活を通して成長したと思える内容にチェックを入れましょう。(複数選択可、ピッタリ同じでなくとも近いと感じるものにはチェックしましょう)

□物事に進んで取り組む力

□他人に働きかけ巻き込む力

□目標に向かって努力する力

□現状を分析し課題を明らかにする力

□困難から逃げず克服に向けて粘り強く取り組む力

□新しい価値を生み出す力

□自分の意見をわかりやすく伝える力

□相手の意見を丁寧に聴く力

□意見や立場の違いを理解し、相互理解を築く力

□社会のルールや人との約束を守る力

□ストレスを解消、回避する力

□友人やチームの抱えた問題を自分のこととして取り組む力

□自分やチームのモチベーションを上げる力

□向上できると自分を信じる力

□その他　あなたが大学生活の取り組みを通して獲得できた力

(　　　　　　　　　　　　　　　　　　　　　　　　　　　　)

※「社会人基礎力」(経済産業省)を参考に作成

『自己分析』攻略3

他己分析で自己分析をさらに強化!

企業の採用担当者や面接官など、他者から常に評価されるのが就職活動です。そこで、ここでは身近な友人・知人(他者)からあなたがどのように見られているのか確認し、自己分析の一つとして活用しましょう。

友人・知人に、あなたの長所と一致するものをチェックしてもらいましょう。チェックが多くついた項目3つは、特に自信を持って、あなたがESや面接でアピールするものと位置付けます。どのような取り組みで、この長所を発揮したかを振り返り整理しておきましょう。(一人複数選択可、□枠の中に「正」の字で記入してもらいましょう)

積極性		協調性		問題解決能力	
主体性		変革・創意工夫		挑戦	
挫折・困難克服		リーダシップ		メンバーシップ	
探究心		責任感		その他 (　　　　　)	
その他 (　　　　　)		その他 (　　　　　)		その他 (　　　　　)	

※各キーワードについては、P74を参照。友人・知人が上記キーワード以外のものを評価してくれた場合は、その他欄に書き加えてもらいましょう。

友人・知人に推薦の一言を寄せ書きしてもらいましょう。
〈例〉山田(あなたのお名前)さんは仕事では決して手を抜きません。

『自己分析』攻略4

将来をイメージし企業の期待に応えよう

企業は、目標をもって長く共に歩む人を求めています。そのため面接などでは「5年、10年後、あなたは仕事でどのように活躍していますか?」といった質問をします。この質問に答えられないようでは、単に目先の就職先を探している、少しの苦労で辞めてしまいそう、といった印象をもたれてしまうので注意が必要です。そこで、仕事における将来のあなたについても考えてみましょう。

あなたの将来を思い描くためのヒントとなるキーワードを、以下に紹介します。これらを参考に、将来、自分がどのように活躍していたいかを考え、近いものがあればチェックしましょう。(複数選択可)

将来イメージ候補(複数選択可)

□社長　□得意とする部門の最高責任者　□一芸をもった現場の仲間から頼りにされるスペシャリスト

□複数の現場チームを束ねる管理者　□チームリーダー　□サブリーダー

□完成までに何年もかかる大プロジェクトを担当　□新商品や技術開発を担当

□後輩から頼りにされる先輩　□豊富な現場経験を活かして人材教育、店舗指導等を担当

□現場から離れ人事や総務の間接部門職で活躍　□顧客から絶大な信頼を得る会社の顔の一人

□海外で新規出店や顧客開拓を託される　□日本と海外を行き来し商談をまとめている

□仕事とプライベートの両方が充実している

□資格をコツコツと取得した結果、上位の資格を取得。仕事の相談相手として頼りにされている

□大学の専攻を活かせる職にステップアップ　□部下から慕われる上司　□地元に密着し貢献している

□営業・販売成績が常にトップクラス　□独立し自分の店・会社を経営

その他、あなたがイメージする将来像

(　　　　　　　　　　　　　　　　　　　　　　　　　　　　)

将来の自分をイメージした理由は?
面接で質問されても、答えられるように理由をまとめておきましょう。

〈例〉得意の語学を武器に活躍している自分でいたいから

『業種・職種研究』攻略1

今すぐ研究すべき業種を定めよう!

志望業種を絞るためには、まず、たくさんある業種を整理し、自分がより詳しく研究すべきものを見極めていく必要があります。以下の3つの仕事の分類の中から、あなたがもっとも興味を覚えるものを1つ選び、その中から研究する業種を選びましょう。

どの業種も、必ず専門性(知識・技術等)を有し、それらを駆使して、「作る」「とりもつ」「支援する」のいずれかの役割を担っています。これらの役割説明を読み、あなたが直感的にもっとも興味を持てるものを1つ選びましょう。

□作る	人や社会を便利・向上させるものを作り、提供する仕事。自動車、電機等のメーカーが代表的だが、憩いの空間を作るホテルや消費の場を作るデパート、社会基盤(インフラ)を作ることに関連した電力、鉄鋼なども該当する。
□とりもつ	顧客と顧客の間に立ち、問題解決やチャンスの拡大を実現する仕事。例えば、個人と企業、企業と企業の間に立つ、人材紹介業や商社が該当する。
□支援する	人や企業の足りないものを専門的なノウハウや情報、人材の提供を通して満たしたり、支える仕事。例えば、塾、コンサルティング、美容業等が該当する。

各分類に該当する業種を以下に紹介します。上でチェックを入れた3つの分類の中で、専攻に繋がるものや興味を持てるものにチェックを入れ、研究を始めましょう。

「作る」を選んだ人の研究候補業種	
専門知識や技量を駆使して作る	□食品 □住宅 □インテリア □アパレル □薬品 □化粧品 □家電 □輸送用機器(自動車、船等) □医療機器 □ゲーム、玩具 □文具、事務機器 □スポーツ、レジャー □重電、産業用電気機器
人や企業活動の基盤となるものを作る	□建設 □情報通信 □輸送(鉄道等、陸海空運) □空港、港湾 □倉庫 □電力、ガス □セメント □鉄鋼
よりよい環境を作る	□農林水産 □リサイクル □プラントエンジニアリング
IT(情報技術)に関連したものを作る	□企業情報システム □ビジネス、ゲームソフト □コンピュータ、情報通信機器
消費の場を作り人々の生活地域の機能を高める	□百貨店 □スーパー、コンビニエンスストア □ホームセンター □ドラッグストア、調剤薬局 □自動車・関連商品 □書籍、音楽 □専門店(カメラ、電気機器、メガネ、貴金属、ファッション)
娯楽・憩・儀式の空間を作り人々の生活を豊かにする	□ホテル、旅館 □冠婚葬祭施設 □アミューズメント □外食 □芸能、エンターテインメント
その他、専攻やあなたの興味に関連する事業活動を発見したらメモしよう	

「とりもつ」を選んだ人の研究候補業種	
求職者と求人者、店子と大家、旅行者とホテル等をとりもつ	□人材サービス（派遣・紹介） □不動産賃貸情報　□旅行代理店 □保険代理店
メーカーと小売店の間をとりもち、主に専門的な商品を動かす（専門商社）	□輸送用機器　□精密機器 □医療用機器　□文具・事務・OA機器 □インテリア・建材・住宅関連 □電子・電気機器 □コンピュータ・通信機器・ビジネス・ゲーム製品
メーカーと小売店の間をとりもち、主に人々の生活で消費される商品を動かす（専門商社）	□食品　□日用雑貨・化粧品　□薬品 □メガネ、貴金属　□アパレル
メーカーと小売店の間をとりもち、主に娯楽・憩に関連する商品を動かす（専門商社）	□書籍 □ゲーム、玩具、アミューズメント □スポーツ、レジャー
国外の資源開発の権益を有するなど、グローバルに活躍する	□総合商社
その他、専攻やあなたの興味に関連する 事業活動を発見したらメモしよう	

「支援する」を選んだ人の研究候補業種	
個人や企業を資金面から支援	□銀行　□証券　□クレジット
個人や企業をリスクヘッジ面から支援	□損害保険　□生命保険　□リース、レンタル
スキル、専門知識を活用して 健康、学習、生活等を支援	□医療、福祉、介護サービス □エステ、理美容、フィットネスクラブ　□教育　□給食サービス
企業等の活動を一体となって支援	□システム保守、運用　□コールセンター　□セキュリティ □建設コンサルタント　□シンクタンク　□マーケティング、調査 □農業協同組合
個人や企業の情報発信・収集を支援	□広告、ディスプレイ　□出版　□マスコミ（放送、新聞） □インターネットサービス
人々や企業の社会活動を支援	□官公庁（法律やインフラを整備し円滑な活動を可能にする）
その他、専攻やあなたの興味に 関連する事業活動を発見したら メモしよう	

『業種・職種研究』攻略2

自分に向いている職種を絞り込もう!

あなたに向いている仕事の手掛かりをつかむために、以下の職種系3分類の中から、もっともあなたにマッチしているものを見つけましょう。まずは「職に求められる要素」の欄に、あなたが有していると思うものをチェックしてください。より多くのチェックが入ったものが、あなたに向いている職種系と考えられます。

職種系3分類	職に求められる要素
提案・行動系	□信頼性 □提案力 □企画力 □説得力 □軽いフットワーク □簡単にあきらめない耐力 □社会や仕組みに対する改善姿勢 □フォロー力 □情報収集力(他社動向等) □交渉力 □積極性 □段取りの良さ □人脈拡大力
専門知識・開発系	□器用さ □専門知識・スキル □創造力 □堅実性 □挑戦姿勢 □緻密性 □継続力 □効率追求意識 □製品や技法に対する改良姿勢 □先端動向に対するアンテナ(勤勉性) □注意深さ □探究心 □好奇心
応接・サポート系	□清潔感・マナー □奉仕・おもてなし精神 □機転 □平常心 □観察力 □記憶力(顧客の好みなど) □社交性 □気働き □笑顔 □能動性 □傾聴力 □エンターテインメント性 □啓発意識

←次ページに、各職種系に対応した職種を紹介しています。直感的に興味を持ったものにチェックを入れ、研究を始めましょう(複数選択可)。

提案・行動系のチェックが一番多かった人の研究候補職	□個人・法人営業　□広報・宣伝　□販売促進　□MR □コンサルタント　□記者　□セールスエンジニア □システムエンジニア　□百貨店の外商部員 □スーパーバイザー・エリアマネジャー　□バイヤー □ベンチャーキャピタリスト　□コーディネーター

専門知識・開発系のチェックが一番多かった人の研究候補職	□基礎・応用研究　□生産・品質・施工・在庫管理 □メンテナンス　□機械・電子・建築土木設計 □プログラマー　□ゲームクリエイター　□システム保守運用 □医療技師　□看護師　□薬剤師　□栄養士　□介護福祉士 □エステティシャン　□アナウンサー　□編集・制作　□デザイナー □金融ディーラー・アナリスト　□アクチュアリー　□経理・会計 □法務　□マーケティング　□商品開発 □パイロット・船長などの運転士　□整備士　□農業技術者

応援・サポート系のチェックが一番多かった人の研究候補職	□販売　□接客　□客室乗務員　□宅配員　□人事　□総務 □秘書・受付　□講師　□インストラクター　□カスタマーサポート □ファイナンシャルアドバイザー　□イベントコンパニオン □ツアーコンダクター　□バスガイド　□一般職　□窓口 □ホームヘルパー　□保育士　□店長

4つの観点で会社を選ぼう

応募する会社を絞るにも、志望動機を作成するにも、まずはあなた自身が会社を選択する基準（会社選択軸）を持つことが必要です。以下に、「企業の現状」「企業の将来性」「あなたを活かせるか否か」「社風」の4つの切り口で、会社を選択する際の軸となる要素を紹介しています。あなたが会社を選ぶ基準としたいものにチェックして下さい。

STEP1　企業の現状

まず志望する会社の現状に対して会社選択軸を設定しましょう。以下の候補の中で、あなたが会社選びで重視したいものがあればチェックしましょう。（複数選択可）

□M&Aで積極的に事業を拡大　□赤字でも将来性を感じるベンチャー企業　□内需が売上の中心を占める

□輸出が売上の中心を占める　□世界でトップクラスのシェアを占める製品を保有

□国家的プロジェクトに参加した実績がある　□社員一人一人の繋がりを感じる中小企業　□地元密着

□商品数、店舗数等、何かが業界トップクラス　□無借金経営

□本社社屋が質素で無駄な経費をかけていない　□社長が理系出身　□外資系企業

STEP2　企業の将来性

これから入社するあなたは、会社の将来性を重視する必要があります。今後の成長につながる投資を行っているか？　成長につながる強みをもっているかなどを研究した上で、会社選びを進めてみましょう。（複数選択可）

□研究開発に注力　□出店計画等、事業計画が挑戦的　□業績が複数年連続で伸びている

□事業を無理に拡げず堅実経営　□製品やサービスに独自性がある　□特許や高度な認定を有している

□大企業と取引がある　□大規模な事業構造改革を断行　□株式を上場・公開したばかり、する予定がある

□国の経済重点分野に関連する事業を行っている

STEP3　あなたを活かせるか否か

会社と共にあなたも成長できてこその就職です。会社制度や環境、ビジネスの規模などから、あなたを活かせる会社かどうかを考えながら会社選びを進めましょう。（複数選択可）

□専攻に関連するプロジェクトがある　□若手を抜擢している　□誰もが活躍できる

□社員の独立や資格取得を応援している　□得意の語学、資格を活かせる

□希望の部署に付ける可能性が高い　□地域限定社員制度がある

□社員教育に力を入れている　□評価方法が納得できる

STEP4　社風

それぞれの会社には、創業以来培ってきた社風や、その社風ゆえに表面に表れる学生への対応や取組みがあります（特別な取組みが無いというのも、社風の表れと見てとれます）。あなたが気持ちよく長く勤めることができるかどうかも、会社選びで重視しましょう。（複数選択可）

□会社理念に共感　□社長にメッセージ力がある　□学生への対応姿勢に好感がもてる

□社員に活気や親しみを感じる　□社員の定着率が高い

□一見、遊びとも思えるような社員の創造力を刺激する取り組みがある

STEP5　注意すべき会社選択軸

以下は、「メイン」の会社選択軸とはせず、あくまでも「サブ」的な要素として考えるべき企業の特徴です。志望動機として避ける理由は、これらを選ぶことで、あなたが事業に挑戦的に取り組みたいという姿勢ではなく、「寄らば大樹の陰」のような安定志向であったり、特に研究を必要としないレベル（＝会社研究不足）で企業を選んだりしている印象につながるからです。

就活初期は、つい、消費者の立場で目に入りやすい会社規模などが気になるのは仕方がありません。しかし、社員として雇用する人材を求める会社は、利益を生み出してくれる人、事業を拡大させてくれる人を探しています。その原則を理解し、STEP4までの会社選択軸で会社選びを進めましょう。

・家族も知っている　・その会社の商品を昔から知っているor好き　・大企業で安定していそう

・大企業の系列で安心できそう　・給料、福利厚生が充実している

・宣伝活動が活発でTVやネットでよく目にする　・社会貢献活動に積極的で美術館などを運営している

『ES』攻略1

あなたが作成すべき自己PRはこれだ!

以下の3つのエントリーシート(ES)例の中で、あなたがもっとも共感するものにチェックを入れましょう。ここで選択した記述タイプが、あなたが自己PRを作成する時の方向性を決めるヒントになります。

□内面中心型〈例〉

人見知りで緊張しやすい性格を少しでも克服したいとの想いをもってアルバイトに力を入れました。最初は、自分自身に「大丈夫。まずは自分からアクションを起こせ」と言い聞かせ、従業員同士の会話に耳を傾け、共通の話題はもちろん、そうではない話でも、その輪に入るよう努めました。この結果、1週間ですべてのスタッフと仲良くなれたことは自信となりました。そして能動的に動くことによって「人と人との間の壁を作るのも、壊すのも自分次第ではないか」といったことも考えるようになりました。この経験を通して、「短所を見て見ぬふりをし、いずれ治ると現実から逃げていた私」から、苦手を克服しようと行動できる私に変わることができました。

□失敗再挑戦型〈例〉

研究に必要な装置の設計を任されたのですが、出来上がったものは測定波形に除去困難なノイズが混じるトラブルを抱えていました。原因は、装置を導入する加工機の振動を十分に考慮できなかったからです。先生の期待に応えられず、また、時間や費用が無駄となり非常につらかったです。

再設計時には、同じ失敗を繰り返さぬよう、先生や先輩方と積極的にコミュニケーションをとりました。また、振動対策として衝撃吸収素材を活用し、ソフト面でも、振動が及ぼす影響を計算し、測定結果を基にそれを排除するように工夫しました。こうして完成した装置は、以前の10倍の精度で測定できるものになりました。この経験から、先生や先輩方からの助言を積極的に取り入れることの重要性を学びました。

□実績勝負型〈例〉

私の長所は「何事も最後まで継続しきる力」です。保育園の年少から高校まで珠算を習っていました。通常週3回、大会前には週4〜5回通って学習した結果、珠算4段、暗算7段の資格を取ることができました。さらに高校では珠算の全国大会に進むこともできました。大学では、珠算に注いだエネルギーを日々の勉強と、アルバイトやサークルとの両立に注いでいます。この結果、成績はクラスで一番です。また、多くの友人も得られ、充実した大学生活を送れています。一方、私の短所は優柔不断さです。何かを決める場合、いろんな面を考慮して決めかねてしまうのです。仕事では判断の素早さを求められると思いますので、この弱点を克服するために、決断までの期限を定めて考えるよう心掛けています。

←内面中心型はP21、失敗再挑戦型はP22、実績勝負型はP23で、具体的な自己PR作成のヒントを紹介します。

「内面中心型」のための自己PR作成ワーク

内面中心型の自己PRの特徴は、あなたの内面(動機、不安、考え等の心)を中心に内容を構成することです。以下を参考に、思慮深さや周囲への配慮など、あなたの前向きな取組みが伝わる自己PRを作成しましょう。

P20の内面中心型の文章例で内面が表れている記述部分

・人見知りで緊張しやすい性格を少しでも克服したいとの想いをもって

・「大丈夫。まずは自分からアクションを起こせ」と言い聞かせ

・「人と人との間の壁を作るのも、壊すのも自分次第ではないか」

・短所を見て見ぬふりをし、いずれ治ると現実から逃げていた私から克服しようと行動する私に変わることができた

以下は、就活の先輩たちが自分の内面について表現したものです。あなたの経験に重なるものがあればチェックし、自己PR作成のヒントにしてください。(複数選択可)

取り組みを始めるにあたっての動機	□打ち込めるものを見つけたい □一生の財産となる人間関係をたくさん作りたい □弱点を克服したい □社会経験を積みたい □社会で通用する武器を身につけたい □人脈や視野を広げたい □家族に頼らず自力で成し遂げたい □目標とする仕事に就くために専門性を高めたい □何かで一番になりたい □学業と課外活動を両立させたい □誰もやっていないことをやってみたい □高いレベルで自分を試したい □チームの目標達成に少しでも貢献したい □何としてもレギュラーになりたい
取り組み初期に感じた不安など	□自分の不甲斐なさに愕然とした □正直、役割を変わってもらいたい □クレームに納得できない、理不尽だ □1日くらいならサボってもいいかな □誰かがやってくれるだろう □自信があっただけに目の前が真っ暗になった □理解しないメンバーに腹が立った □ハングリーな他国からの留学生に圧倒された
成長に向かって踏み出した頃の気づきなど	□苦手だからこそ続けることが大切 □自分が感じた不安を少しでも解消してあげたい □友人の助け舟が、涙が出るほど嬉しかった □今、辞めたら、全てが無駄になる。ここで踏ん張らなければ □助けてくれた仲間に恩返しをしたい □日本の良さを留学先の人々に伝えたい □待つのではなく、自分から踏み出さねば

「失敗再挑戦型」のための自己PR作成ワーク

失敗再挑戦型の自己PRの特徴は、失敗（失敗内容、原因）→反省（申し訳ない気持ち等）→再挑戦（挑む気持ち、改善や工夫）→成果→成長と順序立てて内容を構成することです。以下の構成例を参考に、試行錯誤の過程が伝わる自己PRを作成しましょう。

P20の失敗再挑戦型の文章例で、失敗、反省、再挑戦、成果が記述されている部分

【①失敗】
装置の設計を任されたが、ノイズの混じるトラブルを抱えていた。

【②原因】
装置を導入する加工機の振動を十分に考慮できていなかった。

【③反省＝申し訳ない気持ち等】
先生の期待に応えられなかった。時間や費用を無駄にしてしまった。

【④再挑戦に挑む気持ち】
同じ失敗は繰り返さない。もっと良いものを作ってみせる。

【⑤改善・工夫】
先生や先輩方とのコミュニケーションを充実させる。素材・ソフト面で工夫。

【⑥成果】
以前の10倍の精度で測定できるものを完成させた。

【⑦成長】
先生や先輩方の経験からの助言を積極的に取り入れることの重要性を学んだ。

上記①～⑦に、あなたの経験を当てはめてみましょう。

「実績勝負型」のための自己PR作成ワーク

実績勝負型の自己PRの特徴は、実績や成果及び事実をしっかりとアピールしながら謙虚さでバランスをとって内容を構成することです。以下を参考に、あなたならではの努力や工夫、そしてその成果が伝わる自己PRを作成しましょう。

P20の実績勝負型の文章例で実績、成果、事実、謙虚さに該当する部分

【アピールしたい実績や成果】珠算4段、暗算7段。大学の成績はクラスで一番。

【事実】保育園の年少から高校まで続けた。通常週3回、大会前には週4～5回通って学習した。高校では全国大会出場。勉強と、アルバイトやサークルを両立し、大学生活は充実している。

【謙虚さ】優柔不断という短所があり、決断までの期限を定めて考えるよう心掛けている。

以下は、就活の先輩たちが自分の実績や成果について、具体的な数字を使いアピールした時の例です。あなたの経験に置き換えて、数字を使って表現してみましょう。

□（　　）年にわたって続けている　□週に（　　）日、定期的に取り組んでいる

□1日当たり平均（　　）時間行う　□アルバイトで稼いだトータル金額（　　）百万円

□学費や留学、Wスクールに自力で支払った金額（　　）十～百万円　□旅行先（　　）カ国、カ所

□アイデアや努力でUPした売上金額（　　）百万円　□勧誘した人数、担当した人数（　　）人

□イベント動員、研究で調査した人数（　　）人　□最初と比較し伸びた現在の得点（　　）点UP

大いにアピールした後に謙虚さでバランスをとることが、実績勝負型のポイントです。例文を参考に、謙虚さで締めくくる一文を考えておきましょう。

簡単作成!「会社」志望動機

以下の会社志望動機の例を参考に、あなたが志望する会社の志望動機を組み立てましょう。このワークは会社志望動機の文章を作る、いわば近道のようなものです。

会社志望動機の例

①私は香りの魅力によって人の生活や心を豊かにしたいと考え、貴社を志望します。②落ち込んだ時など、私は香りによって気分をコントロールします。③香りは、食べ物とは異なり、いくら味わってもカロリーを摂取しないので太りません。また、固形状のものは小分けにし、溶液のものは小瓶に入れ、どこにでも簡単に持ち運べるのも香りの良さです。④私はそんな香りの魅力を、より多くの人に知ってほしいのです。⑤しかし、そんな香りの魅力を掘り下げ、効用を伝える場が、国内にはまだまだ少ないのが現状だと思います。⑥業務用で実績のある⑦貴社に入社し、私が実現したいことは、自社ブランドの香りものの展開と、一般の方に香りの魅力を伝える教室の開催です。そこでは、お客様自身に調香師の体験もして頂きたいと考えています。⑧そのような経験を通し、生活の各シーンで香りを使い分け、幸せな気分に浸れる方が一人でも多く増えれば、私も幸せですし、貴社の成長にも貢献できると考えています。

会社志望動機の例の構成

①志望会社の商品やサービスを通して、誰に、何に、どう貢献したいか?

②あなたと商品やサービスとのかかわり。もしくは興味をもったきっかけ。

③あなたが実感している商品やサービスの特徴、素晴らしさ。

④商品やサービスの良さを伝えたい、広めたいという前向きな気持ち。

⑤商品やサービスの現状に対する問題意識(その素晴らしさに触れる機会が少ない等)

⑥志望会社の特徴、他社との違い。

⑦入社後の仕事ビジョン。(①を実現するための具体的取組み)

⑧取組みがもたらす効果(顧客への効果、志望会社のメリット、あなた自身の喜び)

※会社志望動機の例の構成①〜⑧に対応する、あなたの会社・業界研究結果や商品・サービスに対する思い入れ、取組みたいビジョンを順番に記述すると会社志望動機が出来上がります。

『ES』攻略3

簡単作成!「職種」志望動機

職種志望動機とは、あなたが応募した職で、活躍できることを証明する自己PRであると考えると良いでしょう。このワークは、職種志望動機の文章を作る、近道のようなものです。

職種志望動機の例

①法人営業には、〈A〉信頼関係構築力、〈B〉提案力、〈C〉フォロー力が必要と考えます。②私が、この職で活躍できることを、不登校児の家庭教師を務めた経験を通して証明致します。③担当した当初、その生徒は、勉強に対する集中力が低く、私と目を合わせてもくれませんでした。〈③-A〉そこで、その日の出来事や趣味の会話を通して、彼と良い関係をつくることを心がけました。〈③-B〉次に、将来の夢や目標を持つことが勉強のやる気に繋がると考え、彼の趣味である「料理」に関連した調理専門学校について調べ、進路として提案しました。これらの取組みの結果、彼は私におやつを作って出してくれるようになり、少しずつ教室で授業を受けるようになってくれました。〈③-C〉指導期間は半年で終了しましたが、その後もメールで連絡をとり、時々、訪問もしています。④現在、彼は管理栄養士を志し、大学進学を目標に頑張っています。

職種志望動機の例の構成

①志望職に必要な能力や姿勢は何かを研究し、二つ～三つ程度を目標に記述。

②「志望職で活躍できることを証明する」という決意を表す。

③①で記述した〈A〉〈B〉〈C〉の内容に対応した自己PRエピソードを展開。

④成果で締めくくる。

※職種志望動機の例の構成①～④に対応する、職種研究結果、決意、自己PR、自己PRに関連した成果を順番に記述すると職種志望動機が出来上がります。

『ES』攻略4

「自己PR」をレベルアップ！　PART.1

ESは、そこに記述した内容はもちろん、日本語の文章としての表現や、表記そのものも評価の対象となります。例えば、誤字脱字が多ければ単純に教養が低いと判断され、合格から遠ざかる要因にもなります。ここでは、「無駄を削る」という作業を通して、文章の質、ひいては自己PRのレベルを向上させる手順を紹介します。

【例文：成長につながった大学生活での経験は？】

私の成長を支えた大学生活の経験は大学の勉強とアルバイトの両立です。私は大学生活で大学の勉強とアルバイトとの両立をしていくことで時間管理の重要性を学ぶことができました。家から大学まで2時間半もかかるということもあり、朝早く起きなければならなかったりすることもある場合があり、帰宅も遅くなりました。週２回アルバイトをしていることもあり、他の人よりも勉強時間が短くなり、上手く時間管理して要領よく勉強をしていく必要がありました。その中で私は夜早く寝て朝早く学校に行き、勉強していくことにしました。その結果、クラスで１番という好成績を取ることができました。この経験を通して時間管理の重要性を学ぶことができました。時間管理を上手くすることで様々なことに取り組むことができると思うので、これからも様々なことに取り組んでいきたいと思います。（364文字）

【上記のES内容に対する人事担当者の評価例】

「成績面でクラス1番という成果をあげた。加えて週２回のアルバイトも両立させた」点は評価できるが、「私」「大学」「両立」「時間管理」「様々なことに」など**無駄な繰り返しが多い文章のため、仕事に伴う報告や説明能力に不安がある**。

←このESを、無駄な要素を「削る」ことで、レベルアップしていこう！

【無駄な要素を削って文章内容をレベルアップ!】

以下は例文の無駄な単語や繰り返しを削ったものです。全体の1/4強の文字数を削りましたが、内容はまったく損なわれていません。文章中の無駄な要素は、多くの学生のESで見受けられるので注意しましょう。

私の成長を支えたのは、勉強とアルバイトの両立です。これによって私は、時間管理の重要性を学びました。片道2時間半も通学にかかるため、朝早く起きなければならず、また、帰宅も遅くなりました。加えて、週2回のアルバイトもあり、他の人よりも確保できる勉強時間が短くなり、時間管理を上手くして要領よく勉強をする必要がありました。そこで、夜早く寝て、朝早く学校に行き勉強しました。その結果、クラスで一番という好成績を残せました。この経験から得た成長を活かし、これからも様々なことに取り組みたいです。
(243文字)※100文字以上削減

【無駄を削ったスペースを活用しアピール強化を図ろう】

以下は、無駄を削ったことで空いたスペースに、「週2回16時～21時」などの数値のほか、状況や効果を具体的に伝える内容を加え、さらに文章を修正したものです。(下線部分が追加した内容)

私の成長を支えたのは勉強とアルバイトの両立です。これによって私は、時間管理の重要性を学びました。片道2時間半の通学と、週2回16時～21時のアルバイトで、朝は早く、帰宅も夜遅い生活となり、他の人よりも勉強できる時間が短くなってしまいました。そのため、限られた時間を要領よく使い勉強する必要があったのです。そこで、私は夜早く寝て、朝早く学校に行って勉強しました。早く寝ると目覚めは常にスッキリとし、今までは寝て過ごした通学時間も勉強にあてることができました。さらに,静かな学校で勉強すると集中力も増す上に、疑問点は図書館で調べたり、友人に質問できたりと、良い効果ばかりでした。その成果が表れ、私はクラスで一番という好成績を残せました。この経験から得た成長を活かし、これからも様々なことに取り組みたいです。
(350文字)

改善前よりも文字数は増えていませんが、よりわかりやすく具体的にアピールすることができました。このように、「削る」、その後に「加える」という作業を通して、誰でも簡単にESの内容をレベルアップすることができます。
※何を加えるかは、P10、11、21、22、23のワーク結果を活用しましょう。

『ES』攻略5

「自己PR」をレベルアップ!　PART.2

PART.1に続いて、ちょっとした工夫で文章を改善できる自己PRのレベルアップ法をご紹介します。

誤字・脱字・誤変換をチェック

〈例〉試合に望む → 臨む（このような文字の誤用が多いと、文書の見直しという単純作業を怠り、仕事でケアレスミスを繰り返す…といった印象を与えます）

「思います」の多用を避け、明言した文章にする

〈例〉成長できたと思います。→ 成長しました。〈例〉活躍できると思います。→ 活躍してみせます。〈例〉短所を克服したいと思います。→ 短所克服のために○○を実行しています。

「中でも（特に）」を使用し、より多方面に努力した印象を強化する

〈例〉大学生活で力を入れたのはアルバイトです。→ 大学生活ではアルバイト、サークル、資格取得に取り組みました。中でも（特に）力を入れたのはアルバイトです。

印象の強い失敗エピソードを盛り込み、冒頭にインパクトを与える

〈例〉一番の困難はアルバイトです。私は初日、私が原因で店長に迷惑をかけてしまいました。この窮地に… →「申し訳ございません。私の責任です」アルバイトの初日、私のミスが原因で、店長に謝罪させてしまうことになってしまったのです。この窮地に…

「悔しさ」を伝える表現を加え、真剣な姿勢をアピール

〈例〉一番の困難は○○です。この困難を乗り越えるために… → 一番の困難は○○です。情熱を注いで取り組んでいただけに悔しかったです。この困難を乗り越えるために…

自力で頑張って成し遂げた事柄は、より強調してアピール!

〈例〉留学しました。留学先では… → 半年間、アルバイトに打ち込むことで費用を貯め、留学を実現しました。留学先では…

「格言」や「名言」などから、自分を表現する一文を探し活用する

〈例〉「為せば成る、為さねば成らぬ何事も」私は常にこの姿勢で取り組んでおり、大学生活で特に力を入れましたのは…

他者の評価でアピールを強化

〈例〉充実した研究生活を送っています。→ 教授から、「メンバーの中で一番意欲的で粘りもあるから、少し難しいが○○にチャレンジしてみなさい」と新たなテーマを頂くことができました。充実した研究生活を送れています。

数字（時間、人数、金額等）を利用し、内容をより具体化する

〈例〉資格を取得できました。→ 1日平均2時間、週5日以上の勉強を半年間継続し、資格を取得できました。

当事者意識（他者の置かれた状況を傍観せず、自分の問題として捉え行動する姿勢）が強いことをアピールする

〈例〉競合する他店が増える中、売上を伸ばそうと店長がたいへん苦労していることが分かりました。私は少しでも力になりたいと考え、チラシ配りや接客向上運動に率先して取り組みました。

挫折を前向きに捉えて表現する

〈例〉このように頑張りましたが、結局、レギュラーには成れませんでした。しかし、打ち込んだ日々は私の財産です。これからは仕事に、このエネルギーを注ぎます。

現在進行形で締めくくり、常に目標を持って努力している印象に

〈例〉○○に留学しました → ○○に留学した経験を土台に、現在はTOEIC700点から750点突破を目標に頑張っています。

一つの視点でなく、他の事柄にからめてアピールポイントを膨らませる

〈例〉Aの経験を通して積極性に自信を持てるようになりました。この自信を糧としてBにも積極的に取り組むことができました。

受け身な印象を与えるエピソードは書かない

〈例〉高校まで部活の経験がなく、どのように関係性を構築すればよいかで悩んでいました。こんな私を救ってくれたのは、友人たちです。友人たちが声をかけてくれたり、食事に誘ってくれたりしたおかげで、少しずつ周囲に馴染むことができました。→ 高校まで部活の経験がなく、上手に関係性を構築できるかどうかに不安がありました。この状況を変えようと、自分から積極的に挨拶することから始め、また、雑用を買って出ました。こうすることで、自分のキャラクターも理解され、チームに馴染むことができました。

見出しや箇条書きを活用し、要点が掴みやすい構成にする（箇条書き例は本書P185を参照）

〈例〉飲食店で働く私を自己採点した結果75点としました。理由は、仕事に役立つ「リーダーシップ」「利益貢献力」を身に付けたからです。
【リーダーシップ…40/50点】
3年目の現在、リーダーを任されています。同僚からは「指示が明確で働きやすい」と評価されています。
【利益貢献力…35/50点】
「店全体の排除率を5%下げ利益を10%上げる」という目標を達成しました。現在は、売上10%UPを目標にしています。これを達成できれば満点としたいです。

『ES』攻略6

差をつける「会社志望動機」のコツ!

企業の採用試験には多くの学生が志願します。そのため志望者の誰もが認知している会社案内や説明会の内容のみで志望動機を構成しようとすると、どうしても似かよった内容になってしまいます。そこで、それらの資料に載っていない情報を引用することで志望動機の内容の強化を図りましょう。引用する情報は、志望業界と関連する業界団体や公益法人、官公庁などのホームページ(P42を参照)で探しましょう。

業界情報を引用する前の一般的な志望動機
私が貴社を志望する理由は、旅行という感動創造サービスを通して、世界中の人々がワクワクし、感動を味わうための手助けをしたいからです。私は小さい頃から海外での生活に憧れ、違う国の文化や歴史に興味を持っていました。入学後は、可能な限り大学が催す諸外国との国際交流に参加しました。この経験を通して得られた、自分の知らない文化や考えをもった人々と触れ合う楽しさは忘れることができません。グローバル化時代において、海外旅行は世界中でさらに需要が増え、成長が見込めるジャンルです。貴社の一員となり、世界を行き来する楽しみを、より人々の身近なものにしたいです。

STEP1　引用で強化する点を決定する

業界全体に関する情報は探しやすい。この事例ならば、「グローバル化時代において、海外旅行は世界中でさらに需要が増え、成長が見込めるジャンルです」に関連する情報を探す。

STEP2　検索する

インターネットを活用し、「世界の旅行需要予測」「国際観光客の需要予測」等のキーワードで検索する。見つけた情報は「引用元を明らかにして」文章に加える。

←次ページで、情報を引用することで内容を強化した文例を紹介します。

引用例（強調文字が引用部分）

私が貴社を志望する理由は、旅行という感動創造サービスを通して、世界中の人々がワクワクし、感動を味わうための手助けをしたいからです。私は小さい頃から海外での生活に憧れ、違う国の文化や歴史に興味を持っていました。入学後は、可能な限り大学が催す諸外国との国際交流に参加しました。この経験を通して得られた、自分の知らない文化や考えをもった人々と触れ合う楽しさは忘れることができません。

グローバル化時代において、海外旅行は世界中でさらに需要が増え、成長が見込めるジャンルです。例えば、『国連世界観光機関（UNWTO）発表の20XX年世界観光動向』によれば、
・20XX年の国際観光客は前年比5200万人増（+5%）の1,087百万人となった。
・20XX年は更に4～4.5%の増加と予測される。
となっています。
貴社の一員となり、世界を行き来する楽しみを、より人々の身近なものにしたいです。

この引用を加えることで、以下のような視点で評価が得られます
・業界研究が他の人よりも広い、深い。
・社会人が使うレベルの情報を探し、活用する能力がある。
・説得力の高いプレゼンテーションを行うセンスがある。

他にも以下の検索キーワードで引用情報を探しましょう。

（商品、サービス名）＋「売上推移」「技術動向」「傾向」「先端的取組み」「現状」

他の引用例（強調文字が引用部分）

自動車メーカーで「交通事故死ゼロ」の実現に貢献したいです。**「世界では24秒に一人が交通事故で亡くなっている」**。自動車業界研究セミナーで聞いたこの言葉に衝撃を受けました。クルマはHVやEVとして様々に形を変え、ますます「利便性の高い乗物」になっていますが、ひとたび交通事故を起こせば、それは一気に「危険な乗物」という視点で語られるため、安全性は今後も最優先すべきテーマだと考えます。

厚生労働省の発表によれば、特定疾患医療受給者証所持者数は706,720 人で、人口10万対でみると571.4 とのことです。難病のため治療薬がなく、不安な毎日を過ごす患者さんが、こんなにも沢山いるのを知ったことが薬学部を目指すきっかけとなりました。

※業界研究セミナーや他社の説明会で仕入れた情報も引用情報として活用できます。

『ES』攻略7

「合格」するESと「残念」なESの違いとは？

ここでは同じテーマで書かれたESの違いを分析し、よりよいESを作成するためのポイントを確認しましょう。評価基準を理解すれば、自己PRの狙いも明確になります。

【長所・短所で構成した自己PRの文章の比較】

以下の例文A、Bは、いずれも「あなたの長所は？　短所は？」という同じ課題で作成されたものです。同じ課題で、文字数もさほど差が無いにもかかわらず、それぞれの評価にははっきりと差が生まれます。

なぜ、このような差が生まれるのか、比較評価を参考に分析してみましょう。

〈例文A／あなたの長所は？　短所は？〉

私の長所は、「過程にある苦労や努力、忍耐を楽しめる」ことです。趣味の模型製作においては、**長期的に製作期間、成果物を設定し**、最近では約1年をかけて「ボトルシップ」を完成しました（①）。**製作期間3カ月を目標とし、80個の部品**を製作するにあたっては（②）、**1つ部品が出来上がるごとに完成形を想像しモチベーションを喚起しながら**、完成させました（③）。

短所は、「こだわりが強すぎ、過剰品質になりがち」な点です。場合によっては、部品の**寸法が0.2mmずれた程度で**を作りなおすこともあります（②）。

この場合は、**既存の物をうまくを活用、修正するなどして、無駄な手間を省くことを心掛けています**（④）。

〈例文B／あなたの長所は？　短所は？〉

私の長所は、「何事にも冷静にかつ、慎重に物事を考えて進める」ことです。学生実験では、**開始から、器具を片づけて実験を終了するまで集中を切らさずに気を配ることで**（①）、大きな事故や実験器具の破損等の失敗をしたことがありません。

短所は、実験仲間の喜ぶ顔が見たくて、面倒な作業や頼みごとをつい引き受けてしまい、**結果的に自分の能力を超えた作業量を背負い込んでしまうことです**。そのため、友人からは「君はNOと言えないのが短所だな」と言われます（③）。この短所を治すために、**できるだけ自分の意思で物事を考えるようにしています**（④）。

以下は、例文A、Bを①「取り組む姿勢」②「具体性」③「伝わってくる人柄」④「締めくくり方」の4点（文中の①～④の番号に対応）で比較評価した結果です。特に、「伝わってくる人柄」「締めくくり方」で大きな差が開いていることに注目してください。

見比べる観点	比較評価
①取り組む姿勢	AもBも問題なし。この点では大きな差はない。
②具体性	Aには取組みの過程を表現する具体的な描写があり、Bにはない。
③伝わってくる人柄	Aは技術者に必要な作業効率意識を持つ点をアピールできているが、Bは大学生のアピールとしては物足りない。
④締めくくり方	Aは技術者に必要な作業効率意識を持つ点をアピールできているが、Bは大学生のアピールとしては物足りない。
総合	BよりもAの評価が高くなります。以下にBの改善例を示します。自己PRは、書き方次第で印象が大きく変わります。特に、自分に対して後ろ向きの印象は、与えぬように気をつけましょう。

〈Bの改善例：③と④を改善〉

私の長所は…（途中省略）…よく友達に「君はNOと言えないのが短所だな」と言われることもありますが、あえて、この短所を追求しようと考えています。なぜなら、人一倍作業することは、備品や器具に精通することや、手早く進めるスキル向上に繋がると考えるからです。人を助け、自分も得をする。こんな考え方で短所と付き合っていきたいです。

★あなたのESを○×でチェック!	
あなた自身を前向きに評価している内容となっているか?	
仕事の期待に繋がる意識や行動を紹介できているか?	

【会社志望動機の文章の比較】

以下の例文C、Dは、いずれも企業に対する志望動機をまとめた文章です。例文Cは人材派遣・紹介業、例文Dは洋菓子メーカーの会社に提出したものです。会社選択軸や業種研究の差が文字数の違いにも表れ、はっきりと優劣が付けられることが分かります。

〈例文C／人材派遣・紹介業への志望動機〉

私は、障がい者の社会参加の手助けをするために、貴社（人材派遣・紹介業）を志望します（①）。**私が大学2年の時に知り合った高校生が、聴覚障がいを抱えており、希望する就労先が地元にはないと悩んでいました。**この背景には、上京して働くことに対する彼の親の反対もありました（③）。この出会いがきっかけとなり、保護者も安心できる障がい者の就労支援を行いたいと考えるようになりました（①）。**私は、傷がい者の就労について、現在、以下2点の問題があると考えます。**

1. 中心地遠方の障がい者の方の就労には困難が多い。

2. 企業側からの過度の期待にされることがが負担となり、離職率が高い（②）。

以上の2点を改善するために、私は、貴社で以下の2点を実現したいと考えます。

1. 中心地遠方の障がい者に積極的に就労支援を行う。

2. 障がい者への理解が深まるように努め、定着支援を徹底的に行う。

以上を通して、**地域や障がい種関係なく社会参加できる環境を築きたいです**（④）。

〈例文D／洋菓子メーカーへの志望動機〉

私は、海外で働くことができるかもしれないことと、海外で食したチョコレートが印象に残ったことから、貴社を志望します（①）。

毎年、夏にヨーロッパでゴミ拾いのボランティアをしていますが、そこで親とはぐれた子供と遭遇し、**近くにあった貴社の店舗でチョコレートを買ってあげました。その子供は、笑顔で「ありがとう、お兄ちゃん」とお礼を言ってくれました**（③）。

この経験から、貴社のチョコレートには人を笑顔にする力があると感じ、この素晴らしいチョコレートの魅力を海外に広めたいと思いました（①）。**特に、東南アジアの空港を中心に展開していきたいです**（④）。

以下は、例文C、Dを①「志望理由」②「問題意識」③「エピソード」④「実現したいビジョン」の4点（文中の①～④の番号に対応）で比較評価した結果です。特に、「問題意識」の差が、二つの例文において大きなポイントになっていることが分かります。業種研究を通して、志望業種に存在する問題点や不便さ、発展の余地などに気づき、その内容を織り込むことが、優れた会社志望動機作成には必要となります。

見比べる観点	比較評価
①志望理由	「志」という基準で評価するとCが圧倒的に期待できる。
②問題意識	Cは、はっきりと明示しているのに対し、Dは問題意識がまったくない。Cからは業界研究を深めている印象を受ける。
③エピソード	Cには問題意識と関連するエピソードがある。Dにも心温まるエピソードがあるが、これ一つで採用担当者の心をつかめるほどの内容ではない。「貴社のファン」的な内容は訴求力が無いことが分かる。
④実現したいビジョン	C、Dともに記述あり。ただし、Cは問題意識に対応させていることで一貫性をもった内容だが、Dは唐突な印象を受ける。
総合	当然ながら、DではなくCが好評価を得る。Dは、P30で紹介した『国連世界観光機関発表の世界観光動向』を引用し、「UNWTOによれば、国際観光客の伸び率では東南アジアが+10%と顕著です。よって、東南アジアの空港を中心に新規店舗を展開したいと考えています」などとすれば改善できる。ただし、このビジョンに繋がる一貫性を持たせるように、冒頭から書き直す必要がある。

★あなたのESを○×でチェック!	
志望理由に「志」レベルのものがあるか？　企業の「ファン」レベルになっていないか?	
現状に対する問題意識 → 解決ビジョンという一貫性をもった内容か?	

【職種志望動機の文章の比較】

以下の例文E、Fは、いずれも職種に対する志望動機をまとめたものです。例文Eは技術職志望の理系学生、例文Fは企画職志望の文系学生が作成しました。職種志望においても、業種研究の差が、内容にはっきりと表れることが分かります。

〈例文E／理系学生の技術職への志望動機〉

私は、自動車の技術開発職を志望します。**近年、環境汚染や交通事故といったクルマが持つ「負」の部分へのユーザーの関心が高まり、快適性・安全性・環境性能等に対する要求は年々、多様化・高度化しています。そのため次世代のクルマに求められる高次元なテーマを乗り越えるには、革新的な材料や加工・要素技術の開発が必須と考えます**（①）。私は、この分野を志望するにあたり、未知の領域への挑戦は、絶えず大きな壁にぶつかることであり、失敗の連続でもあると覚悟しています。

大学の研究では、素材の効率的な作製方法やバラつきの出ない**評価方法を自ら考案しています**（②）。また未知の現象に対しては、以下の点を心掛け、持ち前の粘り強さを発揮しています。

1. 関連する国内外の論文からヒントを模索し、仮説を立てて実験を繰り返す。
2. データを多角的に検証・考察し、積極的に教授や先輩にアドバイスを求める。
3. より良い手法を考え、トライする。
4. 上記1～3を繰り返す（③）。

更にプレゼン力の向上にも力を入れており、現在は国際学会発表を目標に頑張っています（②）。

〈例文F／文系学生の企画職への志望動機〉

私は、企画職を志望します。これまで私は、テニスサークルで飲み会やイベント等を企画して仕切る役職を担当してきました。そこで私は、**みんなに楽しんで欲しいという想いから、自らたくさん企画を考えました**（②）。実際その企画したゲームなどが採用されたときは、とても嬉しかったです。また、先輩や後輩からも、**「君が考えた企画は盛り上がる」「先輩ホンマにおもろいです。企画向いてますね」といった声をかけてもらえた**ことからも、私は周りの人を幸せにすることを考えるのが得意であり、貴社でも活躍が出来ると考えます（③）。

以下は、例文E、Fを①「志望理由」②「積極・能動性」③「志望職に向いている証明」の3点（文中の①～③の番号に対応）で比較評価した結果です。職種志望では、何よりも「志望職に向いている証明」が重要で、その証明のために選ぶエピソードが大切なことが分かります。

見比べる観点	比較評価
①志望理由	Eは志望職を取り巻く状況を深く研究し、その上で「革新的な材料や加工・要素技術の開発が必須と考えます」と具体的なテーマを設定できている。Fには明確な志望理由がない。志望の真剣度はEから感じる。
②積極、能動性	E、Fともに記述されているが、とくにEは専攻と繋がる分野を志望する強みを活かしているため、人材としての期待度を高められている。
③志望職に向いている証明	E、Fともに記述あり。Eは研究の手順を具体的に示し、Fは他者の評価で説得力を持たせている。Eは、研究成果を加えると説得力が増す。Fは内輪の評価という印象が拭えず、アピール力が弱い。
総合	Eに対しての評価が高い。Fは「サークルの飲み会やイベントで、盛り上がる、面白いと評価された」という抽象的なアピールのため失敗している。例えば、動員人数や利益という具体的な成果を絡めたアピールが望ましい。他には、愛されるキャラクターという強みを活かし、志望を接客や営業職に変更することを検討しても良いだろう。

★あなたのESを○×でチェック!	
志望職の研究を深め、ふさわしいネタで作成できているか?	
そもそも、キャラクターや経験、専攻を活かせる職を選択できているか?	

『面接』攻略1

3つの質問予測で合格に近づこう!

面接官の質問を事前に予測し、その対策をしておくのが面接攻略のポイントです。この予想に利用するのが、あなたが提出したESとなります。面接官は事前にあなたのESを読み、質問のプランを立てています。以下の3つのポイントで、面接官の質問を想定し、臨機応変に回答する練習をしてみましょう。

〈ES例文〉

私が日々の生活の中で最も心がけていることは「妥協をしないこと」です。**大学ではレベルが一番高い200人規模のダンスサークルに入り、そこを代表するダンサーになることを目指しました。**しかし実際に入ってみると、自分のダンス技術が低いことにショックを受けました。そこで、ダンスの実力をあげるために、**サークル外でのネットワークを広げ、大会やショーで経験を積みました。**その結果、発言力のあるジャンルリーダーに選ばれ、幹部としてサークルを更によい場とすることにも力を入れることができました。特に初心者でも参加しやすい場とするために、基礎練習コースの充実に注力しました。

●面接官が注目するポイント1

大学ではレベルが一番高い200人規模のダンスサークルに入り、そこを代表するダンサーになることを目指しました。

●面接官が注目する理由

面接官は、より高いレベルを求めて行動する人材に興味を持つ傾向があり、どんなことに対しても常に同様の姿勢が保たれるかを確認するため。

●予測される質問

小規模で、すぐにあなたがトップレベルになれるサークルを選ぼうとは思わなかったの?

●面接官が注目するポイント2

自分のダンス技術が低いことにショックを受けました。

●面接官が注目する理由

自信が崩れたときに、どのように行動するか? を確認するため

●予測される質問

サークル外のネットワークを広げた意図と成果を教えてください。

●面接官が注目するポイント3

サークル外でのネットワークを広げ、大会やショーで経験を積みました。

●面接官が注目する理由

「面接官が注目するポイント2」とは逆に、理想を追求する積極性を掘り下げ、より評価できる点を肯定的にすくいあげるため。

●予測される質問

どのような団体、人と関係を築けたか、いくつか具体的に紹介して下さい。また、築いたネットワークをどのように活用したかを教えてください。

ワーク【以下の例文をもとにして質問予測力を鍛えましょう】

まる3年間、コーヒーショップのアルバイトに力を注いだ。私はお客様のコーヒーの好み、飲むタイミング等を会話の中で察し、もう一度来たいと言ってもらえる接客を心掛けている。この結果、店舗スタッフ60名以上の中で、年間のコーヒー豆の売り上げ第2位に入賞し、接客リーダーに選ばれた。店舗の売上げや、顧客の満足度をさらに上げるために、お客様とスタッフを対象とした、店舗独自のコーヒーセミナーを開催することを決めた。最初はあまり上手くいかなかったが、先輩や同僚、そして常連のお客様の意見を取り入れることを心掛けた。すると、セミナーが好評となり、定期的な開催が決まって、店舗全体の売り上げを約2倍近く引き上げることができた。

P38の「面接官が注目するポイント1」の注目理由を参考に、面接官が注目するポイントと質問を想定してみよう。

〈回答欄〉

〈想定例〉
注目ポイント：店舗スタッフ60名以上の中で、年間のコーヒー豆の売り上げ2位に入賞し、コーヒー豆の接客リーダーに選ばれた。
質問内容：あなたは何かするときは、上位になりたいと思うタイプなの?

P38の「面接官が注目するポイント2」の注目理由を参考に、面接官が注目するポイントと質問を想定してみよう。

〈回答欄〉

〈想定例〉
注目ポイント：年間のコーヒー豆の売り上げ2位に入賞
質問内容：1位の人から学んだことは?

P38の「面接官が注目するポイント3」の注目理由を参考に、面接官が注目ポイントと質問を想定してみよう。

〈回答欄〉

〈想定例〉
注目ポイント：お客様とスタッフ対象とした、店舗独自のコーヒーセミナーを開催
質問内容：セミナー実現のために、どう動いたの?　面倒だと反対されたりはしなかった?

『面接』攻略2

面接を「会話」に導く極意をマスターしよう

面接官があなたの話に興味を持ち、質問を重ねてくれれば、あなたは自分の経験について伸び伸びと話すことができるでしょう。自然な形であなたの人柄の素晴らしさを伝えることができれば、自ずと面接試験突破の確率が高まります。そこで、あなたのESに面接官が興味を持ち、質問してくれることを前提に、面接を会話ペースに持ち込む作戦を立てましょう。

STEP1　ESの中で、あなたが「いくらでも話せること」を確認する

以下の例文であれば、太字の部分が該当するポイント。学生時代に力を入れたことの中で、例えば一番苦労した、もしくはこだわって取り組んだ事柄などが、あなたの「いくらでも話せること」に当てはまるはず。

食品の製造過程で発生する、毛髪や虫等の異物混入は、売上やブランド力の低下を招き、企業にとっては大打撃となります。それだけに、機械や目視での検査以上に、異物が混入しない対策をとることが大切と考えています。**大学では寄生虫学研究室に所属し、ライトトラップを用いて学内の飛翔昆虫を捕獲、その虫の種類や発生源を調べる実験をしています。**この実験を通して食品に混入しやすい虫や発生源、侵入ルートおよび対策に関する知識やスキルを蓄積しました。私は、クリーンな工場を実現する取り組みにおいて、即戦力として活躍できると考えています。

STEP2　面接の質問を会話に持ち込む状況をイメージする

あなたの「いくらでも話せること」の中で、面接官が「ほ～」とか、「どうして?」など、もっと知りたいと興味を持つものは何かを考えましょう。面接官のこのような一言がきっかけとなり、「いくらでも話せること」が、質問の中心となる状況に持ち込むことができます。

〈会話例〉

面接官「大学時代に頑張ったことをお話しください」

「はい、私は寄生虫学研究室に所属し、学内にいる飛翔昆虫を捕獲し、その虫の種類を調べる実験に力を入れております。飛翔昆虫と言いますとハエが代表的ですが、他には、カメムシ、アリ、ユスリカ、アブラムシ、アザミウマ、寄生蜂などがいます。ハエに限ってもですね、イエバエ、クロバエ、クロバネキノコバエ、ノミバエなどに分類できまして、細分化しますと200種類にも及ぶんです」

面接官「ほ～、そんなに?」

「はい。これらをライトトラップという機械を用いて捕まえるのですが、捕まえた後に分類するのが大変でして、こんなふうに、あんなふうにして…」

面接官「それは大変な作業だね。緻密さや器用さが必要だね。最初は気持ち悪くなかった?」
「はい、最初は、大きなのはちょっと…でも、慣れてきた最近は、どれも愛おしく思えてきたりもしています(笑)。ちょっと話がそれましたが、この虫の発生場所はですね、外部から飛来するパターンと排水溝から発生するパターンに大きくは分かれます。ですから、対策もその発生源に応じてとらなくてはならないのです。外部飛来パターンの場合は…」
面接官「ほ~、詳しいね~」
「ありがとうございます。研究に打ち込んでいますので、自然と詳しくなれました」

ヒント:事例の場合は、ハエを細分化すると「200種類もいる」という点に面接官が驚き、もっと知りたいと興味を持ってもらえたわけです。あなたも、以下のような話題に関連した具体的な数字を提示できる場合は、回答の中で使えるように準備しておきましょう。

・アルバイトで新人教育の仕事に力を入れたことを記述したならば、「人数」
・サークルの会計職で部費の節約で成果をあげたことを記述したならば、「金額」
・TOEICで大幅なスコアアップを達成したことを記述したならば、「得点差」
・ゼミでアンケート調査からその分析、発表に力を入れたことを記述したならば、「件数」…など

【Web面接で面接官を喰いつかせる極意】

Web面接の受験者側のメリットは、言葉の説明が中心の対面面接に比較して、画面共有機能を活用することでプレゼン力を強化できることです。事例の会話例ならば、「飛翔昆虫の捕獲や発生源を調べているシーン=研究風景」を撮影、「ハエの種類の一覧画像」をネットで拾う等の事前準備をしておきましょう。特にゼミ・研究活動は、面接官の学生時代の専攻とかぶる可能性が低いため、喰いつかせやすいネタと言えます(人は自分が知らないことに興味を持ちやすい)。

他には、サークルの練習や試合シーン、メンバーの仲の良さが伝わる学園祭シーン、資格に挑戦したならば何冊もの参考書や合格証書、アルバイトならば業務を覚えるために書き込んだ手帳等、自己PRに関連したものを撮影し、デスクトップに保存しておくと良いでしょう。

もちろん、画面共有機能が使えないケースもあります。このケースを想定して、Webカメラを介して見て頂けるようにプリントアウトしたものや現物を手元に配置しておけば万全です。

就活コラム01

就活お役立ちサイト集

就職活動では、インターネットを通しての情報収集が非常に重要になります。必要に応じて下記のサイトにアクセスして、上手に活用していきましょう。

就活お役立ち主要サイト

マイナビ
http://job.mynavi.jp/

キャリタス就活
https://job.career-tasu.jp/top/

リクナビ
http://job.rikunabi.com/

Kabutan（株探）
https://kabutan.jp/

YAHOO！JAPAN ファイナンス
http://finance.yahoo.co.jp/

基本データ

企業の特色	連結事業
従業員数	平均年齢
代表者名	設立年月日
平均年収	決算数字

主要新聞サイト

日々のニュースチェックのためだけでなく、業界や企業関連キーワードで記事検索を行い、過去の記事もチェックしよう。

毎日新聞
http://mainichi.jp/

日本経済新聞
http://www.nikkei.com/

朝日新聞デジタル
http://www.asahi.com/

讀賣新聞オンライン
http://www.yomiuri.co.jp/

産経新聞
http://www.sankei.com/

REUTERS
http://jp.reuters.com/

その他お役立ちサイト

内閣府
http://www.cao.go.jp/
経済財政白書を通して経済動向をチェックしよう。

総務省 統計局
http://www.stat.go.jp/
人口、土地、家計、物価、企業動向など、日本の実情をチェックしよう。

新エネルギー・産業技術総合開発機構
http://www.nedo.go.jp/hyoukabu/
最先端技術に関する情報が充実している。

業界研究とネタ収集に有効利用しよう

*以下の協会名でウェブ検索してみよう。

日本冷凍食品協会
インテリア産業協会
日本化学繊維協会
日本製薬工業協会
日本鉄鋼協会
日本自動車工業会
日本新聞協会
日本雑誌広告協会
情報サービス産業協会
日本百貨店協会
日本チェーンストア協会
全国銀行協会
日本証券業協会
生命保険協会
日本損害保険協会
不動産協会
日本船主協会
日本フードサービス協会
日本旅行業協会
日本人材派遣協会
日本貿易会
日本アパレル・ファッション産業協会

内定出る人 出ない人

山あり谷ありの就職活動をA君、B君、C子さんと一緒に乗り越えていきましょう。あなたは一人じゃない!

登場人物プロフィール

岡先生

ジョブアナリスト。人事採用担当者の経験から、現在は大学での就職アドバイザー、企業採用アドバイスをはじめとしたさまざまな就職・採用支援活動を展開している。今回はA君、B君の就活アドバイザーとしてサポートを担当することに。

きまじめ A君

某大学生。「日本経済再生」をテーマに、現在は旅行代理店、銀行、システム会社を中心に就職活動をスタートしている。

ちゃっかり B君

某大学生。「食品」にかかわる仕事に興味があり、若いうちから裁量権を持って、大きなビジネスに携われる企業を狙っている。

しっかり C子さん

某大学生。3人の中では、就職活動にもっとも危機感を持っていて、早い段階から大学の先輩やOB・OGに積極的に話を聞き、情報収集している。

Part. 01
就職活動の全体像を理解しよう

まずは就活全体の流れを理解し、就活に必要な考え方・行動を学んで、
内定までの大きな方向性を確認しましょう。

就職活動の全体像を理解しよう

就職環境を確認しよう

景気動向に応じて、就活環境は厳しくなったり、緩んだりするものです。まずは就活環境をしっかりと確認・把握しましょう。

きまじめA君

A君、C子さんは就活環境をどのようにとらえているのかな？

人気企業に関しては「厳選採用」という状況ですね。家族や学校からも、「就活を甘く考えるな！」とプレッシャーをかけられています。

私も先輩から「出遅れないよう、3年生夏のインターンシップからスタートしなさい」とアドバイスされました。

きちんと状況を把握できているね。しかし、「厳しい」だけなら、中学生だって言えるレベルだ。大学生なのだから、もっと世の中の状況を説明しながら具体的に語ってほしい。それができなければ、就活を始めるレベルには至っていないぞ。

え〜と、為替変動によって企業業績が左右されるとか、生産性向上や戦略部門の強化を図るために、初任給を高くした専門職採用コースを設ける企業もあることなどをニュースで知りましたので、就活を甘く考えてはいけないと思います。

売り手「就活生」
就活生が苦労し
企業が有利な環境は
「買い手市場」！
ペコリ
買い手「企業」

うん、今の説明ならOKだ！　では、今後、君たちが就活に取り組むうえで頭に入れておくとよいキーワードをアドバイスしよう。就職活動には、「買い手」である「企業」と「売り手」である「就活する学生」が存在するのだが、入社の決定権を持つのは、どちらかな？

はい、それは企業だと思います。学生の入社意志を確認した後に企業が決定すると聞きました。

そうだね。就活では買い手である企業の採用動向について、特に関心を持っておくことが大切なんだ。

はい、メモしておきます。ところで質問なのですが、企業活動に影響する景気に変化があると、就活の困難さも変化するということですか？

その通り！　だから、政府の経済対策や日銀が発表する経済観測には、しっかり関心を持っておこうね。

ちゃっかりB君

は〜、なんか厳選採用なんて聞いちゃうとさらに気が重くなっちゃいますよ〜。なんか楽に就職できる裏技ってないっすかね〜？

ないものねだりしたって時間が無駄に過ぎるだけだぞ。それよりも、この就活をいかに充実した内容にして乗り切っていくかを前向きに考えようじゃないか！ そこでB君に質問だ。就活生＝売り手なのだが、B君、君の「売り」はいったい何だい？

きゅ、急にそんなことズバッと言われても〜…と、特に見当たらないっす。

きゅ
急に言われても…
B君の売りは？
売りがなければ企業に買ってもらえないぞ
売りなし
売りあり

そんな他人事ではまずいぞ。**売りがなければ買ってもらえない。これは、就活の根本原理の一つだ！** 例えば、不景気で消費全体が下がっているような状況だとしても、日々に必要なもの、付加価値の高いものはしっかりと売れるように、**売りのある人＝企業が必要とするものや、付加価値を持った就活生は、面白いように内定を獲得できるんだ！**

うわっ、売りを見つけないとマズイ〜。じゃないと就活頑張っても空回りじゃん。あの〜、ちなみに、売りがない人って、就活始める前に就活戦線を離脱しろってことっすか？

そんなことは決してない！ B君にも売りは必ずある！

でも俺、至ってフツ〜の学生っすよ。

普通で十分、普通の大学生であることに、胸を張ってもらいたい！

な、なんか、俺を慰めてくれてません？

そんなことはないよ。だって、**普通ということは、学業・サークル・アルバイトなどの大学生活を通して、他の学生と同様に成長できているということじゃないか！ 世の中の大学生として恥ずかしくないレベルに達しているんだから、何も萎縮する必要はないんだよ。** あとは、**就活のツボを押さえて、いかに無駄なく・最大限に自分をアピールするかだ！**

俺にも頑張りようがあるんすね！ やる気100倍っす！

お〜、なんという立ち直りの早さだ！ これはB君の売りかも！

解説は次のページへ！

就活のツボを押さえ、高い採用ハードルをクリアしよう

vol.01のポイント！

★ 就活を左右するのは採用活動の主役たち ★

就活の主役は、あなたです。しかし、主役はもう一人いるのです。それは企業（＝採用担当者や面接官）です。そして、有利な立場にいるのは一方の主役である企業です（企業の活動は、採用活動と表現します）。つまり、**あなたは主役を満足させなければなりません。**あなたは企業にいかに力強く自分を売り込むか？　何を売り込むか？　ということを考える必要があります。

★ 就活に気後れするな ★

特別な肩書きも栄誉も持たない。これが就活生99％の実像です。よって、特別でないことを悲観する必要はありません。あなたにも必ず「売り」があり、十分に戦えます。そこで、就活では絶対に気後れしないと誓ってください。この意識だけで、あなたは内定にかなり近付くのです。裏を返せば、**実力がないのではなく、気後れのために実力以下の評判しか得られず、損をしている就活生がいっぱいいる！**　ということなのです。

★ 経済動向には、しっかりとアンテナを立てよう ★

就活環境と経済・景気動向は密接な関係にあります。就活環境が、「厳しくなるのか？　それとも明るい展望が望めるのか？」は、日々の経済・企業関連のニュースが教えてくれます。あなたがいかなる学部に所属していようとも、就活中は必ず経済動向に興味を持ちましょう。

こっそり…採用担当者の本音

厳選採用は、すべての企業に一致したキーワードだ。たとえ、採用数に満たなくても、満足できるレベルの人材が揃わなければ、採用は打ち切る。

実践 就活講座

難関就活突破のキーワードは「連動力」

持てる力を余すことなく発揮しよう

国内全体の雇用環境を見てみると、収入や待遇の安定した「正規の従業員」が減り続け、そうでない「アルバイト・パート・派遣等の非正規の従業員」が増え続けています。そう考えるとこの就活は、正規の従業員として入社できる可能性が高い貴重な機会といえるでしょう。だからこそ、あなたの持てる力のすべてをこの就活に注ぐべきなのです。

では、あなたの力とは何か。サークルをまとめる力？　喫茶店で上手に接客する力？　丹念にレポートを書く力？　それはあなたの力の一部でしかありません。なぜなら、人は周囲の人と連動して活動するものだからです。つまりは、あなたと周囲の人の力の**トータルが、あなたの力**なのです。

あなたの就活を支える人々とは？

あなたの就活を応援してくれる人々を確認しましょう。家族・親戚、就活を終えた先輩、ゼミの担当教授、サークルのＯＢ・ＯＧ、アルバイト先の社員の方々…そして、最も頼もしい就活仲間のことを忘れてはなりません。就活仲間は、時にあなたの分身として支えてくれます。分身が多ければ多いほど、情報量が増え、チャンスが増加します。早速、連動し共に頑張る仲間に声を掛けていきましょう。

就職課を活用しよう

あなたの大学には、就職課やキャリアセンターという名称の組織があるはずです。そこには、あなたの大学に対する求人情報が集まっていて、先輩の就職先情報なども整理されています。

また、ノウハウ・事務面でサポートしてくれるアドバイザーもいます。あなたの持つ大きな力の一つですので、明日にでも、足を運んでみましょう。

就活仲間との出会いを大切に

知人や先輩、友人など、現状の就活仲間だけでなく、今後の就活を通してさらに多くの就活仲間を増やすことも心掛けましょう。

「インターンシップや就職セミナーで出会った仲間はとても貴重な存在でした。彼らと出会ったおかげで、自分も就職への意識がかなり高まりました。また、自己分析をより深く行ったり、長所や特徴ををさらに伸ばそうと決意するきっかけにもなりました」

これは、新たな出会いがもたらす刺激を糧とすることで、多くの内定を獲得できた先輩の言葉です。成功する就活生となる可能性の高い人とより多く接することは、自分を成功に導く近道でもあるのです。

内定出る人 出ない人 vol.02

就職活動の全体像を理解しよう

みんな、なぜ就職するの？

「就職するのは当たり前のこと」と思っていませんか？
その考えのままでは、就活が危ういのです！

きまじめA君

A君は、なぜ進学とかアルバイトという進路選択をしないで、就職を選択するのかな？

「なぜ就職？」って、そんな基本的なことまで考えなくちゃいけないんですか？

なぜ就職が基本と決め付けるんだい？　友達には、大学院等に進学する人もいるだろう？

で、でも、まぁ、文系の場合、院に進学するのは少数ですし、普通に考えれば就職して経済的自立を目指すのが、大学卒業後の一般的進路というか〜。それに、僕の友達は、**みんな就職志望ですし…。**

「みんなが就職するから」、これが多くの学生の本音だろうね。しかし、そんな答えをA君が採用担当者の立場で聞いた時、果たして積極的に採用しようと思うかい？

お、思いません…。

厳選採用や外国人留学生と比較される現状においては、文系の場合、「この人はぜひとも採用したい人だ」と思わせることができなければ、内定獲得は難しいぞ！

でも、こんな基本的なこと聞かれるんですか？

もちろん。経験豊富な採用担当者ほど、**採用候補者の就職観**が表れる質問を特に重視しているんだ！　実際、就活を頑張ろうと考えているA君でも、そんな返答をする就活生は採用したくないわけだろう。

そ、そうです。「みんなが就職するから」程度の気持ちでは、給料を払うほどの魅力を感じませんから。**「なぜ就職するのか？」に対する答えは、就活の土台なんですね。**

その通り。この考えが甘いと、どうしても就活そのものが甘くなってしまうんだ！　例えば、「みんなが就職するから」という気持ちだと、みんなが諦め気分になったら、自分も引きずられて諦めてしまうなんてことになりかねない。就活は、確かに皆と一緒に行うものではあるが、しっかりと自分の考えを持って、自分自身の考えで行わねばならないんだ！

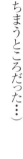

分かりました！　しっかりと自分の考えを持つようにします！

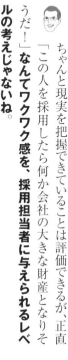

ちゃっかりB君

（セーフ！　先に聞かれなくて良かった～。A君と同じことを答えちまうところだった…）

では、B君はなぜ就職するんだい？

もちろん、みんなが就職するからなんて理由じゃないっす！　俺は、世の中に貢献したいって信念があるからっす！

ほ～、なかなかの答えだ！　では、どう貢献したいの？

え～、そんな突っ込みしてくるんすか？　え～と…すみません…、貢献という言葉の響きがいいので、思わず使っちゃいました。

君たち２人の回答からも分かるように、この質問は盲点であり、単純なようでけっこう難しい質問だろう？

世の中の役に立ちたいからっす!!
ずいっ
へ～例えばどんな風に？
え!? そんなツッコミが入るんだ…

就職を目指すのに、きちんと答えられなくてすみません…。

いや、謝ることはないんだよ。こういった就職や就活に対する**考えの隙とか盲点に気付き、それを選考までに埋めていくことも就職活動では大事なんだ。**だから、今しっかりと考えて選考に臨めば、何ら問題はない。

た、例えば、「これ以上勉強するのはヤダし、アルバイターと社員では、生涯年収も保障も安定性も圧倒的に違うから」なんつ～答えは、採用担当者的にどうなんでしょ？

ちゃんと現実を把握できていることは評価できるが、正直「この人を採用したら何か会社の大きな財産となりそうだ！」**なんてワクワク感を、採用担当者に与えられるレベルの考えじゃないね。**

そ、そうっすよね～。自分で言っておきながら、なんだか中学生レベルって感じで大学生として恥ずかしくなったっす。

その恥ずかしいという自覚が成長につながるんだよ。裏を返せば、大学生として恥ずかしくないレベルの考えを持てれば、内定に近付けるわけだ。しっかりと考えてみよう！

解説は次のページへ！

「就職し、自分は何を実現したいのか?」を固める

vol.02のポイント!

★ 採用担当者が満足する回答レベルを意識 ★

「卒業後、無職じゃマズイし、お金を稼がないと生活できないし、親のすねをかじり続けるわけにもいかないので、御社に就職させてください」と就職の動機を語る学生を、あなたが採用担当者ならば合格させますか?　人間関係においては本音を語ることも大切ですが、就活では、**採用担当者が満足するレベルまで掘り下げた考え**を語る必要があることを認識しましょう。

★ どう貢献する仕事をしたいのか? ★

就職する理由を考えるに当たっては、自分の都合ではなく、もっと大きな視野=「仕事とは何か?　なぜ仕事をすると報酬を頂けるのか?」を考えてみましょう。実は、B君の「世の中に貢献したい」との回答の方向性は正しいのですが、就活で必要なレベル=採用担当者の満足するレベルには至っていません。**「世の中のどんな場面で、誰に対して、どう貢献したいのか?」**という考えを更に掘り下げ、具体化させていきましょう。

★ 就職して何を実現したいか? ★

「世の中のどんな場面で、誰に対して、どう貢献したいか?」を突き詰めていくと、**「自分は仕事を通して、何がしたいか? 何を実現したいか?」**という考えにたどり着きます。これが就活の最大テーマであり、選考突破の最重要ポイントなのです。しっかりと心に刻み込んでおきましょう。

こっそり
採用担当者の本音

就職意識をしっかりと持っていない人は、少しつらいことがあるとすぐに辞めてしまいそうだ。しっかりと掘り下げた心の底からの就職意思を持った人を採用したいぞ!

実践 就活講座

就職はあなたの限界を打ち破るもの

正社員の価値とは？

正社員と、正社員以外の賃金には大きな開きがあります。

なぜ、これほどの開きが生じるのでしょうか？　それは仕事の価値に差があるからです。

では、正社員は価値ある**「何を生み出しているのでしょうか？」**。生み出すために、**「具体的にどんなことが行われているのでしょうか？」**。そのプロセスでは、**「どんな知識やスキルが必要とされるのでしょうか？」**。

この就活で、これらの謎を一つ一つ解き明かしていきましょう。この解明活動こそが、あなたの就活を充実させると同時に、仕事を楽しいと思えるものにしてくれるのです。

就職とは道具を手にすること

私が新入社員だったころ、先輩社員から「自分の財布の中身でものを考えるな」と何度も言われました。これは、「ビジネスでは、自分の生活観からは想像もつかない金額が動いているのだから、その大きさに頭を慣らしなさい」というアドバイスであり、また、金額だけでなく、動員される人数や機材についても同様のことが言えます。

つまり、就職は**あなたに「金銭・人・機器」などの道具を提供してくれるのです**。その道具を使うことで、自分の限界を突破できるチャンスをつかめるのが就職の一つのメリットです。

さて、あなたは道具を使って、何を成し遂げますか？　この答えを、就活で導き出してください。

AIを活用して就職して実現したいことを深める

AIとの一問一答の一例を示しますの参考にしてください。

あなた「就職して自分は何を実現したいか？を深めたいと考えています。ヒントを下さい。」

AI「まずは、どんな仕事をしていたいのかを具体的に決めなくてもいいので頭の中でイメージしてみましょう。」

あなた「10〜15年後に解決を目指す社会課題に取り組みたいです。」

AI「例えば、気候変動による自然災害や食料不足、生物多様性の減少、少子高齢化に伴う人口減少と社会保障制度の見直しなどが社会課題です。」

あなた「気候変動による地球環境の悪化を食い止めるイノベーションについて教えて」

AI「油田やガス田、ごみの埋め立て地、家畜などから排出されるメタンは二酸化炭素よりも温室効果が強いガスであり、これらの源からメタンが放出されないようにする技術や管理方法が開発されています。」

あなた「メタンが放出されないようにする技術や管理方法について詳しく教えて」

AI「以下のような例があります。…」

このように質問を繰り返すことで、具体的なヒントを得られる可能性が高まります。

就職活動の全体像を理解しよう

就活のプロセスを理解しよう

就職活動はさまざまな活動が連動しています。どれか一つが欠けてもその影響は大きいので、まずは全体像の把握が必要です。

きまじめA君

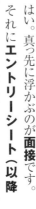

就活とか内定とか、言葉にするのは簡単だが、果たしてそのプロセスをきちんと理解できているかが心配だ。そこでA君、就活のプロセスには何があるかを挙げてみてほしい。

はい。真っ先に浮かぶのが**面接**です。それに**エントリーシート（以降ES）**が大変だと、先輩から聞きました。あと、言うまでもないですが、**会社説明会**に参加しなくてはならないですね。

それだけ？

え？　他に何があるんですか？

A君が挙げたのは、就活のほんの一部にしか過ぎないぞ！　それも、すべて「活動編」ばかりで、このままでは**就活を制する「中身編」がスカスカとなってしまい撃沈必死だ！**

そ、そんな〜。

では質問だ。日本には400万社近くの会社があるけれど、A君はそのすべての会社の説明会に参加するつもりかい？

ま、まさか。無理ですよ。多分、合同企業説明会も含めて50社くらいじゃないでしょうか？

その50社はどうやって選ぶんだい？

え〜と…。

ほら、それが分からないと説明会にすら参加できないじゃないか。また、面接を受けるのはいいが、どうやって合格レベルの自己PRや志望動機を考えたり、書いたりするつもりだい？

その場で一生懸命考えて、書いたり、言ったりでは…。

甘い！　一生懸命やっていない就活生がいると思っているのかい？　みんな一生懸命で、その上で苦労するのが就活なんだ！　だからできるだけ選考本番に臨む以前に、可能な限り就活の中身を充実させておくことが大切なんだ！

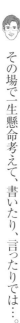

そ、その中身充実のために、何をすればいいんですか？

まず、**業種・職種・会社研究だ！** 世の中の仕事について理解を広げ、そして深めないとね。そして、**自己分析**も大事だ。自分への理解を深めないと、せっかく仕事への理解を深められても、自分に向いている仕事は何かを選択できないからね。

業種・職種・会社研究に、自己分析ですね。メモしておきます！

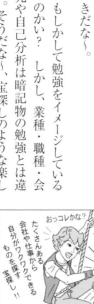

ちゃっかりB君

うっ、研究に分析、なんか苦手な響きだな〜。

もしかして勉強をイメージしているのかい？　しかし、業種・職種・会社研究や自己分析は暗記物の勉強とは違うんだ。そうだな〜、宝探しのような楽しいものだぞ！

ほ、本当っすか〜？

だって、**世の中にたくさんある会社や仕事から、自分がワクワクできるものを探すのだから、まさに宝探しじゃないか！**

おっコレかな？
たくさんある
会社や仕事から
自分がワクワクできる
ものを探す
宝探し!!
L社
Q社
A社
N社
C社
D社

なんだか楽しそうですね〜。

しかし、宝探しは「山あり谷あり困難あり」でもある。でも、だからこそ意味があり、成功した時に得られる価値も大きいんだ。

就活生って、トレジャーハンターだったのかぁ。俺、そういうの好きっす。頑張るっす。他には、どんなことをすればいいんすか？

ちょっと言いにくいのだが、**就活には筆記テストもある**んだ。これは、ちょっと勉強しなくてはならないが、詳しくはまた別の機会に話そう。

うわ〜、やっぱり勉強か〜。

しかし、楽しい出会いもあるぞ。おそらく就活は、学生生活の中で最も多くの出会いが生まれる機会となるだろう。そして、その出会いから教えを受けたり、**情報交換**をしたり、**励まし合ったり**と、充実した人間関係を築くことができるだろう。

人間関係って、人生の最大の財産って偉い人が言っているのを聞いたことがあるっす。就活って、そんないいものが得られるんすね。頑張らなくっちゃ！

解説は**次のページ**へ！

就活5大要素を把握する

vol.03のポイント!

★ 就活5大要素とは? ★

1. 振り返る（自己分析、一般常識レベルの知識=テスト対策）
2. 書く（ES、履歴書）
3. 動く（OB・OG訪問、エントリー、セミナー・説明会参加）
4. 情報収集（仕事研究、説明会日程や応募締切日、ニュース）
5. コミュニケーション力の発揮（面接や就活仲間との交流）

★ 就活はバランスが大切 ★

面接だけ得意でもダメ、説明会参加だけを頑張ってもダメ。また、パソコンを通じて黙々と情報収集ばかりに力を入れてもダメ。机から離れ、自宅や学校以外の世界で動き回り、コミュニケーションの幅を広げることも意識しましょう。就活には5大要素全てにバランスよく取り組むことが大切なのです。

★ 就活は短期集中では対応できない ★

こんなにもたくさんの活動がある上に、それぞれの取り組みに時間が必要になるため、**1カ月程度の短期集中型では対応できない**のが就活です。よって、**取り組むべき時期を逸することなく、**先回りしながら、余裕を持って取り組み始めることも大切なポイントです。また、何を、どのような順番で行うかを考えることも大事です。

こっそり……採用担当者の本音

就活と仕事は似ている。就活を進める過程に**穴がないかにも注目しているぞ!**

実践 就活講座

自分の中身を充実させ、潜在的価値をアピールしよう

中身充実とは社会人レベルの認識を持つこと

なぜ選考では、模擬営業や模擬販売テストが行われないのでしょうか？それは、企業や採用担当者が、「今のあなたが即戦力としてどのくらい使えるか？」ではなく、将来のあなたに期待し、今後の成長の度合いを審査しているからです。

つまり、あなたは、自身の中身を充実させ、**潜在的価値を持っていることを採用担当者に証明することが目標**の一つになります。そのために必要なのは、学生以上＝社会人レベルに成長することです。

下段の「就活プロセス理解」で示した説明会・選考などで企業と接触する前までに、自己分析・仕事研究を通して、「仕事に対する考え方や自分の生かし方・目標」を社会人レベルにまで引き上げることが必要です。

就活は解禁月から一気に加速する

就活は、企業が採用情報の公開や説明会を始める月（就活解禁月）から、一気に加速していきます。その備えとして必要なのがパソコンとネット環境の整備です。説明会日程情報の収集、参加予約、エントリーシートのダウンロードや提出など、昨今の就活はインターネット抜きには語れません。

また、志望企業が同じタイミングで活動しているわけではありませんので、それぞれの企業のホームページにアップされる情報を、定期的にチェックする必要もあります。つまり、就活解禁月以降は、ほぼ毎日のようにマイナビやメールをチェックする必要があるのです。自宅のパソコン・ネット環境を早急に整えたいものです。

就活プロセス理解

1 企業に資料請求・説明会申し込み
2 エントリーシート提出
選考合格
3 説明会参加
4 筆記試験（一般常識、SPI）
選考合格
5 書類提出（履歴書、成績証明書、卒業見込証明書、健康診断書）
選考合格
6 集団面接・グループディスカッション
選考合格
7 個人面接
選考合格
8 最終面接
選考合格
内々定
健康診断
内定

※会社によってさまざまなケースがあり、あくまで基本パターンととらえてください

内定出る人出ない人 vol.04

就職活動の全体像を理解しよう

選考の全体像を知り、対策を練ろう

就活だけでなく、選考の全体像も把握しましょう。いったい、内定までにいくつの壁が立ちはだかっているのでしょうか？

きまじめA君

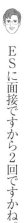

就活全体像を詳しく教えていただいたので、これでしっかりと就活を進めていけます。

おっと、安心するのは早いぞ。なぜなら、就活の裏側にあるのは？ そして、有利なのは？

企業の選考活動であり、企業です。

では、**企業の動き＝選考活動への理解**も深めなければ十分とはいえないね。一般的に1社の内定を勝ち取るには何回の選考を突破する必要があるかを知っているかな？

ESに面接ですから2回ですかね。

就活選考は0点か100点！
最終面接で落ちたら0点ってこと！！
あ〜!!
ドタッ
タッ
タッ
タッ

まさか、そんなに甘いものなら運任せで内定が取れるじゃないか！ 面接だけだって、最低3回は行われる。

最低3回ですか？ ということは、もっと行う会社もあるんですか？

もちろんだ！ **人気企業になれば、5、6回行われることもあるぞ。**

6回もですか!? 何かの間違いじゃないんですか？

間違いどころか、4回は普通と思ったほうがいいよ。それだけ企業は、人物重視で厳選採用を行っているということだ。

もう、なんだか自信がなくなってきました…。

追い打ちをかけて申し訳ないが、ES＆面接の他にも筆記試験、書類、グループディスカッション（GD）という選考もあるんだ！ ざっくりとだが、**1社の内定を得るために7回程度の選考があるとイメージしておこう。**

うわ〜、7回ですか…。体力・精神力が続くかなぁ？

加えて、テストなら85点は褒められるが、選考の85点は意味がない。**就活選考は0点か100点しかないからね。**

…あっ、そうか！　いくら6回の選考に合格しても、最後の最終面接で落ちたら0点ということですね。

だからこそ、選考を受ける前に少しでも自分のレベルアップに貪欲にならなければならないんだ！

ちゃっかりB君

7回も選考するなんて、採用担当者や面接官は何をチェックするんすか？

良い質問だ。B君は何だと思う？　これまでに、私は繰り返し答えを言っているよ。

え〜と、岡先生が繰り返していたのは…何でしたっけ？

就活は暗記テストではないから、思い出そうとするのではなく、**「相手の立場＝企業や採用担当者の立場」に立って考えてごらん。**もしもB君が採用担当者だったら、どんな学生を採用したい？　もしくは採用したくない？

やっぱり給与を払うので、**責任感**のない人は採用したくないっす。それに、**本当にやりたい仕事だからこそ入社を希望している人**を採用したいっす。

もしオレが人事だったら…
採用したくない人
採用したい人
う〜ん…
責任感の無い人
協調性のない人
本当にやりたい仕事だから入社を希望している人

他には？　例えば、**何を考えているか分からない人**って採用したいかい？

いえ。あ〜、そうか！　だから、ディスカッション形式の選考があるんすね。そう考えれば、**協調性**のない人や、**相手の立場を尊重**できない人も採用したくないっすね。

人が持っているさまざまな部分が、複数の選考の中で具体的に表れるんだよ。

だからESやペーパー試験の筆記選考系よりも、グループディスカッションを含めた面接系選考の数が圧倒的に多いわけっすね。人物重視ということに納得っす。

企業は人物選考において、一人の採用担当者だけに任せるのではなく、複数の採用担当者や現場から選ばれた社員たちで面接を行い、より客観的な視点で正当な評価を行おうと頑張っているんだ。だから、面接の回数が増えていくんだよ。

つまり、**いろいろな立場・年齢層の人から面接される**わけっすね。選考って人見知りするタイプだとキツそうっすね。

だからこそ、事前に選考に対する理解を深め、自分の弱点を早急に改善する試みを行う必要があるんだ。就活とは総合的な人間力で勝負するものと認識しよう。

解説は**次のページ**へ！

面接官の立場で考え、選考突破のヒントを導き出す

★ 選考は運では突破できない ★

選考の結果は0点か100点しかない。そして、**選考段階が進むに従って、そのハードルの高さもライバルたちのレベルも上がっていきます。**つまり、選考の場ではあなたの総合的な人間力が試されるのです。そのためにも就活を通して、一般常識、学力知識、コミュニケーション力、プレゼンテーション力、仕事に対する理解力などを総合的に高めることを心掛けましょう。

★ 採用担当者・面接官と同じ考え方ができるか？ ★

就活では、**採用担当者・面接官の立場から考える癖をつけましょう。**実は、あなたはこれまでの学生生活を通して、採用担当者・面接官的立場に何度も立ってきているのです。例えばアルバイト、サークル活動などでどのような後輩が頼りになり、仕事や役割を託したいと思いましたか？　企業もあなたも、人に対する評価は同じなのです。

★ 選考コミュニケーションは短時間勝負 ★

選考比重の高い面接に設定される時間は30分です。その30分であなたは面接官とのコミュニケーションを深めなければなりません。「その面接官に慣れる時間」なんてものはないと認識し、**初対面の方々ともスムーズに打ち解けられる**よう、日々意識して活動しましょう。

こっそり……採用担当者の本音

すべてに秀でている必要はない。しかしコミュニケーション力と協調性は最低限持っていてほしい。なぜなら会社は人が集う場であり、仕事は協調し合う活動だからだ！

実践 就活講座

本命企業を目指して時間差を活用する

業種や企業規模の違いによって、選考時期に違いがあることを頭に入れておきましょう。

仮に、本命企業の面接を受けるならば、それよりも前に選考を行う企業で、実践的な予行演習を行うというのも一つの考え方です。

この、各企業の選考活動の時間差は、就活生に与えられる最大のプレゼントです。**「選考期間の早い時期に内定を得て安心できたから、大手の選考でも力を発揮できた。そして、最後の本命でも伸び伸びと頑張れた！」**というサイクルをつかむためにも、就活解禁後は、選考を開始する企業の情報には敏感になりましょう。

就職活動力レベルアップイメージ

就活(情報)解禁時期

・就職活動の皮切りとして合同企業説明会に積極的に参加し、就活の雰囲気に慣れる。
・合同企業説明会で社員の方に挨拶や質問を行うことを通して、社会人とのコミュニケーションに慣れる。
＝就活力のアップ

・合同企業説明会で接触した企業の説明会に参加し、選考を体験することで、選考の雰囲気を実感する。

・体験をもとに反省し、自己PR・志望動機内容・立ち居振る舞いをブラッシュアップする。
＝選考に対応する感覚が掴めてくる

選考(面接やグループディスカッションなど)解禁後

・選考機会が増え、積極的に活動する。活動を通して、選考突破のための自分なりのスタイルが掴めてくる。
・リクルーターとの接触や社員訪問、店舗訪問を通して、知識とコミュニケーション力に更に磨きをかける。

・選考で合格することが増え、就活に自信が持てるようになる。
・選考期間の早期に接触したある企業から内々定の打診を受け、就活に少し安心感を持てるようになる。

・志望企業のレベルを上げてチャレンジしたいとの意欲が増す。

・チャレンジと反省を繰り返し、内定獲得力がアップする。

・それまでに蓄積した就活力・内定獲得力を総動員して競争率の高い企業にもチャレンジする。

・納得のいく内定を得て、就活を終了する。

・内定式に参加する

内定
出る人
出ない人
vol.05

就職活動の全体像を理解しよう

「求められる人材像」を元に作戦を練ろう

ビジネスとは相手のニーズを満たすことで勝利を目指します。そこで、企業の人材に対するニーズとは何か考えてみましょう。

きまじめA君

就活って結局のところ、相手、つまり**企業や面接官のニーズを満たす活動**であり、自分本位な勝手な思い込みでやってはダメなんだな、と分かってきました。

その通り。この「相手のニーズを満たすこと」は就活だけでなく、仕事でも社会でも大切なことなんだよ。

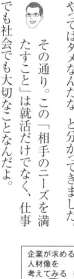

ところで思ったのですが、企業が人材に求める要素をきちんと理解し、意識して活動すれば、内定への近道になるような気がします。

そうだね。就活では総合的な人間力が問われる。けれど、短期間ではなかなかすべての能力をレベルアップさせることは難しいだろうから、その考えには一理あるね。

企業が求める
人材像を
考えてみる
?
是非
うちに！
是非！

では、今の僕は何を優先的に高めていけばいいのでしょうか？

A君はどう思う？

例えばリーダーシップ能力でしょうか？

そうかもしれないね。でも、100人の内定者が全員、俺が俺がとリーダーシップを発揮したいタイプだったとしたら、その会社の5年後ってどうなってしまうだろうか？

「船頭多くして、船、山に登る」になりかねませんね。そんな会社はつぶれてしまいそうです。

そうだね。いくら素晴らしい人材でも、同じ能力・タイプの人ばかりが集まってしまうと会社は機能しなくなってしまうんだ。だから企業は**さまざまなタイプが集い、補完し合えるよう、採用者のバランスには気を配っているんだ。**

ということは、リーダーシップが苦手な僕でも大丈夫でしょうか？

もちろん。企業は、積極果敢に挑戦するタイプも欲しければ、石橋を叩いて渡るタイプだって求めているし、目立たないが黙々とやってくれるタイプも必要としている。企業の求める人材像を考える意識は良いのだが、あまりに相手のニーズを満たすことばかり考え、その結果、**自分を見失ってはいけないよ。**

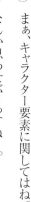

ちゃっかりB君

つ〜ことは、何でもありってわけで、あんまり企業が人材に求める要素を考える必要はないってことっすね。

まぁ、キャラクター要素に関してはね。

なんか思わせぶりっすね〜。

企業のニーズは「さまざまな人材を獲得したい」だよね。で、そのニーズを満たそうとすることが大切なことは分かるね。

ワカルッス。

で、そういったニーズを満たすために、B君は**何を提供できるの？**

あっ、前に出てきた「自分の売り」ってやつっすね。いや、まだ結論は出てないっす。

それではニーズは満たせないね。残念、不合格だ！

○○を提供したい！
自分の長所を見つけてもらいたい…
提供したい！
もらいたい

あっ！　さっきの自分を見失ってはいけないって意味の深い部分が分かりました。企業の人材ニーズを意識することを契機に自分を見つめ、**「自分が提供できる長所や特徴は何か？」**を見つめ直して答えを出す必要があるんですね。

その通り。決して、**「自分の長所を見つけてもらおう」なんて安易に考えないように。採用担当者は「○○してもらいたい」という受動的な考えを持った人材を100％NG（＝不合格）と判断する。**「○○してもらえる」のは、お客様の立場であって、ビジネスパーソンは逆の「○○する立場」であることを忘れないように。ちなみに、学生とは学校にとってみればお客様だ。だから君たちはお客様意識に染まっている可能性が高い。就活では**学生という立場を捨て、社会人やビジネスパーソンの卵だという認識を持って頑張ろう。**

就活は学生気分じゃマズい…またまた、難しさが増したっす。

でも、B君はアルバイト先では20歳を超えた大人として働いているのだろう？　まさか、学生気分で働いているんじゃないだろうね？

い、いや、まさか！　ちゃんと責任感・能動性バリバリっす！

そうか、俺たちもきちんと社会人やビジネスパーソンの側面を持ってるんすね。

解説は次のページへ！

就活はお客様意識で行ってはならない

vol.05のポイント!

★ 決して自分を見失わない ★

相手のニーズを満たすことは大切です。しかし、大事なことは「ニーズを満たす=自分が持っている何かを提供する」ということ。決して自分ではない何か別のキャラクターに自分をはめ込もうとしてはいけません。コミュニケーション力、協調性、責任感を基盤として、更に自分には何があるか?を見つめ直して、**「自分らしさとは何か」を明確にしましょう**。

★ 就活は学生としては行わない ★

あなたは学生であると同時に、20歳を超えた立派な社会人です。就活選考とは「卒業後の社会人としてどうか?」を審査されるわけですから、**学生意識を捨て、**社会人としての自覚・意識を持って臨みましょう。この就活の日々を通して、大人の顔と意識を持ったあなたに成長してください。

★ お客様意識を捨てる ★

採用担当者に選んでもらう…そんな依存的なお客様意識を持っていてはいけません。あなたは採用担当者というお客様に、自分という商品を売り込むビジネスパーソンなのです。**大切なのは、あなたから起こす能動的で積極的なアクションです**。それらはまさに企業のニーズを満たすものですので、就活の行動そのものでも、意識してみましょう。

こっそり…採用担当者の本音

姿勢正しく座り、説明をきちんと聞いている学生はたくさんいるが、自ら質問してきたり、名前を売り込んでくる学生は驚くほど少ない。物足りない!

実践 就活講座

あなたが企業に求められる確率を上げよう

企業が求めていない人材像とは

企業が最も採用を避けたいと考えているのは、「これからひとり立ちして活躍してもらえる」というタイミングで辞めてしまう人です。実は新規学卒就職者のうち、中学卒業後入社の58%、高校卒業後入社の36%、大学卒業後入社の32%もの人が、3年以内に辞めてしまっているのです。

いくらコミュニケーション力が高く、積極性があろうとも、「辞める」人は会社にとってマイナスでしかありません。

そこで各企業は、**応募者の中から辞めそうな人をあぶり出すために、「仕事で何がしたいか？」「仕事であなたの何を生かせるか？」などの質問をESや面接で繰り返し行います**。裏を返せば、仕事の目標をしっかりと持ち、自分に向いている仕事を見つけた人は、辞めないだろうと考えているわけです。

企業のニーズを満たすためにも、「本当に取り組みたい仕事」「自分に向いた仕事」の発見が大切です。

複数の自己PRが必要になる

就活で苦しむタイプの傾向として、「自己PRのパターンが少ない」ことが挙げられます。自己PRの作成については後にアドバイスしますが、ここでは自己PRは複数用意する必要があることを認識しましょう。

理由は、採用担当者や面接官が重視するものはさまざまで、例えば、リーダーシップを重視する採用担当者もいれば、論理性を重視する採用担当者もいるからです。

選考では、**目の前にいる採用担当者それぞれのニーズを満たす必要性**を認識しながら、**重視するポイントを探る方法**や、それに合わせた自己PRを**選択しながら**柔軟に対応していくスキルを身につけていきましょう。

応募する企業の特徴や職種を考慮しながら、よりピッタリと合う自己PRを準備しよう。

内定 出る人 出ない人 vol.06

就職活動の全体像を理解しよう

就活の成功と失敗を分けるもの

就活では、なぜ成功する人と失敗する人がいるのでしょうか？ 原因を探り成功を目指しましょう。

きまじめA君

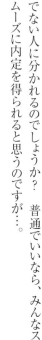

「普通の学生であることに胸を張れ」という言葉を心の支えとしているのですが、反面、疑問もあります…。

遠慮せず、どんどん質問してごらん。

普通の学生で就活が大丈夫なら、どうして内定を得られる人とそうでない人に分かれるのでしょうか？ 普通でいいなら、みんなスムーズに内定を得られると思うのですが…。

それは**同じタイミングで就活を始めたとしても、その後、差がどんどん生まれてしまっているからさ。**C子さん、何か言いたそうだね？

はい、就活以前ではなく、**就活を始めてから差が生まれているのですか？** いったい、どんな差ですか？

知識の記憶
と
自覚の行動
の差
負け組
勝ち組
ペーパーテストの対策しておくか！
足りなくても対策練ることもないかな…

例えば、私のアドバイスを聞いている人はこれまでに延べ何十万人といるけれど、残念なことに成功と失敗に分かれてしまう。この原因の一つは、私のアドバイスを単に知識として記憶して終わるか、**自分に当てはめて**必要なこと・足りないことを**自覚し行動する**かの差にあるんだ。

「知識の記憶」と「自覚した行動」の差なのですね？

その通り！ その差はものすごく大きいものなんだ。就活はペーパーテストのために学ぶこととは全く違う！ ペーパーテストは知識を書き出すだけで済むが、**就活は知識を行動に結びつけなければならない**からね。よって、就活で成功するためには、動きながら経験を増やさねばならないし、身につける苦労も味わわねばならない。**記憶だけの人と行動する人との間で、大きな差が生まれる**ことが分かるだろう。

ということは、僕のような授業やパソコンでの勉強は得意だけど、動くことが苦手な人は赤信号ですね。

そうだ！（きっぱり） さてA君、君は今、ここで自覚した。つまり、就活の成功のための一歩を踏み出したわけだ。今後、その自覚を生かせるかな？ 今、君は分かれ道に立っているぞ！

ちゃっかりB君

もう、俺なんか自覚しまくりっす〜。

ほう、何を自覚しているんだい？

まず、自分の「売り」を見つけなきゃいけないことや、仕事を通して世の中にどう貢献したいのかという具体的内容を考えること。そう、それに最も苦手系のペーパーテスト対策も始めなきゃ…。

始めなきゃ？　確かペーパーテストについてはとっくの前に触れたよね。そしてB君は、「こりゃ苦手系でマズい」と、とっくに自覚してたわけだ。

そうっす！　だから自覚バッチリです。

うん、きちんと自覚したんだね。**そして、その後どう〝行動〟したんだい？**

えっ？　いや、そのうち岡先生に教えてもらえると思って、それまではいいやというか…。

教えてもらう？　…「○○してもらう」というのは、お客様の立場での話じゃないのかい？　就活にはどんなスタンスで取り組むべきだっけ？

ペーパーテストは
苦手…マズイな…
自覚したら先送り
しないですぐ行動に移す！
ヤルゾー

…自ら動くビジネスパーソンっす。

じゃあ、どうしていなければならないの？

教えてもらえるのを待つんじゃなく、自ら質問するか、考えて行動すべきっす。

だよね、大人なんだから！

はい…。

B君は自覚を生かせていない！　**自覚したら先送りしないで、すぐに行動に移さなくては意味がないんだ！**

ちなみにA君、就活にペーパーテストがあるってことを知り、君はどうした？

はい。書店で一冊、筆記試験対策の本を購入して、取り組み始めました。

ほらね、A君もB君も同じ普通の学生だったのに、**もう差がついている。**先送りしないで即行動したA君は、筆記試験に関してはB君に何日分もの差をつけているわけだ。このように、業種研究や自己分析、エントリーシート等でどんどん差がついていくから、成功組と失敗組に分かれてしまうんだ！

俺、今から対策本を買いに行ってくるっす！

解説は**次のページ**へ！

就活敗北の原因は行動の先送りにあり

vol.06のポイント!

★ 自覚に勝るアドバイスなし ★

どんなアドバイスも暗記するだけでは生かせません。**常に自分に当てはめ、その必要性を自覚することが大切**です。時には、自分が日ごろから自覚している弱点についてのアドバイスには耳をふさぎたくなるかもしれません。しかし、そんな時こそ“他人の意見を真摯に受け止める”という、大人としての対応が求められるのです。

★ 自覚をしたら、即行動 ★

就活は「考えたり・思ったり」だけではクリアできません。自覚したら行動に移し、結果を出さねばならないのです。当然、その過程では苦労も多いことでしょう。そのため、苦労を避けようと、ついつい行動を先送りしてしまうことも。しかし、**優秀なライバルはすぐに行動を始めているのです**。この事実を自覚し、即行動を心掛けましょう。

★ 先送りしないだけで成功者になれる! ★

自覚し即行動に移した人と、1週間先送りしている人とではどのくらいの差がつくのでしょうか?　ちなみに、1週間先送りにした人は、2週間、1カ月…と更に先送りし、切羽詰まってやっと行動を開始する傾向にあるのです。しかし残念ながら、その時にはすでに手遅れに。先送りが敗者の最大のキーワードであることを強く自覚してください。

こっそり…採用担当者の本音

自己分析はすぐに取り掛かれる。インターネットで業種・職種研究も簡単にできる。つまり、**自己PRや志望動機で差がつくということは、簡単なことをやっているか、やっていないかの差なのだ!**　就活の結果の差は才能の差ではない!

実践 就活講座

締め切りギリギリの行動では自分の首を絞めてしまう

下記の表を見れば、就活で成功するために何をすべきかは一目瞭然です。中でも特に意識してほしいのは、**「動きながら考える」**ことです。「よく分からないけれど、とりあえず参加してみる」という意識で行動することによって、立ち止まり、じっくり考えるよりも何倍もの収穫が得られるのです。

また、就活ではさまざまな「締め切り」に追われることになります。説明会予約期限、ES提出期限、企業に提出する書類を学校に手配するための期限など。期限が迫ると余計なストレスを感じてしまいます。ミスも増えます。これらの期限に対しては、余裕を持って行動しましょう。

就活内容の良い例・悪い例

	良い例	悪い例
就活解禁までの期間	・インターンシップに参加し、企業や仕事、社会人に触れる。 **・自分の良い所・悪い所を友人などに聞きまくる。** ・経験を増やそうと、アルバイトに意欲的に取り組む。 ・自己PRのネタなど、思いついたことはノートに書き留める（就活ノートを作成）。 **・とりあえず気になる就職関係のガイダンスに参加。** ・就活を始めた友人と意識的に就活の話をする。 ・業職種にかかわらずOB・OG訪問を開始。	・一人で自己分析を開始。しかし、なかなかまとまらず、煮詰まったまま悩み続ける。 ・まだ大丈夫と、活動を先延ばしする。 ・就活を始めた友人と疎遠になり、就活をしていない友人と会って安心する。 ・「大学生活は就活のためにあるんじゃないや」とうそぶく。 ・考えるだけで何もしない。 **・「営業は嫌」「事務も地味だし微妙」などと、自分の可能性を狭める考え方をする。**
就活解禁時期	・やりたいことができそうな企業は片っ端からエントリー。 ・合同企業説明会は行けるだけ行き、**合説では社員とのコミュニケーションを意欲的に行う。** ・他校の学生と出会い情報交換。 ・期限前に着々とエントリーシートを提出（イマイチと思っても、とりあえず提出）。	・内容にこだわり、満足できるエントリーシートが書けないと悩む。 ・エントリーシートがたまり、嫌になり、結局、数社しか提出しない。 **・明確に絞れるまでは動けないと決めつけ、机の前で悩み続ける。**
選考期間	**・面接で落ちても、「次につながる良い経験をした」と前向きに考え、積極的に活動する。** **・面接の勘をつかみ始める。1次面接の合格が多くなる。ますます就活が楽しくなる。** ・面接での質問内容や自分の回答は、可能な限り正確にメモに残す。 **・面接連敗。すぐにキャリアセンターに相談し、修正する。**	・業種・職種を広げエントリーをしてみるが、モチベーションが上がらない。 ・「アルバイトが忙しい」を理由に説明会に参加しない。 ・「この企業はやりたいことと違う」と、説明会に参加しただけで、筆記試験や面接の選考を断る。 ・説明会に参加している割に、業種や職種への理解が進まない。 **・ESも面接も、誰にも相談せず、孤立して就活を進める。**
内定時期	・内定を得る。	・フリーターでもいいかな？　と思い始める。 ・「まずい」とは思っているけれど、誰にも相談しない。 **・内定を得た友人を避ける。**

就職に対しての不安と向き合う

就職活動の全体像を理解しよう

就職後のことに不安を感じていては、就活にも身が入りません。選考で自信を持ってアピールするためにも入社後の不安を解消しましょう。

きまじめA君

「仕事で何がしたいか？」を考えていたら、そもそも自分は「何かできる器なんだろうか？　入社できても、すぐにリストラとかされないだろうか？」と、すごく不安になってきたんです。大学院に進んで、あと2年くらい学生でいようかな？　なんて思い始めたんですが…。

進路選択は自分で決めるものだから否定はしないけれど、「就職するのが不安だから」という理由で2年**先送り**して、不安は解消できるのかな？

それは…正直分かりません…。

院卒業後は学卒時よりも2歳大人になっているわけだから、今以上に失敗できないとプレッシャーを感じるかもよ？

クビだけは
どうか…
どうか！
ハハハ
会社は
失敗
できる
ところだよ

そ、そうですね…。その間に友人は、2年間仕事の経験を積んでいるわけですからね…。差がついちゃっているわけですよね。

実はね、A君と同じ不安を抱えている人はたくさんいるんだよ。でも、私は**そんな不安を抱える人ほど就職したほうが良いと思っているんだ。**

どうしてですか？

ズバリ！　**会社は失敗できるところだからさ！**

え～!?　失敗してもいいんですか？

もちろんさ～。そもそも、失敗なしに成長できたことって何かあるかい？

僕の人生を振り返る限り、ありません。常に失敗から何かを得ていました。

私だってそうだ。新入社員のころは電話が鳴るたびにビクビクして、先輩から「早く電話をとりなさい」と注意されたよ。で、電話を取るのだけど、お客様の名前を聞き忘れたり、内線をつなぎ間違えて切ってしまったり…、先輩から何度も叱られたよ。だから、一時的に〝電話恐怖症〟になったっけな〜。

電話程度に恐怖症ですか？

つまり、新入社員なんてその程度のレベルからスタートするってわけさ。

ちょっと意外ですね。なんだか就職への不安がずいぶん和らいだ気がします！

ちゃっかりB君

（失敗してもいい→プレッシャーなし→お気楽な俺のままで大丈夫だな）

B君、何か安易なこと考えていない？

い、いや、めっそうもないっす。

失敗できるといっても甘い考えは禁物だよ。気の緩みに対しては、会社はビシビシ対応するからね。あくまで、**頑張る姿勢の人に対しては結果よりもプロセス重視、そして長い目で育てるという姿勢で見守ってくれる**んだからね。

でも…もしもですよ、頑張っているのに会社に大きな損害を与えちゃったら、どうなるんすか？

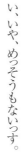

会社に損害与えちゃったら・・・こうなるの？
てめぇ賠償な
そんなことないので安心して
損害金
100,000,000円

まず会社は、失敗が大きな損害につながるような仕事を新人に担当させないから、その不安は杞憂だよ。それに**仕事も教育の一環**と考えているから、**先輩や上司がサポートにつく**からね。ある意味、入社２年目くらいまでは**仕事の学校に通っている状況**とも言えるんだ。

なるほど！　いずれにしても、いつかは就職するんだから、それならば**先送りしないで就職するのが最も自分のため**になりそうですね。

例えば「社員教育体制が充実している会社」という視点で会社研究をしてみるのもいいね。各社の社員教育体制には違いがあるからね。

自分が充実していると感じる社員教育体制の会社を見つけられたら、より安心して就職できそうですね。

仕事の学校か〜。給料もらえて学校通い…なんかいいじゃん。就職最高ぉ〜！

（B君はなにか安易に考えている感じだけど…。しかし、就職に対して後ろ向きよりは**前向き**なほうがいいから、ひとまずはOKとしますか）

解説は**次のページ**へ！

仕事を学ぶためにも就職する

vol.07のポイント!

★ 就職不安解消の特効薬は会社にあり! ★

成果も問われれば、評価もされるのが会社。しかし、成果・評価基準は1年目、2年目…と段階的にUPするよう設定されており、1年目の社員に対しては、いわゆる**白紙からのスタートを前提**としています。よって、新人に対しては**「学ぶ・慣れる・(経験を)積む」**を重視し、例えばサポートする先輩と二人三脚で仕事を進めるなどの**教育体制を整えて、新人を迎え入れる**会社が多いのです。

★ 自分を生かせる仕事探しを全力で! ★

就職に不安を感じている今こそ、就活を充実させるチャンスです。就職や仕事を安易に考えていない慎重なあなただからこそ、**「自分を生かせる仕事に就くことの大切さ」**を理解できるはず。「不安だからこそ、より自分を生かせる仕事を発見し、生き生きと仕事を学び、早く一人前になってやろう!」と攻めの気持ちに転じてください。

★ 会社を選ぶ意識を持つ ★

新人研修期間を1カ月とする会社もあれば、3カ月の会社もあります。もちろん、内容も違います。社員教育一つでさえ、このように各社に違いがあるのです。少しでも自分にぴったりの会社を選ぶことが不安解消につながります。これを機に**会社研究、会社選びの大切さを実感してください**。

こっそり…採用担当者の本音

会社は厳しいだけの場所ではない。**共に成長を目指す場でもあるのだ!**

実践 就活講座

不安は百害あって一利なし 気楽に前向きに考えよう

ミスを叱責されるのも新人の仕事のうち

「ミスが生じた原因を理解できていますか？」と上司に問われ、うなだれる新人のあなた…就職に不安を感じてしまうイメージですね。でも、新人時代にミスをして叱責されることなんて、気にするほどのことではないのです。

「新人のうちはミスも仕事のうち。ミスをしなくなるためにもミスは必要。ミスを恐れて、自分から積極的に動かない人は評価しない」―企業はこんな考え方をしています。

この就活でも同じことがいえますので、ミスを恐れず、チャレンジ精神を持って頑張っていきましょう。

会社制度は、会社の個性

会社は利益だけでなく、「会社作り」も追求しています。この会社作りの過程で会社制度が作られます。例えばＦＡ制度の導入を考えた経営者たちは、若かりし時、自分で部署を選べないことに歯がゆい思いをしていたのかもしれません。だから、後輩である社員たちには、同じ思いをさせたくないと考え導入したのかもしれません。

つまり、会社制度には経営者の価値観や想いが込められているといえるのです。このような視点で下段に紹介した会社制度を見てみましょう。何か個性を感じませんか？　自分の個性に合った会社を選択するためにも、会社制度に注目してみましょう。

会社制度の例

360度評価制度
上司だけでなく、同僚、後輩からの評価も考慮するなど、多方面から、より客観的に人材を評価する制度

目標管理制度
目標を押し付けるのではなく、話し合いを通して、本人・会社の両者が納得して働くことを目指す制度

マンツーマンOJT
新人一人に先輩が一人付き、研修期間の充実を図る制度

FA制度
フリーエージェント制度。自分の希望する部署等へ、自分から異動を申し出ることができる制度

育児休暇制度
原則として、子が1歳に達するまでの期間、休業することができる制度

再雇用制度
「退職時に再雇用制度への登録を行い、数年以内（例えば5年）に申請すれば、試験を受けた上で職場に復帰できる」などの制度

接客マナーコンテスト制度
模擬接客の審査を全社的に行い、優秀な人材を表彰するなど、社員のスキル及びモチベーションの向上を目指す制度

自己啓発支援制度
「自己研鑽を奨励するために、必要な金額の一部を補助し、社員のやる気を応援する」などの制度

起業支援制度
社員として働く中で芽生える起業などの独立志向を応援し、起業後も会社とのより良いパートナーシップを目指す制度

就活コラム02

採用担当者のハートをつかむキーワードはこれだ!

「あなたの長所は？」と聞かれると、コミュニケーション力とか、積極性なんてキーワードが頭に浮かぶはず。でも、仕事におけるそのキーワードの意味を、あなたは本当に理解していますか？　ここでしっかりと確認しておきましょう。

積極性	積極性とは、「躊躇なく、まずやってみよう」という意識で取り組む姿勢であり、開拓的な仕事で発揮される。
協調性	言うまでもなく、会社も仕事も人々との関わりが基本にあり、周囲とのバランス感覚が必要になる。協調性に加えて、当事者意識（問題を他人事ではなく、自分のこととして捉える意識）も持っていることが重要。
問題解決能力	仕事とは、問題があるから成立する。よって、あらゆる仕事で問題解決能力が必要となる。この能力を発揮するには、問題の所在を見極め、解決案を導き出す分析力や、論理的に考えるセンスが必要となる。
主体性	企業に求められる要素の中でも特に重要なもの。周囲に依存せず、自立的に行動する姿勢や意識が備わっていること。
変革・創意工夫	変化を起こしたり、新しいものを生み出そうとする意識は、会社を沈滞させないために必要。事務的、マニュアル的に対応する人と、創意工夫し、提案型で取り組む意識の人では、顧客や上司の評価でも大きな差が生まれる。
挑戦	新しいことに取り組むことに面白さを感じる姿勢。マイナス思考ではなく、プラス思考が必要。特に成功体験のある人は、挑戦意識を持つことができる。
挫折（困難）を克服	学生時代に挫折を知らないために、社会人となってから、ポッキリと心が折れてしまう人もいる。安心して採用するためにも、挫折を克服した経験がある人が欲しいと企業は考えている。
リーダーシップ・メンバーシップ	リーダーシップとは、集団を目指す方向に向かわせる力。引っ張るタイプばかりでなく、メンバーの自覚を高めることで動かすタイプの人もいる。また、どんなリーダーの元でも、メンバーに協力意識がなければチームは動かない。つまり、目指す方向を共有し、与えられた役割の中で責任を果たす意識＝メンバーシップもリーダーシップと同等に重要。入社後数年はメンバーシップの発揮を必要とする。
探究心	答えの見つからない中で模索し続ける力は、特に研究や技術フィールドで必要とされる。長期的な取り組みが前提となることから、継続的自律性と共に発揮される力だ。
責任感	仕事とは、社会の安定、顧客の人生、会社の命運を背負って行うものである。よって、仕事への責任を強く自覚している必要がある。

Part. 02
就活対策／基本編

自己分析、仕事研究など、選考突破に必要な準備を行いましょう。
本書の中で、最も重要な章となります。

就活対策／基本編 自己分析の基本を確認しよう

自己分析を通して自分を見つめ直すことは自己ＰＲの充実につながるだけでなく、仕事・会社選びの際にも役に立ちます。

きまじめA君

自分を分析するのが自己分析。何か心理テストのようなものを受けるのでしょうか？

ちょっと違うな。まず、何のために必要かを考えてみよう

やはり就活関係ですから、**内定を得るため**ですよね。

では、内定を得るために必要となることは？

え～と、例えば面接で合格する…ですよね。

では、面接で合格するために必要なことは？

たぶん、**自己ＰＲ**を頑張ることですよね。

それだけ？

自分と真剣に向き合ってみる！
自己分析[A]
長所
適性
ピコピコ

あとは、岡先生が何回も繰り返されている、**「自分は仕事で何をしたいか」**を語ることだと思います。

そう、それ！　内定に近付くために大切なのは「自分が仕事で何をしたいか？」を語れることだ。また**「なぜその仕事に自分が向いているのか」**を説明できることも大切（向いていなければ企業は採用したいとは思わない）。向いていることを語るためには、**自分自身が「自分の長所を生かして何ができそうか」を知っていなくてはならない。**これらについて、じっくりと考えて、自分の答えを出すことが自己分析なんだよ。

ということは、「自分を分析する」だけではダメなんですね。**業種・職種研究とミックスさせて考えていかなければならないんですね。**

その通り！　ミックスさせて考える重要性を認識せず、「自分を分析すること」だけに力を入れ過ぎている就活生が毎年多くてね。時間をかけて「自分を分析すること」に取り組んだ割には、就活に生かせていない人が多いんだ。君たちも気をつけてほしい。

ちゃっかりB君

自己分析って、なんか大袈裟な表現っすね～。結局は自分のことなんだから、そんな分析なんてするまでもないっすよ。

ほ～。では、B君の長所は何かを教えてくれるかい？

俺の長所は、積極性とフットワークの軽さっす。ほら、一発回答できたっす！　やっぱり自己分析なんて必要ないっすね。

その答えに、自分らしさが表れているかな？　試しにいろいろな人に聞いてごらん。同じような答えをする人がいっぱいいるから。

じゃあ、努力家とか、継続力があるとか、感性が優れているとか、前向きな性格とか…。

キーワード選択の問題ではないんだよ。結局、そのキーワードだけでは自分らしさをしっかりと相手に伝えることはできないんだ。

そうか、**自己分析の目的には相手（＝採用担当者や面接官）に自分らしさをしっかりと伝えられるようになる**ということも入っているんですね。メモしておきます！

そう、“しっかり”とね。しっかりと伝えられなければ自分の良さを採用担当者に理解させることはできないから、内定を得ることもできないよね。

その～、“しっかり”って、どのくらいがしっかりなんすか？キーワードの一言レベルじゃダメっつうのは分かりましたが…。

では、新たな質問を出すよ。B君が積極性を発揮して**大学生活で頑張ったことは？**　そして、そのプロセスで**試行錯誤したこと、思い悩んだこと**、また、その結果から得た**成果と成長**、及び**自信**は？　更に、**その成長や自信をどんな仕事に生かしていきたい？**　さぁ、答えて、すぐに答えて、ほらほら！

わ～、そんなに急かさないでくださいよ！　今、考えますからぁ～。

ブブ～。そんなことではダメだ！　面接室では考える時間なんて与えてもらえないよ。

うわぁ～、俺、全然ダメじゃないっすかぁ～。自己分析しとかないと、やっぱり答えられないもんっすねぇ。今後は考えを改めます…。

解説は次のページへ！

vol.08のポイント！

自分の長所を生かして「仕事で何ができるか」を考えよう

★ 時間をかけて詳しく自分を振り返ろう！ ★

面接官に自分を伝えるに当たって、キーワード程度の回答で許されるのであれば自己分析は必要ないかもしれません。しかし、**就活で必要となるのは自分を深く掘り下げた結果、導き出される「自分らしさが表れた」答え。**多くの先輩たちが悪戦苦闘してきています。自己分析を軽く考えてはいけません。

★ 自己分析は前向き思考で！ ★

自己分析の過程で、「自分は普通だ、ありきたりだ」と落ち込んでしまう人がいます。しかし、それは間違いです。普通であるということは、**大学生として恥ずかしくない経験や成長を積んできた証（あかし）**なのです。普通であることに誇りを持って、自分の長所や特徴を前向きに導き出しましょう。

★ 自己分析を業種・職種研究と結びつけよう ★

単に、「学生生活でこんなことを頑張った！」というネタ探しの自己分析では不十分です。**「自分は何がしたいか」という答えを見つけ、その仕事に就くことが就活の目標**ですから、**「業種・職種研究と自己分析を結び付ける必要がある」**ことを、頭に入れておきましょう。

こっそり採用担当者の本音

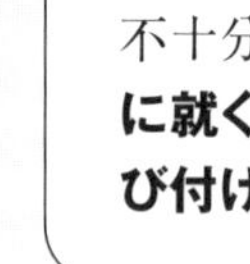

面接では自己分析の差が顕著に表れる。面接室で後悔しても遅いぞ！

実践 就活講座

良い自己PRとは、実証的な自己PRを指す

採用担当者が上司に説明しやすいPRを目指そう

　自己PRの目標は、「積極的」などのキーワードを挙げることではなく、自分がアピールしたいことを**証明する**ことです。この証明が充実していれば、**採用担当者はあなたを合格させやすくなるのです**。

　なぜ合格させやすくなるのか？　それは、採用担当者といえども、上司がいて、その上司に「なぜ、この応募者を合格させたかを説明しなくてはならない」からです。例えば、「何となく、まじめそうに感じたので合格させました」では通用しませんが、「Wスクールで資格取得にも挑戦しているのでまじめな性格と判断し、合格させました」ならば上司の理解を得られます。

　このように、自分のアピールポイントをいかに事実で証明するかに知恵を絞ることがポイントとなりますので、自己分析では、自分の事実（＝経験など）の過程を振り返る必要があるのです。この振り返りを通して、証明につながるネタ（シーンやエピソードなど）を整理しておきましょう。

数字で説得力を高める

「当社製品はお客様から愛されています」に対して「当社製品使用者の96％がリピート注文」。さて、あなたなら、どちらの商品を購入しますか？　もちろん後者ですよね。この宣伝手法を自己PRのヒントとしてみましょう。

　例えば、自分の5大特徴の一つに「責任感」を挙げたと仮定します。その上で「私には責任感があります」という点について説得力をいかにUPできるか考えてみましょう。

　例えば「私は、早朝5時からのアルバイトを2年間続けており、遅刻は一度もありません」と書いたらどうでしょう。この説明のポイントは、**時間・期間・回数＝数字**です。このように数字を使うことでアピール力はUPします。

　あなたのアピールをUPさせる数字探しにも、自己分析の過程で取り組みましょう。

5大特徴のポイント例

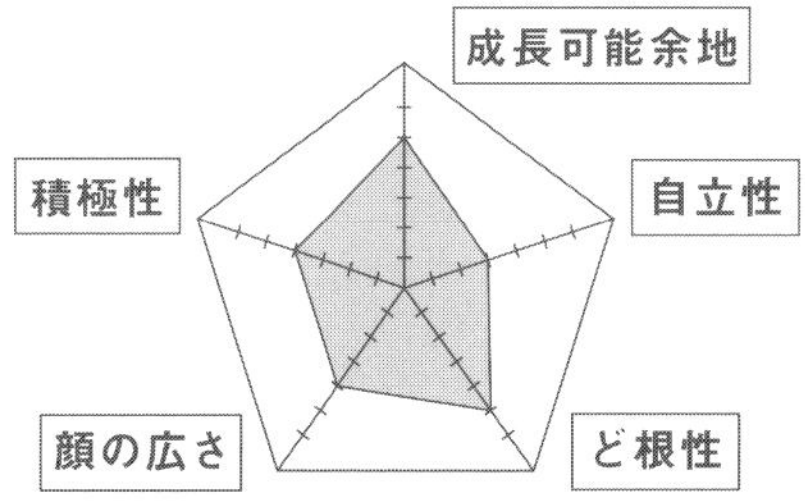

あなたの「売り」となる特徴をピックアップしましょう。あなたには複数の特徴がありますので、5つを目標に取り組み、この図を参考にしてまとめましょう。あなたの表現方法の一つとしてESで活用してください。

内定 出る人 出ない人 vol.09

就活対策／基本編
自己分析に実際に取り組もう

ここでは自己分析の進め方を具体的に説明します。早速あなたも取り組んでみましょう。

きまじめA君

早速自己分析に取り組んでみよう。まずは、自分の長所を掘り下げてみて。

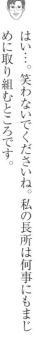

僕は至って普通の人間なんで、「長所は○○です」なんて自分で言うのはちょっと恥ずかしいな…。

前回のポイントでもアドバイスしたけれど、**普通であることに誇りを持っていいんだよ。**

はい…。笑わないでくださいね。私の長所は何事にもまじめに取り組むところです。

素晴らしいじゃないか！　でも、それだけではないはずだ。人には必ず**複数の長所**があるんだよ。もっと考えてみて。

はい。あとは、協調性があることとか…。

僕の長所・・・
う～ん・・・
ズラーッ！
まじめさ
計画性
熱意
思いやり

どう？　自分の長所を振り返ってみての感想は？

自分のことなのに漠然としていて、我ながら頼りない答えというか…。

うんうん。自分を知るってなかなか難しいことだよね。そこで、今度は結論を急がず大学生活をじっくりと振り返ってみよう。**A君が大学生活で力を入れたことベスト3**を順番に教えてくれるかな。

はい。「学部の勉強」「サークル」「アルバイト」です。

なるほど。それではその中の「学部の勉強」について集中して振り返ってみよう。勉強にはどんな行動が伴っていたかな？

はい。授業に休まず出席すること（＝**まじめさ、意欲**）、レポートは期限に余裕を持って作成すること（＝**計画性**）、曖昧（あいまい）なことは図書館で調べること（＝**正確さ、熱意**）、ゼミの発表では分かりやすさを心掛ける（＝**相手の立場に立てる**）です。

ほら、もう複数の長所が見つかったよ。

本当ですね！　僕にもこんなにも長所があったんですね。

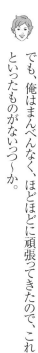

こうして振り返ると、自分が具体的につかめてきたし、なんだか楽しくなってきました！

具体的な行動を紹介することで、A君らしさがより具体的に伝わってきたよ。これなら、採用担当者もA君への理解を深めてくれるはずだ！

ちゃっかりB君

俺の場合は「勉強」が一番で、次が「資格」「ボランティア」っす。

では、勉強にどのような意識で取り組み、具体的にどう行動したの？

そう突っ込まれると…。

自己分析は自分に正直に取り組まないとダメだぞ。受けを狙って、自分でない自分を作り上げても無駄だ。採用担当者にすぐに見抜かれてしまうからね。

でも、俺はまんべんなく、ほどほどに頑張ってきたので、これといったものがないっつ～か。

そんなことないって。**自分を過小評価せず、**しっかり自分を振り返ってみよう。さぁ、もう一度。大学生活の中で自分が一番力を入れたことは？　正直にね。

アルバイトっす。

では、そのアルバイトではほどほどに手を抜いて、楽して稼ぐことばかり考えていたのかい？

そ、そんなことないっす。少しでもお店を良くしたいと考え（＝**改善能力**）、店長に提案（＝**提案能力**）したり、後輩達の面倒を見たり（＝**面倒見の良さ**）、まとめたり（＝**リーダーシップ**）したっす。でも、そんなことは他の人も一緒っつ～か。

ならば、そのことを**みんなが誇りにすればいい**んだよ。

採用担当者や面接官も認めてくれるんすか？

もちろん。ただ、どんな改善をしたか、提案をしたか、後輩の面倒を見る時に心掛けたこと、まとめる時に**工夫したこと、配慮したことを具体的なエピソードと一緒に語れるかどうかで評価は違ってくる。ツボの部分だけに、**しっかりと掘り下げておこうね。

うわ～、掘り下げる余地ってこんなにもあるんすね。こりゃ、時間がかかりそうだ！

その時間をかければかけるほど、自分のアピール要素が増えるということでもあるぞ！

解説は次のページへ！

自己分析とは、自分の行動や考えを掘り下げること

vol.09のポイント!

★ 自己分析ノートを準備しよう ★

アルバイトのとある一日だけでも、それぞれのお客様に対し、さまざまな行動を起こすはずです。また、同じような行動であっても、お客様のリアクションによって違いがあるはずです。このように、たった一日のことでも振り返ることがたくさんあるのです。大学生活全体で蓄積されたあなたのことを書き留めた膨大な「自己分析ノート」を準備してから取り組みましょう。

★ 行動に長所が隠れている ★

皆さんの長所は、**皆さんの行動の中に隠れています**ので、行動を振り返れば複数の長所が見えてきます。この時、**長所のキーワードのみをメモするのではなく、**その行動のきっかけや**エピソード**も一緒にメモに残しましょう。自分らしさを具体的に伝える上で、このエピソードが役立ちます。また、このエピソードの有無が合否を左右します。

★ 他人ではなく、過去の自分と比較する ★

成長できる自分を確認し、採用担当者に成長力を示せるように準備することも自己分析の大きな役割です。この成長性の確認は、成長以前の自分と今の自分を比較することで容易になります。そこで、**高校時代の自分と今の自分を比較**してみましょう。きっと、価値観や考え方が深まっている=大人になっている自分に気付けるはずです。

こっそり 採用担当者の本音

自己分析を日々の自己成長にもつなげてほしい。選考の場で**私達と会った時点の君たちが重要だ!**

実践 就活講座

自己分析を自分の成長にもつなげよう

自己分析の手順

段階的に自己分析に取り組みましょう。

1．力を入れた取り組みは？

まずは、アルバイト、サークル、旅行、資格、ボランティア等、あなたが力を入れた、もしくは、時間をかけて取り組んだことを書き出しましょう。

2．それぞれの取り組みについて、項目ごとに振り返る

それぞれについて、下記の「自己分析でのチェック項目」に従って、一つ一つ思い浮かぶことをメモしましょう。例えば、アルバイトについて集中的に振り返り、それが済んだ後、サークルについて振り返ります。

あなたは過去形 or 現在進行形のどちらで勝負？

自己分析の各項目をメモで埋めて満足しているようでは、不合格学生へ一直線です。

この自己分析を活用するES提出日や面接日は1カ月先かもしれません。ならば、**この時間を十分に生かしましょう。**

例えば、「目標」に関連してメモできるものが少ないと感じたならば、早速、今から目標を設定し、取り組み始めましょう。1カ月後には、目標欄をたくさんのメモでいっぱいにできると同時に、あなたの人間的魅力も増しています。

自己分析は、分析して終わりではなく、あなたの現在の糧（かて）ともなるのです。

自己分析でのチェック項目
その取り組みを始めた「動機・目標」は?
物事に取り組む自分の紹介を通して、向上心や目標を持って取り組む姿勢を採用担当者にアピールしよう。
周囲から「評価」されたことは?
自己PRに周囲の人から褒められた時の言葉や何かに抜擢された事実を加えると、説得力と実証性を加えられます。
ぶち当たった「大失敗・困難・苦労」は?
失敗や困難、苦労から逃げない自分の紹介を通して、仕事に伴う苦労にも立ち向かえる自分をアピールしよう。
その困難に対しての「努力・工夫」は?
困難を乗り越える過程での努力や工夫の紹介を通して、自立して問題解決に取り組める自分をアピールしよう。
「出会い」と、その人から「吸収」したことは?
出会いから得た価値観の広がりや吸収したことのエピソードを通して、人から学ぶ姿勢を持った自分をアピールしよう。
発揮された自分の「長所や武器、特徴」は？
アピールポイントの明確化と共に、この長所や特徴を生かせる仕事は何かと考え、職種志望動機でも利用しよう。
高校時代の自分と比較し成長できたことは?
成長できる自分を確認して、自信を持ちましょう。そして、この自分を胸を張って採用担当者にアピールしよう。

就活対策／基本編

他己分析で自己分析を充実させよう

自己分析では第三者の視点から自分を見つめる〝他己（たこ）分析〟にも取り組むと効果が高まります。

きまじめA君

自己分析ノートを作って、経験や考えたことをメモしていたら、こんなにいっぱいになりました。自分の中にこんなにもいろいろなものが詰まっていたなんて、とてもうれしいです。

普通の自分の素晴らしさが分かってきただろう。では、その自己分析をさらに充実させる他己（タコ）分析について説明しよう。

タコ分析？　あの～岡先生…い、いや、なんでもかんでもすぐに教えてもらおうとするのは、就活生として恥ずかしいからまず自分で調べてみよう。なるほど～、**他（友人・家族etc）に己（自分）を分析してもらう**ことが、他己分析なんだ！　じゃあ、さっそくB君、頼んでいいかい？

A君に頼られるなんて初めてじゃないか？　ところで、何を分析すれば？

まずは、A君の長所や強みを考えて挙げてくれるかな。

それって、既に自分でやっていますが？

他己分析の良いところは、**客観的な視点から、自分では気付けなかった点のアドバイスを得られる**ことなんだ。また、例え自己と他己で同じ分析結果になったとしても、他人からも認めてもらえると勇気１００倍になれるという利点もあるよ。

じゃあ、A君の長所だけど、講義をまとめたノートが抜群！　文字が丁寧だし、ポイントが分かりやすい！　難しい授業に対する理解力が高いのは長所、いや、強みと言えるんじゃないかな～。

なんだかくすぐったいなぁ～（笑）。ありがとうB君。

また**第一印象**が就活でとても大切なんだけど、自分では分かりにくいものだからアドバイスしてくれるかな？

いいっすよ。A君は初対面の相手にはすぐに自分を出せない、人見知りする系の印象っす。この前の合コンなんか

1時間くらい黙ったままだったっす。

いや、そ、それは…。

A君、友人からの貴重なアドバイスなんだから、**否定するのではなく、感謝しながら**拝聴しようね。

ちゃっかりB君

では、俺の番っすね！　ちょっと待っててね。

〈何やら携帯を取り出しメールを打ち始めるB君。そのうちC子さんの携帯が…プルル〉

誰だろう？　え、B君？　内容は「他己分析お願いするっす」…??

手間掛けて悪いけど、メールで送り返してよ。

〈ということで、メールで回答するC子さん〉

褒められるとキャーッて感じ。うれし、恥ずかしっすね。こりゃ〜他己分析のほうが自己分析より楽しいっす！

> B君の長所は「場の空気が読めること・作れること」。他にはいろいろなタイプの人と、すぐに友達になれるのが強みだと思う。第一印象は軽い感じがあって、もしかすると年齢の離れた人からは浮ついている、との印象を持たれるかも？　でも、時間がたてばきっと一緒にいて楽しい、場を明るくできる人って理解されると思う。

〈さらにB君の携帯がプルル。続々と友人たちからの返信が届く〉

岡先生、ほんの1時間くらいで、一気に10人から他己分析の返信がきました。

お〜、**メールを使って効率的に物事を進めるアイデア**をすぐに思いつくとは、頭が柔らかいね。これはB君の強みと言えそうだね。

これならメモする手間も省けますしね。

ところでC子さん、B君は**どんな仕事に向いていると思うか**もアドバイスに加えてくれるかな？

はい。仕事には接待などがありますから、私が思うに、その接待役をB君が担当すれば、場の空気を作ったり、すぐに相手と打ち解けられる長所というか能力を生かせると思います。また、何よりもB君自身が楽しみながら仕事ができると思います。

じゃあ、やっぱ俺は営業ってことだね。俺自身も営業を目指そうと思っていたから、今のC子さんのアドバイスを聞いて、何だか志望が固まってきた感じっす！　サンキュ〜！

解説は次のページへ！

複数の友人、立場の人を通して自分を見つめよう

★ 他己分析が自己分析の風通しを良くする ★

人には自分に対する思い込みがあるので、自己分析は煮詰まりやすく、広がりにくいものです。それに対して他己分析は、友人たちから自分への日頃の印象を聞くだけで進めることができるので、深い分析にはなりにくいものの、**簡単かつ客観的に自分への理解を広げることができます。**友人だけでなく、アルバイト先の社員の方にも協力してもらえると効果倍増です。

★ 就活は他から評価される活動! ★

就活は**採用担当者・面接官（＝他）から評価される活動**とも言えます。いったい、他の人に自分はどう見られているのか？　どのような第一印象を持たれているのか？　を知ることは、面接対策にもつながります。**自分が認識している自分像と、他人から見た自分の第一印象が違う人も多い**ので、確認しておきましょう。

★ 褒めることを中心に! ★

アドバイスを求めるだけでなく、自分もしっかりと就活仲間の他己分析に協力しましょう。この時、友人の長所だけでなく短所にも気が付いているはずですが、**まずは褒めることに重点を置きましょう。**短所に触れる場合は、その10倍ほ褒めてあげることを心掛けてください。

こっそり採用担当者の本音

面接はたくさんの他人から評価される活動。**独りよがりな自己理解だけでは乗り切れないぞ!**

実践 就活講座

他に働き掛け、意識的にアピールネタを増やそう

自分を褒めさせる意識で日々を過ごそう

「私は優秀です」に対して「私は教授から優秀と言われました」では、後者のほうが説得力が高いですね。つまり、自己PRとは、自分で自分をPRする内容に、他から褒められた言葉やエピソードを上手に盛り込んでいけばレベルアップするということです。

この点からも、長所を教えてもらう＝褒めてもらうことにつながる他己分析は重要な取り組みであると分かります。同時に、今後のゼミやアルバイトでは、「いかに自分を褒めさせるか」という意識を持って臨みましょう。**褒められるためには、人や状況に対して積極的なアクションを起こす必要があります**。この意識で日々を送ると、わずか1週間でも大きな収穫を得られるはずです。

推薦の一言があなたのキャッチフレーズに

この他己分析を生かして作成する自己PRは、後に面接で「話す」ことになります。この時、多くの人は作成した**自己PRの一語一句を暗記して臨もうとしますが、非常に無駄ですので発想の転換を図りましょう。**そして今からは**「暗記はキャッチフレーズのみ」**としましょう。

例えば、「友人からは〝韋駄天（いだてん）のトシキ〟と呼ばれています」と言葉にすると、フットワークの良さを褒めてもらったシーンが自然と浮かんでくるはずです。これがキャッチフレーズ化の効果ですので、ぜひ活用してください。

他己分析項目
現在の私に対する印象は？
印象を聞くことで、面接官等があなたに持つ第一印象を知ることができます。第一印象は重要ですので、よりレベルアップを目指しましょう。
私の長所・弱点
長所に対しては素直に自信を深めましょう。弱点に対しては、逆に謙虚に克服を目指すことが大切。この取り組みと姿勢がアピールネタにもなるのです。
私の「良い話」
他者が語ってくれる「良い話」を聞くことで、他者が理解しやすいエピソードを準備できます。聞き手の立場で、自分のPRネタを整理しよう。
私って、どんな仕事に向いていそう？
特に社会人の方から教えてもらいましょう。仕事に対して視野の広い方々からのアドバイスは、あなたの就活の可能性を広げてくれます。
企業に私を推薦する一言をお願いします
推薦の一言を参考にして、「キャッチフレーズ」を複数作りましょう。面接だけでなく、ESの自己PRの冒頭でも使ってみましょう。
最初に、出会った時の印象は？
現在の私の印象と比較することで、印象面における「自分が誤解される可能性」にも気付けます。採用担当者に誤解されないように変えていきましょう。

内定
出る人
出ない人
vol.11

就活対策／基本編
業種研究で内定にぐっと近付こう

内定を得るためには志望会社を選択し、志望動機を作成しなければなりません。その第一歩となる業種研究を始めましょう。

きまじめA君

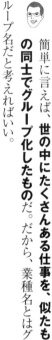

いくら自己分析が進んでも、自分を生かせる仕事を見つけなければ内定を得ることはできない。さぁ、就活で**最も重要な仕事研究**に取り組もう。その第1弾は、業種研究だ！

ぎょ、ぎょ～しゅ、ですか？　今、ネット調べてみます。

（業種＝世の中の仕事を内容によって分類したもの。メーカー、サービス、小売、金融…等、数多くの業種がある）

簡単に言えば、**世の中にたくさんある仕事を、似たものの同士でグループ化したもの**だ。だから、業種名とはグループ名だと考えればいい。

なるほど～、グループ化されていると調べやすく便利ですね。では、最初に出てきたメーカーの研究から始めようかな…。

そこで、もう一つアドバイスだ。今、業種名として「メーカー」とか「サービス」とグループ名が挙がったが、実はそのグループの中で**更に細かくグループ分けが行われていて、**例えばメーカーの中には、「自動車」「電気」「食品」「繊維」「鉄鋼」…というグループがあるんだ。就活で成功するためには、**メーカー志望というレベルではダメ**で、その中のより細かくグループ化された「自動車」とか「電気」といったレベルで志望を明確化しなければならないことも覚えておこう。

うわ～、たくさんあるんですね。こうも多いと、どのグループから研究を始めていいかが分かりません。

そうだな～、A君の**先輩が就職した会社はどこ？**

それなら先輩達から聞いてメモしてあるので分かります。A銀行に、B派遣会社、Cデパート、D商船です。

では、今、社名の挙がった会社の**ホームページ（以降HP）**を調べてみて。そのHPの中に**事業概要**を説明したコンテンツがあるから、それを読んでみよう。

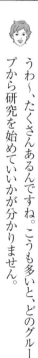

その１社の事業概要を知ることが、なぜ業種理解につながるのですか？

例えば、Ａ銀行の属する銀行グループの中には、Ｅ銀行やＦ銀行があるよね。そして、Ｅ銀行もＦ銀行も銀行である以上、同じような仕事をしているよね。ということは、Ａ銀行の事業を理解することは、Ｅ、Ｆ銀行の事業を理解することにつながり、結果として銀行グループの仕事を理解（＝業種理解）することになるわけだ。

それならば、できるだけ**トップクラスの会社**を調べたほうがいいですね。カバーしている事業範囲が広いでしょうから。

着眼点がいいね。とにかく業種理解は志望動機の根幹ともいえる大切な取り組みなだけに、あやふやな理解のままではダメだよ。

ちゃっかりＢ君

え〜と、俺の先輩は…。

ちょっと待った。Ｂ君には他のアプローチ法をアドバイスしよう。Ｂ君が**好きなもの**は何かな？

俺、実はやせの大食いで、食べること大好きなんす。

それなら、メーカーの中の食品から調べてみてはどう？

仕事では商品知識を深めたり、販売方法などの提案をしなくてはならない。つまり、日々勉強が必要になるんだ。その勉強に楽しみながら取り組むためにも、**自分が興味を持っている対象を扱う仕事を選択したほうがいい**よ。

俺、特にパンが好きなんす。じゃあ、まずは業界最大手の○○パンのＨＰを調べてみるっす。

事業概要に加え、**先輩社員紹介記事**も読んでみよう！　その会社で働く社員の方々の商品やサービス・お客様への思い等が詳しく紹介されていて、仕事を理解していく上で非常に参考になるんだ。

〈○○パンのＨＰを調べるＢ君〉

あっ、ありました！　たくさんの先輩が登場しています。

その記事を読む時に、**「どんなお客様の」「どんな問題やニーズに対し」「どんな提案やアクションを通して」「どう問題解決し」**、お客様の満足度を高めていく仕事なのか？　という観点を持ちながら読むといいよ。

メーカー
食べることが大好きならメーカーの中から食品を調べてみては？
○○パンを調べてみるっす!!
食品
○○パン
△食品
ハム
カチャッ

解説は**次のページ**へ！

業種研究なくして内定なし

vol.11のポイント!

★ 業種研究に力を入れよう ★

例えば、食品メーカーは小売・運輸・商社などと密接に連携して事業を行っています。そのため、就職後は自然と業種に対する視野が広がっていくのですが、もしも、「他の業種に就職すれば良かったな～」と後悔することになっては、せっかくの就職活動が無駄になってしまうわけです。卒業後の自分の数十年にかかわる進路決定に必要な研究ですので、しっかりと取り組みましょう。（※業種は、業界とも表現されます）

★ 先輩の進路を志望するメリット ★

志望する業種がまったく決まっていなければ、先輩が就職した（内定した）業種から調べてみましょう。なぜなら、その結果、自分も志望することになったならば、**先輩から生きた情報を収集できるというメリットがある**からです。

★ 「メーカー」レベルの志望は通用しない ★

「サービス業を志望しています」では、通用しません。採用担当者はもっと絞り込んだ志望内容を求めているからです。例えばサービスの中には、「不動産」「ガス・エネルギー」「観光・旅行」…と更に細かい仕事グループが存在しています。この細かいグループ単位で理解を深め、志望することが大切だということをしっかりと認識してください。

こっそり 採用担当者の本音

業種理解ができていない人は、仕事に対する思いや理解が低いと判断する。言うまでもなく、そんな人を採用するはずがない。

実践 就活講座

好きなことにかかわる仕事を志望するのもセオリー

業種志望が会社・職種志望の土台となる

ＥＳや面接で質問されるのは、会社及び職種志望動機が中心です。しかし、採用担当者は**自社が属する業種志望であることを前提にして**質問しているのです。

例えば、「他業種が第一志望なのですが、御社の理念や製品に感銘を受け、御社への入社を志望しています」との志望動機を聞いて、**うれしいと思う採用担当者はいません**。このような回答では、即、不合格と判断するのが企業であることを認識しましょう。

「好き」を仕事にする

「趣味は仕事にしないほうが良い」といわれます。これは趣味と仕事が一緒だと、休日でも仕事のことを考えてしまい、気分転換できないためというのが理由です。

しかし一方で、好きなことを仕事とする人も多いのです。例えば、ある食品メーカーの方は、ワインにもチーズにも、手料理の食材にもこだわり、仕事も休日も楽しんでいます。

「興味がない・嫌い」を対象に志望を語る困難を考えれば、「好き」であることを積極的に候補の一つとするのも就活のセオリーといえます。

下段の図を見ても分かるように、社会では多くの業界が関連し合っています。直接的ではなくとも、「かかわる仕事」と幅を広げれば、好きなことに携わるための就職先はたくさんあります。

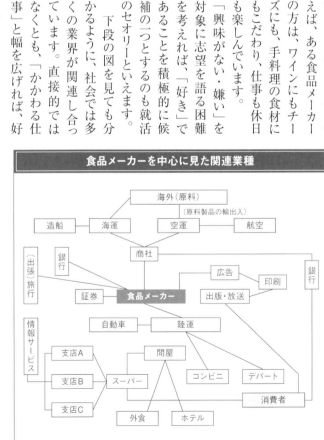

食品メーカーを中心に見た関連業種

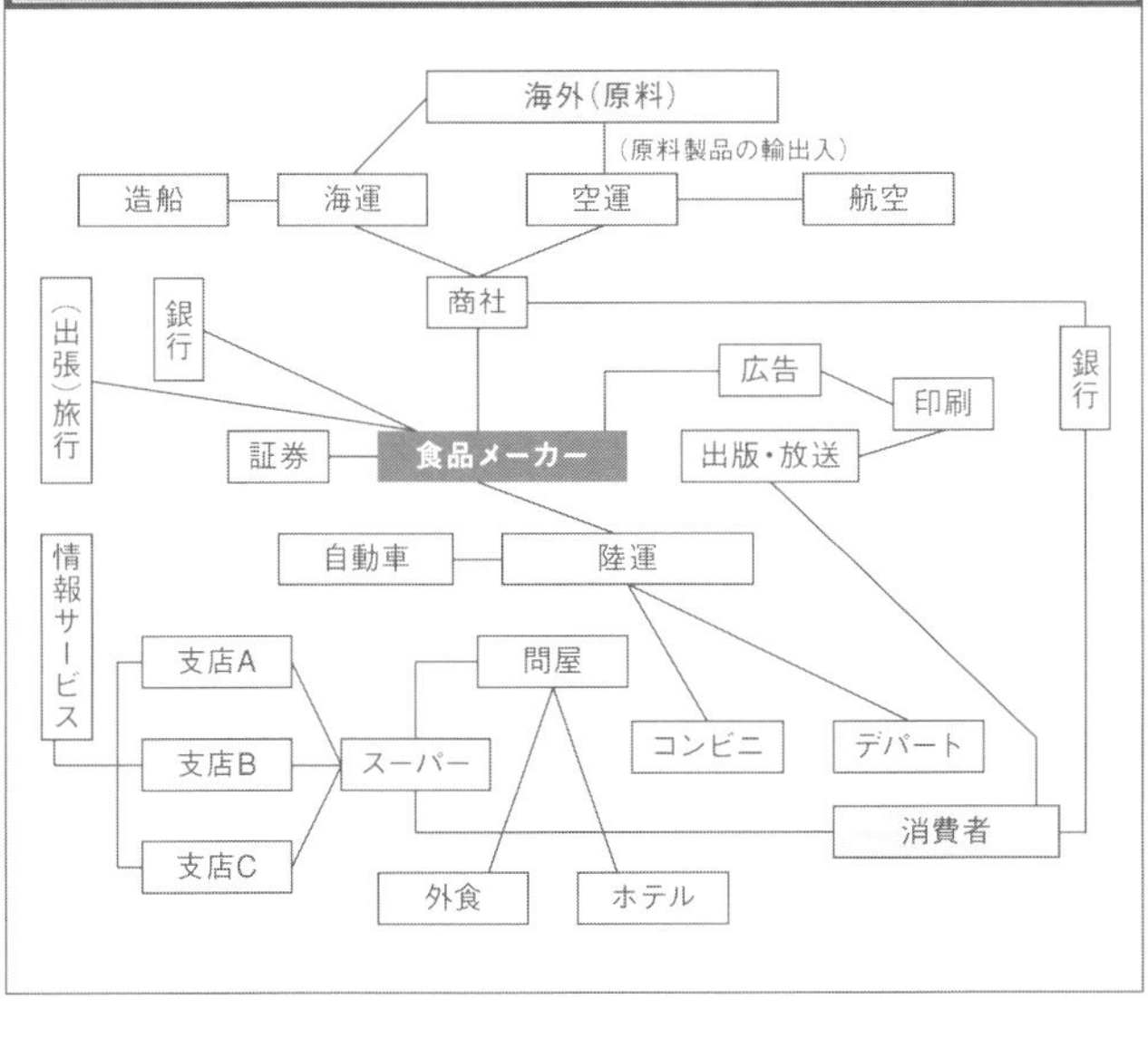

就活対策／基本編
職種研究に取り組もう

内定獲得には志望動機の充実が鍵であり、そのために必要なのは仕事研究の充実です。業種研究に続いて、職種研究に取り組みましょう。

きまじめA君

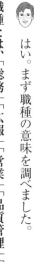

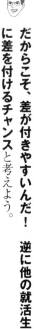

業種研究の次は職種研究だ。なぜなら、企業が求めているのは〝就社〟ではなく、**〝就職〟**希望者だからね。自分が希望する業種に属する会社の中で、どんな役割（＝職種）を果たしていきたいのかを明確にしていこう。

業種の次は、職種ですか…。次々と難しいキーワードが出てきて、就活って大変だな〜。

だからこそ、差が付きやすいんだ！　逆に他の就活生に差を付けるチャンスと考えよう。

はい。まず職種の意味を調べました。職種とは、「総務」「広報」「営業」「品質管理」「機器設計」…などさまざまな種類があり、それぞれの職種担当者が役割を果たすことによって会社が成り立っている。

会社はチームということが実感できますね。メンバー（＝社員＝職種担当者）それぞれが、しっかりと役割を果たせば会社は繁栄するし、そうでなければ傾きそうです。この職種を意識するまでは、なんとなく、一つの大きな仕事を分担し合って働いているようなイメージを持っていましたが、そうではないんですね。

その通り。一つの会社は、営業や営業補助、販売等、それぞれ違う**職務**を担当する人たちのチームワークで成り立っているんだ。もちろん、社長もその中の一人だね。

いきなり社長という職種には就けないですよね（笑）。素朴な疑問なのですが、入社後、どの職種を担当するのかは、**会社が決めてくれるのではないのですか？**

会社が決めてくれる、でいいのかな？　すべてを会社に任せてしまうなら、自分は何がしたいか？　を持つ必要はないのでは？　それに、**「会社に決めてもらう」という受け身な姿勢はお客様的で、企業はマイナスに評価するぞ。**

す、すみません。総務と営業では、**取り組むことも実現**

できることも違いますからね。ということは、やはり、それぞれの職種がどんな役割を担うことになるのか？　を研究しないといけないですね！

そして、更に必要なことは？

ん〜、なんでしょう？

その職が自分の苦手な内容でもいいのかい？

あっ、自己分析とミックスですね。自分の長所や能力を生かせる職はどれか？　を見つけ、選択するためにも、その**職に必要とされる能力**も調べます！

ちゃっかりB君

俺、なんでもできる自信があるんすよ。けっこう器用で飲み込みが早いんで!!

B君は文系だけど、生産管理職の仕事もできる自信があるのかな？

その生産なんとかって、どんな仕事か知らないっすけど、教えられたらやれるようになる自信はあるっす。

大学で専門的に学びました！
器用で飲み込みが早いので大丈夫…
内定
わっ！

でも**会社にも選ぶ権利がある**からね。会社の立場であれば、B君と同じくらい飲み込みが早くって、さらに大学で生産管理を専門に学んできた人を採用したいんじゃないかな？

うわ〜、なんだか自信を打ち砕かれたみたいで、へこむな〜。

自分に自信を持つことは良いことだけど、同時に謙虚になることも大切だよ。何でもできるかもしれないけれど、**より高いレベルでできることを目指して、自分のこれまでの経験や知識を生かせて、自分が本当に力を注ぎたいと熱くなれる職種を探してほしいな。**

熱くっすか〜？　まさか就活で青春キーワードが出てくるとは思わなかった…。では、どうやって研究すれば…？

業種研究と同様に、会社ホームページの**先輩社員紹介記事**をじっくり読んでみよう。その職を通して味わえる**醍醐味**や逆に**苦労**する点など、理解を深めていく上で役に立つ内容も多いと思うよ。

俺、漠然とですが、デパートのバイヤー職に興味があるんすよね。先日、TVで見たもんすから。

あっ、それなら、うちの父がバイヤーだから、今度の週末でもうちに話を聞きにおいでよ。

マジで!?　やった！　持つべきものはやっぱり友達だね〜！

解説は**次のページ**へ！

業種＋職種＝自分がやりたいこと

★ 職種決定は将来の1秒1秒に直結する ★

職種によって決まる仕事内容は**皆さんの将来の仕事内容の１秒１秒に直結する、**といっても過言ではありません。それだけに、**自分の個性や特徴を発揮できる職種**を選びたいですね。職種選択は自分に向いている、向いていないが大きく関係する大切な選択なのです。

★ 職務を担当しての実感を聞こう ★

会社を入社3年以内に辞めていく人たちの原因の多くは、業種や会社が合わないというよりも、**担当する職種が自分に向いていなかった**ことにあるようです。そこで、会社から提供されるHPや会社案内等の文字情報だけでなく、**実際に働いている人たちの生の声**を聞いておきましょう。そのためにはOB・OGや家族・親戚に、仕事をしてきた中での実感を教えてもらうことが重要な活動となってきます。

★ 目指す職種へのキャリアステップ ★

例えばB君が志望するバイヤー職、他には広報、経営企画職など、**入社すぐには就ける可能性の低い職種**も数多くあります。このような職種を目指す場合は、**どのようなキャリアステップを踏んだ結果、**その職種に就くことができるのかを調べることも職種研究の一つです。

こっそり採用担当者の本音

面接では、その職種がなぜ自分に向いていると考えているのかを、しっかりと問いたい！　その回答にあなた自身の確信がこもっていなければ、我々は不安を抱いてしまう。

実践 就活講座

同じ職種でも仕事内容が異なることがある

職種説明は自己PRのヒント

就職活動では、ツボを押さえた準備が大切です。この意識で以下の職種説明を読んでみましょう。

「営業」会社を代表して顧客に商品説明や提案を行います。フットワークの良さと、会社の商品やサービスに関する豊富な知識を身につける必要があります。また、顧客との価格交渉といったシビアな場面での交渉能力、コミュニケーション能力が必要です。

この説明を通して営業への理解を深めました…だけでは並みの就活生です。優秀な就活生となるためには、「なるほど〜、この説明内の提案やフットワーク、交渉やコミュニケーションに関連する自己PRを行えば良さそうだな」と考えましょう。

同じ職種でも立場が違えば仕事内容も変わる

下段の図からも分かるように、例えばSE（システムエンジニア）としての就職先は「情報サービス企業」もあれば、「デパート等のユーザー企業」もあります。情報サービス会社のSEは、さまざまなユーザー企業のシステム開発に従事します。ユーザー企業のSEは、自社のシステムのみにかかわり、情報サービス企業のSEに指示を行うことが仕事の中心となります。

このように、同じ職種でも所属する会社や業種が違えば、仕事内容も修得する知識もスキルも違ってきます。だからこそ、「志望会社では、実際にどんな仕事をすることになるのか」ということを、細かく研究する必要があるのです。

さまざまな職種の例

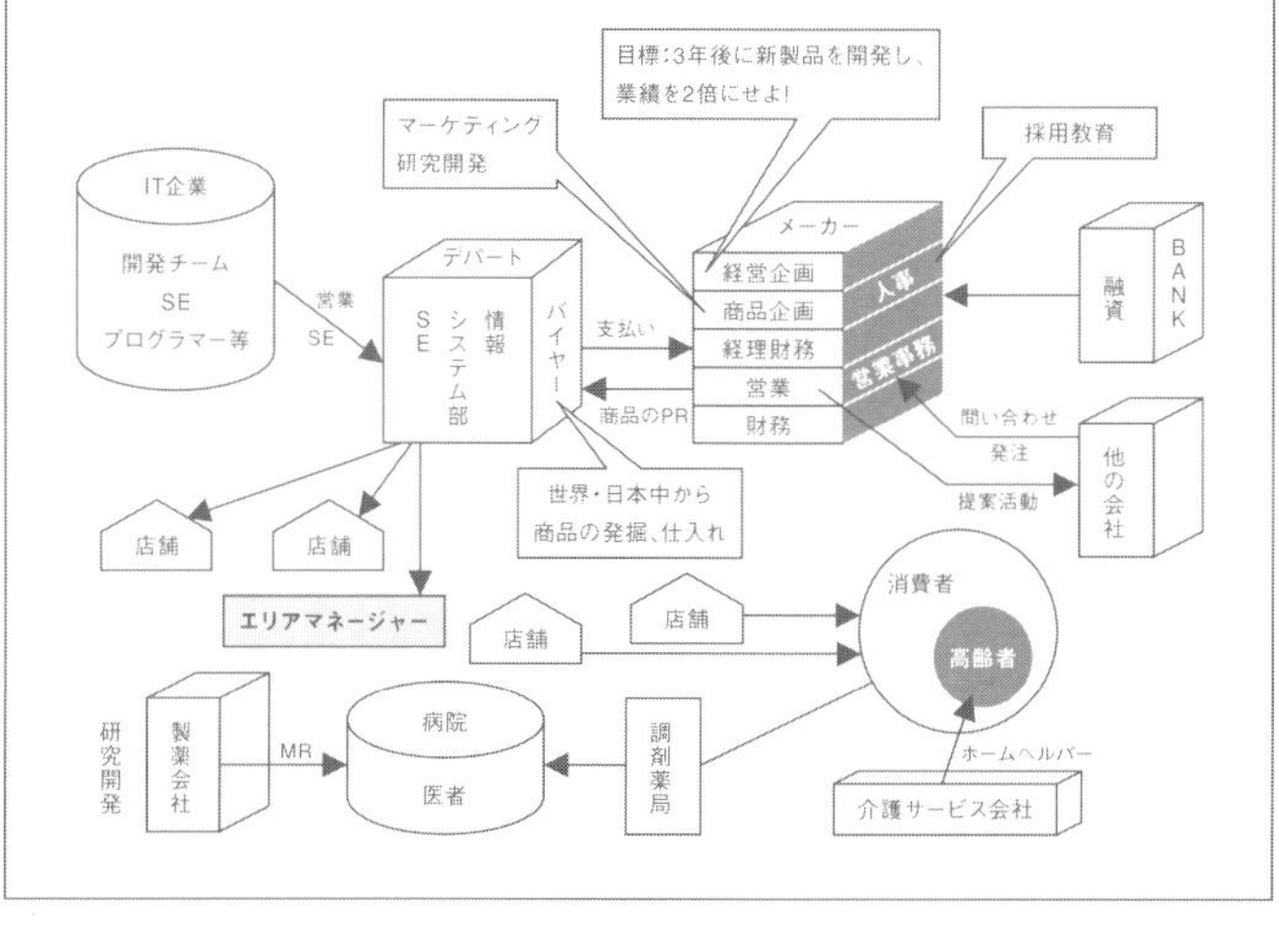

就活対策／基本編
志望業種・職種を絞り前進しよう

研究するだけでは就活は前に進みません。前進しなくてはならないのです。研究を次のどんな活動に結び付けるかを考えましょう。

きまじめA君

世の中には、さまざまな事業（＝業種）が存在しているんですね。そして、**単にお金儲けではなく、社会への意義や貢献を追求する姿勢**が伴っていて、ますます就活へのやる気がわいてきました！

どんな事業が印象深かったの？

はい。農業事業に進出する会社が、商社グループの中には何社もあったのですが、**国や世界の動きを見通しながら仕事をしている**ことが伝わってきて、とてもダイナミックなものを感じました。他には、燃料電池の開発とか、医薬品の開発とか、ベンチャー企業に投資・育成する事業とかです。**これらの事業が、日本や世界の未来を生み出していくんですね！**

では、そろそろA君は、どの業種に就活のエネルギーを注ぐかを決められそうかな？

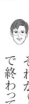

それが～目移りしてしまって、このままでは八方美人で終わってしまって、**絞って志望する人たちに負けそうで心配です。**

そのことに気付いているならば、志望業種を絞り込み、次のアクション（＝エントリー）へとつなげていかないとね。

でも～、自分にとって正しい絞り込みを行えるんでしょうか？

正直、志望には常に迷いがつきまとうことが多いんだ。そこで、**仮の志望順位**を付けながら業種研究を進めていこう。A業種が1位志望と感じていたけれど、B業種を知り、「こっちのほうがいいな」と思ったらB業種を1位に。また別の日にC業種に一番興味を持ったと感じたらCを1位に。で、また別の日にA業種の奥深さを知るきっかけがあって、やっぱりと思えばA業種を1位に、というスタイルで臨んでみよう！

はい。とにかく漫然と研究するだけでなく、**志望順位を意識する（＝志望の絞り込みを行う）**ことが大切なんですね！

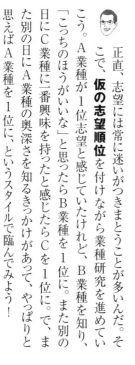

第一志望はコレ！
研究の結果やっぱりこっち！
A業界
B業界
C業界

ちゃっかりB君

まぁ、俺は文系だし、特別な資格とかを持っているわけじゃないから、職種は営業で決まりだな！　ねっ、C子さんもそう思うだろう？

そんな投げやりな絞り込みで大丈夫なの？

だって、興味のあるバイヤーとか経営企画とか広報って、すぐにはなれそうもないし、可能性があっても狭き門だろうし…。俺なんかだと営業志望が現実的なとこじゃん？

ボクは営業
一本っす!!
営業
1つでいいの？
1つでも決まれば一歩前進ってことでギリOK!!

まぁ、どうあれ営業第一志望という**順番が付いたのだから**一歩前進だね。

あら？　なにかいつもの岡先生と違うような…。投げやりなのが採用担当者に見えてしまったら、即不合格にされてしまうのでは？

俺的には、もう他の職種を研究したり、迷ったりしないでいいので、肩の荷が下りたようで、とってもうれしいんだけど…。

少し説明しよう。まず順番を付けることが大切な理由だけど、それは順番を付けることで**比較検討しやすくなり、それぞれについて具体的に理解しやすくなる**からなんだ。投げやりであれ、B君は営業を第一志望としたことによって、今後は営業を目指すという具体的な目標を持って、営業を募集している企業にエントリーを行えるわけだ。また、その後の就活の過程でSEやMR、販売…などの他の職種が目に入った時は、**必然的に比較して考えるので理解を進めやすいし、他の職種に志望を切り替えるのか、それとも営業で継続するのかも決めやすいんだ。**

確かに、業種についても比較を意識してから、より理解を進めやすくなりました。

そういえば、商品を検討するときも、機能や価格を比較すると商品の理解や購入の決断を行いやすいです。**「比較しながら進めること」**は、就活の大きなキーワードになりそうですね。

その通り。だからB君、あくまでも**今後も研究・模索を続けていくことが前提で、志望理由を深めたり、エントリーしたり、就活を前進させてくれるだろうと期待しているからこそ褒めているんだからね。**

は〜い。

解説は**次のページ**へ！

志望順位を常に意識し、エントリー段階に進もう

vol.13のポイント!

★「志望業種は3つに絞る」がセオリー★

例えば、A～C業種を10社ずつ30社訪問したA君と、A～J業種を3社ずつ30社訪問したB君では、**A～C業種の選考においては**、A君のほうが圧倒的に有利です。なぜなら、絞り込んだ活動の結果、理解もビジョンも自然と深まり、志望を熱く、深く語ることができるからです。

★今の志望順位を重視する★

「**今は**A業種に一番興味がある」― この今の**気持ち**を基準に就活を進めましょう。たとえ**後で順番が変わっても、それまでの研究と活動は決して無駄になりません**。なぜなら、A業種で蓄積した知識があれば、新たな志望業種の理解はA業種の半分ほどの時間で済むからです。ただし、選考が本格化する前までには志望を固めておくことが理想です。

★エントリーしてこその業種・職種研究★

どんなに深く研究を行っても、研究段階で立ち止まっていては内定に近付けません。絞れたら、すぐにでもエントリー段階に進みましょう。志望が曖昧な場合も、エントリー可能な時期からはエントリーを重視し、エントリーしながら志望を固めていきましょう。

こっそり……

採用担当者の本音

消極的な選択による志望の人とは共に働きたくない。業種や職種への熱意を重視する!

応募可能かを募集要項で確認する

各企業には、人事・経理・営業など複数の職がありますが、あなたはどの職にでも応募できるわけではありません。応募できるのは、その企業が募集している職種のみです。

中段の図の絞り込み手順で志望業種を決めたら、それぞれの業種に所属する企業をリストアップし、各企業の「募集要項」に記載された「募集職種」を確認しましょう。

また、下段の「募集要項の記載例」のように仕事内容が説明されていますので、内容を確認すると同時に、「TOEIC　850以上」等の応募資格が記載されている場合もありますので、併せて確認しましょう。

業種の絞り込みフロー

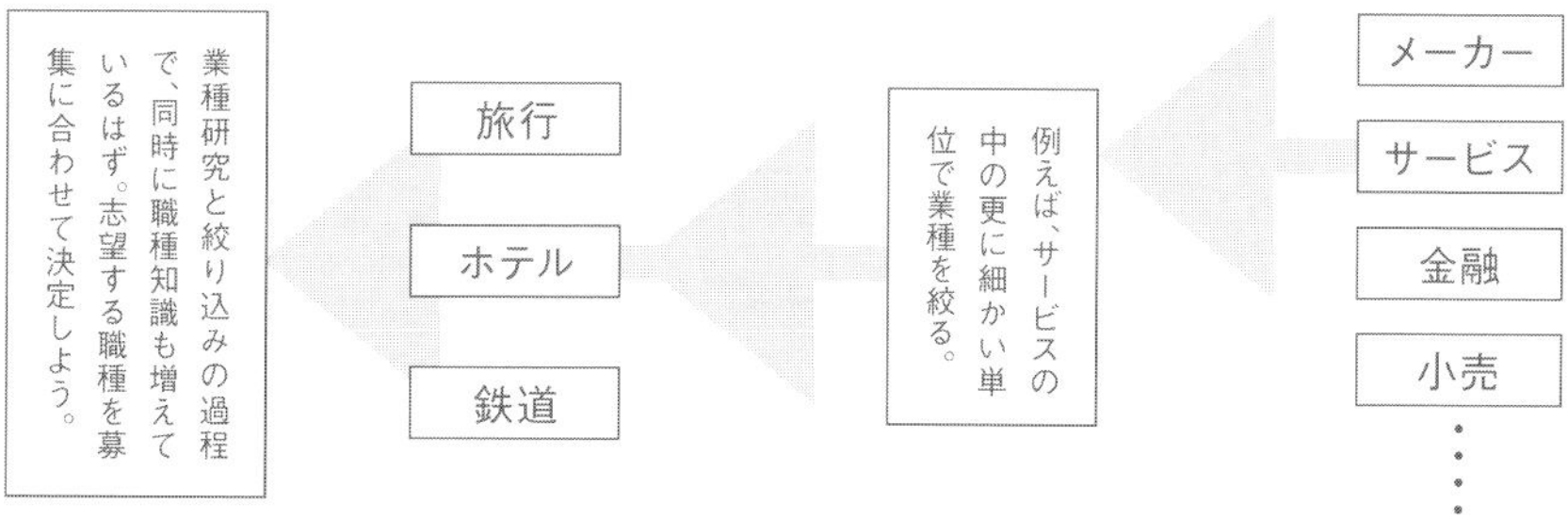

メーカー
サービス
金融
小売
例えば、サービスの中の更に細かい単位で業種を絞る。
旅行
ホテル
鉄道
業種研究と絞り込みの過程で、同時に職種知識も増えているはず。志望する職種を募集に合わせて決定しよう。

＜募集職種の記載例＞ 募集要項は重要な情報源に！

募集要項	
業務職種	総合職
仕事内容	**リクルーティングアドバイザー（RA）** 中途採用における人材の募集、採用に関するコンサルティング。企業の採用ニーズや問題点などをヒアリングし、問題解決方法の提案や的確な人材の紹介により企業の採用活動を強力にバックアップします。また、企業との採用イベント開催やHP作成など、トータルソリューションの提案・提供も行います。このような企業のトップや採用担当との日々のコミュニケーションを通じ、経営戦略や業界動向をいち早くとらえ、精通することができます。 **キャリアアドバイザー（CA）** 求職者に対するキャリアコンサルティング、仕事紹介業務。転職活動を全面的にサポートし、一丸となって転職の成功を目指します。面談によるスキルやキャリアプランの把握、経歴書をはじめとした書類の書き方のアドバイス、面接日の調整、面接のアドバイスなどを行います。さまざまなキャリアをお持ちの方と日々出会い、「人」を通じて成長できる仕事です。

内定
出る人
出ない人
vol.14

就活対策／基本編
就活に必要な自己PRを認識しよう

業種・職種研究を加味しながら、就活に適した自己PRを作る必要があります。ここで就活用の自己PRについて整理しましょう。

きまじめA君

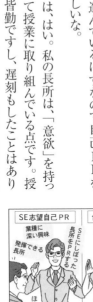

そろそろ、自己分析も他己分析も進んでいるはずなので自己PRをしてほしいな。

は、はい。私の長所は、「意欲」を持って授業に取り組んでいる点です。授業には皆勤ですし、遅刻もしたことはありません。他には、きちんと調べて曖昧な点を残さないことも私の長所です。

ちょっと待った！　**A君は、どんな目的を持って**自己PRしたんだい？

自己PRなので、自分の長所を紹介して**良い人材だと思わせよう**という目的からです。

SE志望自己PR
業種に深い興味
発揮できる長所
SEにしぼった長所をPRする
ほう…
合コン自己PR
テニスが得意なんだ
わーっ

「思わせよう」という売り込み意識は評価できるが、一つ足りないものがある。A君はいったい、その長所を何に使うんだい？

仕事です。

仕事では広過ぎる。A君が長所を発揮したいと思うものは何？

あっ、職種ですね。今はSEを志望しています。

それならば、**SEに向いている良い人材だと採用担当者に思わせることを目的**にして自己PRを行おう！

はい。私の長所は「几帳面さ」です。この長所は、志望するSE職で発揮できます。**そう考える理由は、SEは緻密に設計を進めていくことが求められると職種研究を通して知ったからです。**この几帳面さを発揮して頑張ったことは、大学での授業やゼミの取り組みです。

それならOKだ！　きちんと、**志望職種に必要な長所を持っていることのアピールを意識できているから**ね。更に自己PRに取り上げる長所を**「意欲」から「几帳面」に**

切り替えた結果、よりA君がSEに向いている人材とイメージしやすい自己PRへと向上したよ。

ついつい、自分の一番の長所は意欲だと思っていたので、「意欲」で自己PRを始めてしまいましたが、**志望する職種に応じて、ピッタリの長所を選んだほうがいいんですね。**ということは、営業を志望するとしたら、僕の場合は4番目の長所である「相手の立場に立てる」ことから始めたほうがいいのでしょうか？

そうだ！　その上で意欲や計画性、几帳面さにも触れていけばいい。自己PRでは、**一つの長所にしか触れちゃいけないというルールはないからね。**

ちゃっかりB君

B君の場合は、**志望業種を意識した上で**行ってほしい。

は、はい。え～と、俺の場合は食品メーカーの中でもパンメーカーを志望していますので…。私の長所は提案姿勢を持っていることです。この姿勢を特に発揮しましたのはコンビニエンスストアでのアルバイトです。**私は、食べることが好きでたまりませんし、その中でも特にパンが大好物なので、さまざまな商品の中でも、惣菜パンの売れ行きには特に興味を持っておりました。**例えば、お昼時にはどのパンの売れ行きが良いのか？　価格帯で人気なのは？　また、パンを購入されるお客様はどんな飲料と一緒に購入されるのか？　を個人的にチェックしていました。そこで気が付いたことを店長に伝えると同時に、他のアルバイトにも伝えていきます。今では、パンの発注についてはよく意見を求められております。

うん、きちんとパンが好きであること、だからこそ関心を持って観察し、意欲的なアクションにつなげていたことを伝えられているね。**パンメーカーの採用担当者ならば、パンに情熱を持って一生懸命働いてくれるとの印象をB君に持ってくれるだろう。**では、物流サービスの中の陸運業を志望しているとしたら、どう自己PRする？

え～、そんな、いきなり言われても～。

B君なら大丈夫。なぜなら、B君はアルバイトで陸運業と関わっているからさ。コンビニに納品するものはどうやって運ばれてくる？

トラックで配送されるっす。そうか、それが陸運だから、今度はパンではなくその配送担当の方とのエピソードや、配送システムで興味を持ったことを自己PRに入れることを意識するんすね！

解説は次のページへ！

vol.14のポイント！

志望業種・職種を意識して、自己PRのネタを選択しよう

★ 業種・職種志望に自己PRを結び付ける ★

内定を得るためには、ただ漫然と学生時代の頑張ったことや、自分の長所をアピールするだけではいけません。**業種に深い興味を持っている自分、職種で発揮できる長所・特徴を持った自分**を採用担当者に伝えることが大切だと、しっかりと認識しましょう。

★ 業種・職種が違えば、自己PRネタを変える ★

就活で必要な自己PRは、「一つでは足りない」ということです。あなたは複数の業種・職種を志望し就活を進めていくのですから、その志望によりマッチした説得力の高い自己PRを複数作成しておきましょう。そこで**「この業種ではこのエピソード」「この職種ではこの長所」**などと自己PRを使い分けてアピールできるように、分類・整理しておきましょう。

★ 自分と業種の接点を確認しておこう ★

「毎日、アルバイト先に正確に納品される配送システムに興味を持ったことが、陸運業を志望した理由です。このアルバイト先で私が頑張ったことは…」―このように、あなたは学生生活の中で業種と接点を持っている可能性があります。自分の業種との接点を点検すると同時に、自分と業種との接点を意識することを心掛ければ自己PRネタが増えていきます。

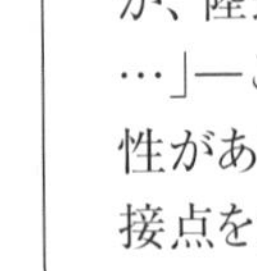

こっそり採用担当者の本音

この仕事に就くことを目標に、学生時代はこんなことを頑張ってきた、経験を増やしてきたという自己PRを一番評価したい！

実践 就活講座

99社不合格を覚悟すれば就活は怖くない

仕事を意識してもう一度自分を振り返ろう

下のワークシートを参考にして、あなたの大学生活における、仕事や労働シーンに集中して振り返りましょう。あなたの仕事経験やセンス（段取り・問題解決力など）、意欲を整理しておきます。自己分析と重なる部分も多いのですが、学生生活ではなく、仕事を中心にして振り返る点に意味があります。

就活生ではなく、営業活動生が企業の期待を集める

あなたは、あなたという唯一の商品を担当している営業パーソンです。よって、あなたという商品の魅力を説明できなければなりません。また、聞きに来てくれるのを待つのではなく、積極的にセールスに出掛けていかなければなりません。

さて、あなたはセールスに出向き、自信を持って商品の機能や、どんな場面で役立つかを説明できますか？

自分の「説明書」を作るつもりで、「仕事と自分の分析」シートに取り組みましょう。

また、あなたは営業の難しさを実感するはずですが、どんなに大変と感じても、実際の営業に比べれば楽なものです。なぜなら、**たった1社に認めてもらえば良い**のですから。

100社目の会社の合格を目指し、99社の合否は気にせず営業チャレンジを繰り返す、こんな覚悟を持って臨めば、30社も訪問するころには、きっと複数の内定の手応えを得られていることでしょう。

「仕事と自分の分析」項目
自分がアルバイトやサークルで担当した仕事は？ **※細かくすべてを書き出す** 上の立場の仕事だけでなく、ごみ捨てレベルの作業も書き出すこと。1日の流れを細かく振り返ってみましょう。
その経験から知ったこと、学んだことは？ 全体の仕事の中での、担当した仕事の意味を考えましょう。また、嫌な仕事を自分が担当することの意味も考えましょう。
それらの仕事を行うに当たって、準備や段取りをしっかりと行ったエピソードは？ 1日の仕事を振り返る中で、仕事をスムーズに、効率的に動かすために、意識的、無意識的に行っていることをメモしましょう。
それらの仕事を行うに当たって、一生懸命頑張ったことは？ 特に、最初に苦手意識から入った仕事を振り返り、その仕事に対して考えたこと、努力したことを振り返りましょう。
それらの仕事に伴ったトラブルと、それを、どう解決したか？ トラブルに対処した経験を書き出すだけでなく、今、もう一度同じ状況になったらどうするかも考えてみましょう。
高校時代と比較して、得意になった仕事・作業や役割は？ 伸ばすことができた能力やスキルは、これからも伸ばせます。このことを意識して振り返り、自信を持ってアピールしましょう。

内定
出る人
出ない人
vol.15

就活対策／基本編

会社と向き合う基本姿勢を理解しよう

会社とはどのような場所なのか？　会社への理解を深め、選考に臨むに当たっての意識と行動姿勢を考えましょう。

きまじめA君

業種と職種への志望を絞り込めたならば、会社研究を加速させよう。

どの会社を受験するかを会社研究で決めるわけですから、就活の現実感が増してきます。

そこで、会社に対してどんな意識・姿勢を持たねばならないかを確認しておこう。

実は、その会社の一員になることに少し不安があるんです。会社って学校と違って歳の離れた人とも一緒に働くわけですよね。僕はうまくやっていけるでしょうか？

それは不安材料ではなく、メリットと考えたらいいじゃないか。社会人生活を送る上でのアドバイザーをたくさん持てるのだから。

もしも上司と気が合わなかったら…
合うように努力する！
いちに
いちに

でも、もしも気の合わない上司がいたらとか考えると…。

その時は**自分と違う価値観を受け入れる姿勢を持とう。**なぜなら、**さまざまな価値観、多様な意見を持った人たちが集うからこそ、会社って場所には価値があるんだから。**もしも、A君と同じタイプばかりが集まった会社だとしたら、硬直的なアイデアしか浮かばない会社となり、あっという間に時代に取り残されて消えていってしまうだろうね。

合わせられるものなのでしょうか？

実は会社は、**価値観の違いを越えてコミュニケーションできるかを重視していてね。そのために選考の中にグループディスカッションを取り入れている企業も多いんだよ。**内定を獲得するためにも合わせる努力をしなくちゃね。

その努力の仕方を教えてください。

簡単だ。「そういう考え方もあるのか！　なるほど～」と、肯定的な受け止め方をすればいいんだ。

そ、そんな安易な～。

いや、これは相手の考えを尊重する大切な心構えだぞ！

ちゃっかりB君

では、B君に質問だ。もしもデートと急な残業が重なったら、どうする？

そりゃ、デートでしょ。**先約優先は社会人としての基本的なルール**です。

でも、即決できるB君と違って、上司は残業して欲しいという本音をもっていそうと忖度して、シブシブ、残業を選ぶ人もいそうだね。

いそうっすね。

このとき大切なのが、黙ったまま従うのではなく、「特別な日ですので明日の朝一番ではだめですか」などと相談することなんだ。

と、なると、日頃からの上司とのコミュニケーションが大切っすね。

そうだね。それと、B君はワーク・ライフ・バランスって聞いたことがあるかい？

ありますが、詳しくはないっす。

デートか急な残業か？
当然
デートでしょうー
ポイ

「**仕事は、暮らしを支え、生きがいや喜びをもたらすもの。と同時に、家事・育児、近隣との付き合いなどの生活も暮らしに欠かすことができないもので、その充実があってこそ、人生の生きがい、喜びは倍増する。**（内閣府「仕事と生活の調和」推進サイトより抜粋）」良い付き合い方のできる会社を選ぶにあたって、この考えを重視しているか、実践しているか？　を研究することが大切になるんだよ。

なるほど〜。俺、ワーク・ライフ・バランスのよい会社で働きたいっす。

では、会社として残業時間を把握・管理しているか、有給休暇の消化を後押ししているか、とりやすい雰囲気を作っているかなどを調べてみよう。

了解っす。ＯＢＯＧ訪問で、それとなく確認してみるっす。

解説は次のページへ！

会社はコミュニケーションでつながる運命共同体

vol.15のポイント!

★「運命共同体の一員」意識が必要な場所★

会社とは人の集合体であり、さまざまな人が集まっています。その中で好き嫌い等を理由に反目し合う小さなグループを作ることは望ましいことではありません。会社とは**一致団結しなくてはならない、運命共同体なのです。**運命共同体の一員としてふさわしい行動が取れるか？　選考形式の一つであるグループディスカッションにおいてチェックされることを意識しておきましょう。

★共栄姿勢で相手を尊重することも大切★

会社は主張も相談もできる場所です。しかし、単に**自己都合のみで主張・相談すれば、組織（＝会社）はガタガタになってしまいます。**どんなに大きな組織であったとしても、会社という組織は実はもろいものなのです。**「共栄する」という考えを根本に持ち、**上司や同僚、顧客とコミュニケーション（＝相互理解）することが求められる場所なのです。

★ワーク・ライフ・バランス★

今の時代、社員がただの歯車では会社は生き残ることはできません。創造性と将来性が豊かな企業への入社を目指して、大切な社員が充実した人生を実現できるように、政府が主導する「仕事と生活の調和」に賛同して経営している会社を見つけてください。

こっそり採用担当者の本音

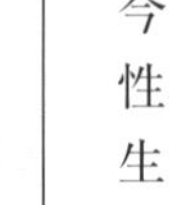

チームの一員であることを踏まえたコミュニケーションが行えるかを選考で確認するぞ！　特にグループディスカッションで観察させてもらう。

実践 就活講座

あなたには選択権があることを忘れるな!

媚(こ)びへつらうタイプは生き残れない

学生の不利な状況を見越し、ある大手企業は徹底的に圧迫否定的な面接を行い、多くの学生から不評を買いました。もし、あなたがこのような会社でも、「大手だから入社したい」と考え、面接などの選考で心底媚びへつらった対応をして入社したとしたら、どうなるでしょう? 結果的に上司の顔色ばかりをうかがい、ストレスをためて、会社も仕事も嫌になってしまう恐れがあります。

就活は厳しくとも、あなたは選択権を持っているのです。ＮＯと思う会社にはＮＯの行動を取ることで、心から賛同する会社を探すことができるのです。不評を買う採用担当者もいれば、親身な採用姿勢から、「不合格にした応募者」から感謝の手紙がいっぱい届く採用担当者もいます。ぜひ、あなたが心から納得できる会社選択を行ってほしいと思います。

募集要項で事業内容を確認

応募に当たっては、下段の「募集内容の例」のように記載されている事業内容に、必ず目を通し理解を深めましょう。

なぜなら、就活とは「取り組みたい仕事を見つけ、取り組みたい仕事ができる会社への入社を目指す」活動だからです。

また、「同業種の会社だから、やっていることはほとんど同じだろう」という前提で、本社所在地や売り上げ規模などで企業をリストアップするのは問題ないですが、**応募段階では、事業内容記事を中心にして、他社との違いを必ず探し出しておきましょう。**

同様の仕事をしていても、その実現方法やノウハウに必ず違いがあります。そして、それらを読み取ることで志望動機のネタを増やしていけるのです。

募集内容の例

事業内容 人が生きるうえで必要とする情報を発信し、かつ、支援するサービスを提供する。	「広告型」の情報発信サービス、「対面型」の人材派遣サービス、ならびに出版サービスを展開しております。 ■教育広報事業 大学・短大・専門学校などの進学情報をお届けする情報サイトを中心とした事業。その他にも、進学情報誌「進学ガイド」の発行。学校案内の制作及び発送代行、学生募集業務を中心とした学校業務に関わるアウトソーシングなども手掛ける。 ■アルバイト情報事業 アルバイト求人情報サイトを運営する事業。WEB 媒体を中心に、モバイルの分野にも積極的に参入するなど、今後の展開に期待が膨らむ。 ■就職情報事業 新卒採用における総合ソリューションサービスの提供。就職情報サイトの運営、就職イベント「就職EXPO」「就職セミナー」の運営、また企業案内パンフレットの制作業務なども手掛ける。 ■HRメディア事業 派遣希望者に向けた総合派遣サイトの運営。並びに、人材紹介会社のポータルサイト「転職エージェント」の運営。弊社の新たな事業領域を支える事業。

内定
出る人
出ない人
vol.16

就活対策／基本編
会社選択基準を持とう

エントリー活動を進めるには、業種の絞り込み→応募したい会社の絞り込みとつなげていかなければなりません。

きまじめA君

岡先生、少々困った状況に陥っています。この1週間、マイナビで見つけた会社の情報を読みまくっているのですが、どれも素晴らしい会社に思えてしまって、どの会社にエントリーするべきかを選択できないのです。

どの会社もパッとしないと感じる人に比べれば喜ばしいことだけど、何百社研究しても応募に結びつけなければ、就活的には意味のない研究になってしまうから大きな問題だね。ところで、**A君はどんな会社に入社したいのかがイメージできているのかな？**

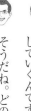

はい、良い会社です！

良いって、世間体？　年収？　規模？　将来性？

交渉力の優れた社員が多い会社は…
一人当たりの売上高が…
交渉力を身につけたい！
よし確かめてみよう!!
ライバル会社より高いかも…

どれも良い会社がいいです。

まぁ、正直そうだね！　でも、有名企業でも不祥事を犯すことはあるし、現在無名でも業績を伸ばして規模や年商を伸ばす会社もあるからね。**自分における「良い」の定義をもっと具体化していこう。例えばA君が仕事から特に得たいスキルは何？**

はい。交渉力です。理由は、仕事はもちろんのこと、自分のプライベートでも役立つと思うからです。**仕事での成長が良い人生を築くことにもつながれば一石二鳥**ですから。

それならば、**社員一人当たりの売上高（＝売上高÷社員数）**や教育内容を選択基準にして、エントリーしたい会社を選んでみればどうかな？　同業同士の比較に限るのだけれど、一人当たりの売上高がライバル会社より高いということは、交渉力の優れた社員が多いと想像できるし、そんな社員を育てる質の高い教育が行われていると期待できるよね。

なるほど～、ある種、連想ゲーム的に自分なりの判断をしていくんですね。

そうだね。どの会社も、「うちの会社は良い会社」と説明するだろうから、鵜呑みにせず、マイナビに加え、新聞や会社四季報などにも情報収集先を広げて自分で判断しよう。

ちゃっかりB君

俺は迷いはないっす。社員1000人以上の企業から選ぶっす。

社員数1000人未満はダメってこと？

1000人未満でも良い会社はあると思いますけど、どうせなら規模の大きい会社のほうが安定してていいっす。

でも大企業病にかかっていて、これからリストラがあるかもしれないよ。**安定性重視ならば業績を重視**したらどうかな？ そこでアドバイスしたいのが**売上高営業利益率（営業利益÷売上高）**だ。この数値ならば、現在の規模に関係なく利益実現力やその会社の付加価値の高さを確認できるよ。

確かに～、単純な規模の大きさよりも、付加価値が高くて利益を上げている企業っつう基準で選択したほうが良さそうっすね。ちなみにC子さんは、何か会社選択基準を持っているの？

女性の管理職の人数比を調べてみるわ
社員の平均年齢と平均年収を調べるっす！
家庭と仕事の両立
高収入
マイナビ

私は**家庭と仕事の両立**を実現できる会社を選択したいから、**産前産後休業・育児休業制度や休業後の復業制度（＝会社制度）**が整っているかを基準にしようと考えています。それに、実力を認められ、責任ある立場にも立てることを希望しているから、**管理職やチームリーダークラスの社員のうち女性が占める割合**も調べてみようと思っています。人数比の高い会社ほど、女性の能力を伸ばし抜擢している会社だと想像できるんじゃないかな。岡先生、どう思われますか？

2030年までに女性役員30％以上という政府方針もあるしね。人数比については、先輩社員訪問を通して情報収集するやり方もあるし、説明会で採用担当者に直接聞いてみるのもいいね。

俺、やっぱり給料の高い会社がいいっす。

それならば、社員の平均年齢と平均年収を調べてみよう。そして、これら業績や会社制度等の研究結果は、各社を比較しやすいように表計算ソフトに一覧化しよう。ノートに手書きではなく表計算ソフトを活用しておけば、**「このように会社研究を進めています」と、Ｗｅｂ面接時に画面共有機能を使って会社研究の充実度をアピールできるというメリットもあるからね**。最後に、私の希望なのだが、**入社して君たちが誇りを持てると思える会社**であるかどうかも、会社を選択する際の重要ポイントにしてほしいんだ。だから、**社長の考え、創業・事業理念**などもしっかり調べて、共感・賛同できる会社を選んでほしい。

解説は**次のページ**へ！

会社選択基準を持ち、応募段階へと進もう

vol.16のポイント！

★ 数字で比較する ★

文章で表現された説明を読むと、どの会社も素晴らしいと思えるはずです。そこで、**数字で客観的に比較し、**会社を選択してみましょう。例えば、若手社員を抜擢というキャッチフレーズはA社もB社も同じでも、実際に抜擢している人数や年齢には差があるので、最年少課長の年齢や、30歳未満のリーダークラスの人数を情報収集し、比較してみましょう。

★ 売上高営業利益率とは？ ★

売上高に占める営業利益を比較することによって、その会社の営業力や製品・技術力の付加価値等を推し量ることができます。

	A:売上高	B:営業利益	C:売上高営業利益率
D社	100億円	10億円	10%
E社	100億円	5億円	5%
F社	10億円	2.5億円	25%

B÷A=C（%）で導きだされ、F社が最も効率的に利益を上げています。この数値は、**同業他社同士の比較でのみ有効です**。

★ 企業精神も重視しよう ★

企業とは人の集合体であり、経営者や従業員等の思いが凝縮されている存在です。その一員となるに当たっては、**その思いに賛同できるか、共感できるかが、とても大切になります**。社長の考え、創業・事業理念も会社選択時には重視しましょう。

こっそり…採用担当者の本音

我々の会社に賛同・共感しているかを、選考の必須項目の一つとしているのだ。ホームページの社長メッセージや理念は、ぜひ読んでおいてほしい！

実践 就活講座

成長する会社には必ず理由がある

あなたにとって大切なのは、現在の会社の状況ではなく、会社の将来です。伸びる可能性を持った会社を探しましょう。

この可能性を見分けるのは、実は意外に簡単です。以下の図表のポイントを参考にして、リストアップした会社を比較してみましょう。

例えば研究開発費の比較で、将来性の差が見えます。また、長期ビジョンの比較で経営者の実力の差を感じることもできます。

ぜひ、新たな会社との出会いを大切にした就職活動を行い、あなただけの有望企業を見つけ出してください。

会社の過去・現在・未来

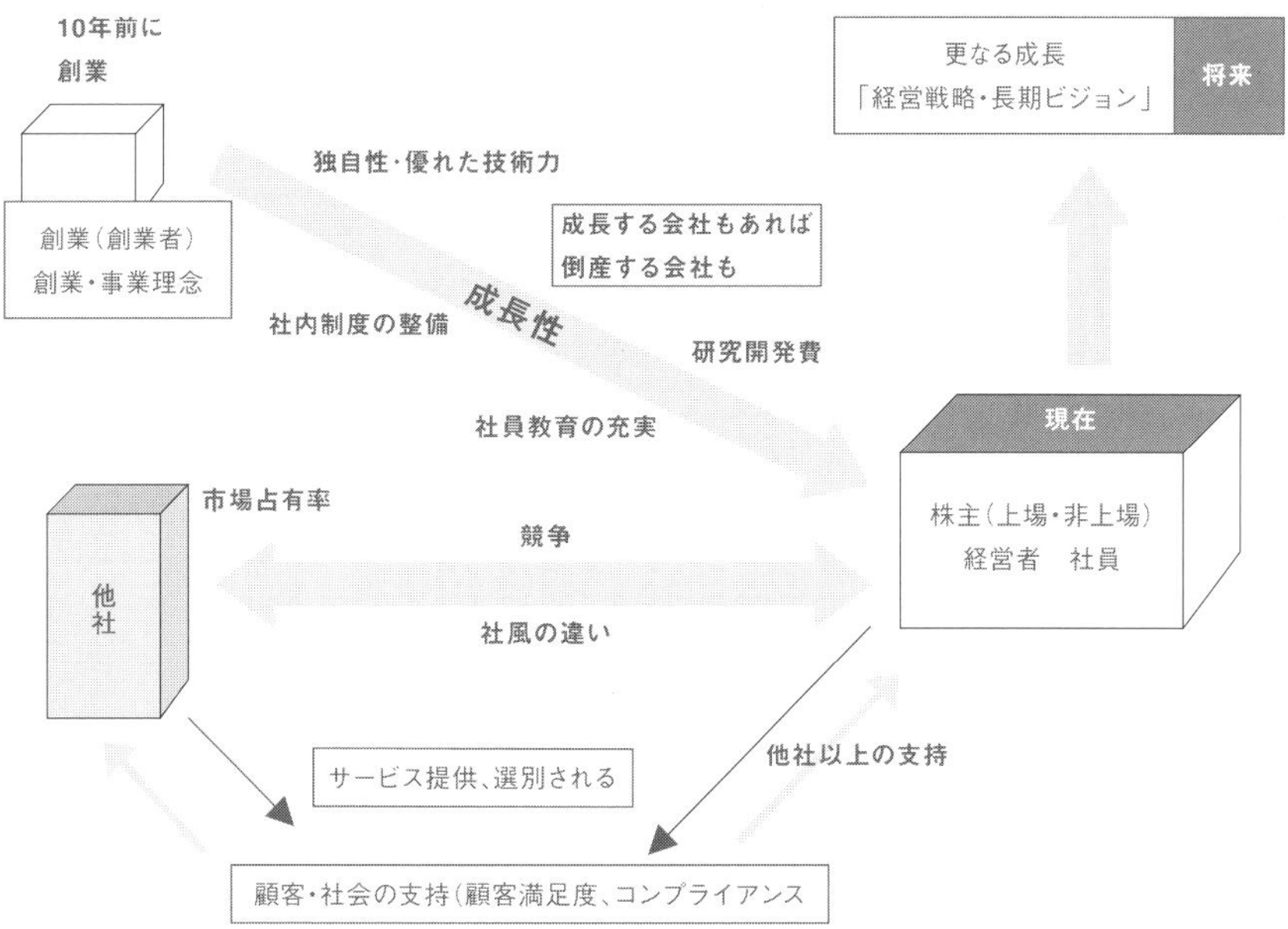

会社比較項目の例

・社員平均年齢　・役職者平均年齢　・平均年収　・社員一人当たり売上高　・複数年売上高推移　・売上高営業利益率　・売上高に占める研究開発費率　・独自商品やサービス、技術の有無　・市場占有率　・経営ビジョン　・ユニークな社内制度　・教育体制

就活対策／基本編
キャリアビジョンを構築しよう

応募したい会社を選択した後は、選考突破を目標に活動する段階です。そのためにも、入社後の目標について考えてみましょう。

きまじめA君

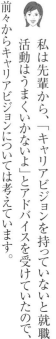

応募したい会社を見つけたら、次はその会社に合格するための準備を始めよう。まず取り組んでほしいのが**「キャリアビジョンの構築」**だ。キャリアビジョンの意味は分かるかな？

キャリアとは、具体的には**入社～現在まで、どんな職種や責任、プロジェクトを担当してきたかの職務履歴**のことです。それとビジョン（＝展望）を組み合わせるわけですから、**職務に関する将来的な目標**といった意味だと思います。

私は先輩から、「キャリアビジョンを持っていないと就職活動はうまくいかないよ」とアドバイスを受けていたので、前々からキャリアビジョンについては考えています。

え～とボクは・・・
目標はあそこなので
この道に決めた！
キャリア
ビジョン

岡先生、どの会社に所属し、どの職種に就くかも決まっていない就職活動中から、どうしてそこまで考える必要があるのでしょうか？

まず就活の最重要テーマは、「就職して何がしたいか？実現したいか？」だよね。もしも短期のアルバイトならば、目先数カ月程度の「何をしたいか？」を考えれば済むが、**就職は何十年という期間を前提**にして、成長しながら、より大きなこと・意味深いことの実現を目指すものだ。だから、5年、10年程度のビジョンはこの就活中から考えておいてほしい。

そうか～。確かに**「入社してから目標を考えます」では、会社に失礼ですよね。**C子さんはどんなキャリアビジョンを持っているの？

私は留学経験を生かしたいので、海外勤務の可能性の高い企業へ入社したいと思っています。入社後3年間は国内営業で頑張り、実績を残し、次に部署希望制度を利用して海外勤務を実現したいです。そして海外で5～6年かけて人脈を広げ、その後日本に戻り事業企画部に所属し、海外で築いたネットワークを基盤として「文化と人との交流」をテーマとしたイベントをいくつも実現できれば、と思い描いています。

うん、素敵なキャリアビジョンだ！

えっ、そんな先のことまで本当に考えているんだ…。僕も考えなきゃ！

ちゃっかりB君

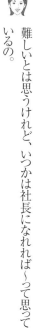

あの～、盛り上がってるところに割り込んで申し訳ないんすが…、人生なんて「なるようになる」もんじゃないんすか？　それにC子さんのキャリアビジョンって、英語だと格好よく響くけど、日本語にすると「絵に描いた餅」っつ～か…。

人事はキャリアビジョンを重視してるぞ！
いずれ社長に
絵に描いた餅じゃね？
キャリアビジョン
社長

いやいやB君、キャリアビジョンとは日本語では**「職業経歴を積むに当たっての自分の目標（もしくは理想像）」**と表現したほうが正しいよ。

ふ～ん、目標ねぇ。ちなみにC子さんの最終目標って？

難しいとは思うけれど、いつかは社長になれれば～って思っているの。

ひえ～！　そんな高みを目指しているんならビジョンは必要かもね。でも俺は、別に社長目指すわけじゃないし…。

話は変わるけれど、B君は今後の学生生活に何か目標ってあるの？

そりゃ、早く内定ゲットして、学生でいられる残りの期間に海外旅行へ行きまくりたいっす。

その実現のために取り組んでいることは？

可能な限りバイトを詰め込んで、貯金してるっす。

ほらっ、B君もビジョンを持って行動し、学生生活を素晴らしいものにしようとしているじゃないか！　同じように、**就職にもビジョンを持ったほうがいいぞ。自分の人生＆仕事を豊かなものにするためにもね。**

ビジョンって意外と身近なもんなんすね～。

加えて、会社はいずれ大きな実績を上げてくれたり、役割を担ってくれるだろうという将来の期待を込めて新卒採用をしているわけだから、将来のことは「なるようになる」と考えている人よりは、**「ビジョンがあります」という人に期待すると思うよ。**

え～、キャリアビジョンがないと確実にマズイじゃないっすか～。

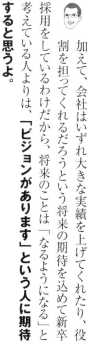

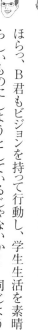

解説は**次のページ**へ！

就活では、将来の
目標・理想を持つことが大切

vol. 17のポイント!

★ 目標実現に必要な経験と能力を考える ★

就活では「**将来的に**仕事で何がしたいか?」を考える必要があります。そして、将来目標の実現のためには、どんな職業経験を積み、どんな技能や能力を高めていく必要があるかを検討することが大切です。この検討がキャリアビジョンの構築につながっていきます。

★ キャリアはあなたの財産となる! ★

報酬は使えば減っていきます。しかしキャリアは増せば増すほどその価値は高まり、**あなたの地位や報酬の向上をもたらします。**つまり、キャリアはあなたの最大の財産であると同時に、武器となるのです。今はキャリアが白紙であるあなただからこそ、自分の財産となるキャリアに関心を持ちましょう。

★ 「5、10年後…」は面接質問の定番 ★

ビジネスパーソンに目標は必須です。会社経営にも必須です。つまり、**ビジネスでは目標は重要で欠かせないもの**なのです。企業は目標を持った学生生活を送っている人を評価すると同時に、仕事に目標を持って就職活動を行っている人を求めているのです。

こっそり 採用担当者の本音

目標のある人はより仕事に情熱を注ぐはずだ。だからキャリアビジョンを持っていることを重視する!

実践 就活講座

先輩社員のキャリアを組み合わせよう

実際に働いたことのないあなたに少しでも仕事の実像を伝えようと、会社HP内に掲載されているのが、下のような先輩社員紹介記事です。仕事への理解や会社の社風を感じることにおいても重要な記事ですので、ぜひ、重視して読み込んでください。

この先輩紹介記事を作成するに当たっては、多くの企業が年齢層に幅を持たせて、複数の社員を紹介しています。

その理由は、あなたに**入社直後だけでなく、長く働く中でどのような仕事を経験していけるのかをイメージしてもらいたい**との願いを込めているからです。

また、この記事からは各企業が**キャリアビジョンを持って応募する人を重視している**ことも伝わってきます。

紹介された社員の年齢も確認しながら、「この会社では、○○歳ぐらいで、このようなポジションにつき、このような仕事レベルに携われるのだな、**携わることを期待しているのだな**」と、企業の期待も読み取ることもできます。また、下段の図「キャリアステップ例」も参考に、あなたのキャリアビジョンを思い描いていくことも大切です。

キャリアビジョンとは、（同業他社のHPも含めて）登場する先輩たちのキャリアを組み合わせながら描くものと考えれば良いのです。

先輩社員紹介記事

学生と企業の「出会い」を創出する仕事です。

M・Nさん　20XX年入社
就職情報事業本部　営業部　営業1課
セミナーやイベント・制作物などの企画・提案営業

【まずは関係構築】
営業の仕事は大きく分けて二つの仕事があります。「新規顧客」の開拓、「既存顧客」のフォロー。どちらの仕事も、顧客との人間関係の構築からまずは始まります。「新規顧客」の開拓の仕事では、まずは自分の名前を覚えていただくことが重要です。何度も電話をして怒られてしまうことも時にあります。当たり前です、名前も知らない人と一度にいきなり信頼関係などできないものです。

キャリアステップ例

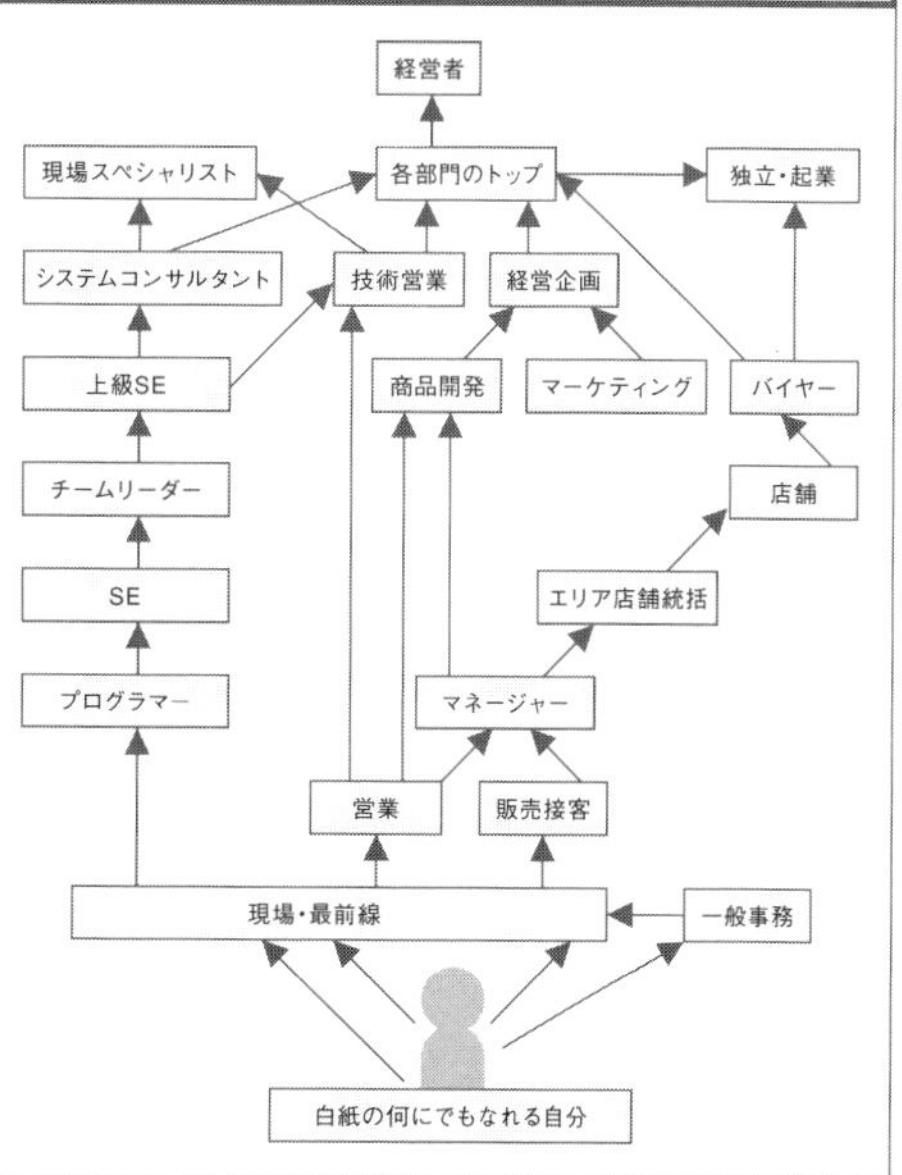

就活対策／基本編

志望動機の重要性を認識しよう

自己PRに比べて、志望動機の作成は複数の要素で構成されるため、時間がかかります。その内容をしっかりと確認しましょう。

きまじめA君

これまでに業種・職種・会社研究、キャリアビジョンについて幅広く説明してきたので、まとめとして、ここで志望動機の大切さについてしっかりと説明しておこう。まず、内定を目指すに当たっては、自己PRと志望動機ではどちらが重要かな？

就活の最重要テーマは「仕事で何がしたいか？」なので、志望動機です。

では、志望動機を細かく分けるとどんな志望動機があるのかな？

「業種志望動機」「職種志望動機」「会社志望動機」の3つです。そして、この3つをしっかりと研究することによって、4つ目の**「キャリアビジョン」**を形成することができます。

特に企業が重視するのは？

目標を持った人材を求めているので、「キャリアビジョン」です。

惜しい…、採用担当者の立場で考えてみよう。

あっ、そうか！　いくらビジョンが立派でも、採用担当者の立場からすれば、**他社に比べて自社に対する興味が低い応募者は、感情としてはちょっとマイナス評価ですよね。一番は「会社志望動機」です。**

ＯＫ。では、さまざまな業種に広く浅く興味を持った上で入社を志望している人と、自社の業種に絞って志望している人では、採用担当者はどちらを選ぶ可能性が高い？

視野の広い人のほうが仕事ができそうだから、さまざまかな～…。いや、やっぱり**仕事で取り組みたいことが明確な人が良い**と思うので、絞っている人です！

その通り。「この業種に本気で興味がある」と決意できている人が、企業側の理想なんだ。

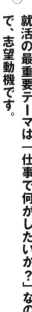

ちゃっかりB君

志望動機には、使い回しのきくものとそうでないものがあるのだが、それは何？

業種や職種志望動機、キャリアビジョンは同じ業種の会社には共通に当てはまるものになるので、大体の部分は使い回せると思うっす。**でも、会社は、各社それぞれに考え方や特徴が違うので、会社志望動機は使い回せないと思う**っす。

自己ＰＲを考える上で大切なことは…
志望する職種に向いていること、活かせる武器を持っていること！
事業内容に深い興味を持っていること！
を伝えることを意識することっす！

その通り。例えば「御社は社風が良く、優秀な会社と感じました」程度の漠然とした会社志望動機では、確実に不合格だ。また、キャリアビジョンもその会社の実情に合わせるべく、細かい点の修正は意識したほうがいいね。例えば、**職種名や部署名はそれぞれの会社で違っていたりするから**ね。では、社数が多いために時間のかかる**会社志望動機作りの基本的な方法は？**

会社ＨＰを読むことです。

では、その会社ＨＰ内でも、特にどのコンテンツを読むのが効率的かな？

先輩社員紹介記事っす。この記事では会社の社風や仕事の内容・やりがいについて、読みやすく、分かりやすく説明している会社が多いのが理由っす。

会社志望動機のネタとなるものは？

自分の会社選択基準に当てはまるポイントっす。例えば、業績とか、教育内容、事業理念、製品やサービスに対する興味、役職者の年齢や人数比です。

今日のＢ君は冴えてるぞ！　それでは最後に、自己ＰＲを考える上で大切なことは？

単に長所や学生時代のエピソードを並べるのではなく、「志望する職種に向いていること、生かせる武器を持っていること」や「事業内容に深い興味を持っている自分」を伝えることを意識することっす。岡先生的に言えば、**「自己ＰＲは志望動機のネタの一つにしか過ぎない」**って感じっす。

ＧＯＯＤ！　採用担当者は多くの就活生の中から、自社の属する業種を志望していて、職種に必要な能力・スキルと、その志望者の長所などがマッチしている人を選抜したいのだから、選抜条件に合っていることをしっかりとＰＲしたいね。

解説は**次のページ**へ！

使い回せる
会社志望動機はNG

★ 会社志望動機作りは難しくない ★

会社HPや案内の中にネタは転がっています。本気で志望する会社のHPはプリントアウトし、線を引きながら読みましょう。

★ 志望会社のファンになろう ★

「100点満点の会社はない。70点以上なら、どんどん会社のファンになる」という意識で会社研究を行えば、志望会社探しでも志望動機作りでも苦労することはありません。

★ 会社志望動機形成プロセス ★

1. 志望業種決定過程を説明する

特に志望候補として調べた業種名を挙げる。また、受験業種と他業種を比較して、より仕事の意義、価値、魅力を感じたことを述べる。

2. 志望会社決定過程を説明する

特に調べた同業他社名を挙げる。また、上記で挙げた会社と受験する会社を比較して、魅力ある製品や独自サービス・共感（事業理念や事業方針）・先輩や社風に魅力を感じたポイント・注目した業績等（数字比較）・注目した会社制度などをポイントに、志望会社を選ぶ理由を述べる。

3. 入社後〜将来ビジョンを熱く語る

・入社後に所属したい部門、プロジェクト名などと、その理由
・5年後、10年後に実現したいこと
・上記実現のためのキャリアビジョン
・10年、20年後に、志望会社を、どう繁栄させたいか?　成長させたいか?

こっそり 採用担当者の本音

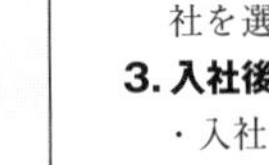

会社HPや会社案内をしっかりと読み込んでいるか否かをチェックする。強調して記述している部分の理解は深めておいてほしい。

実践 就活講座

会社志望動機で経営意識をアピールしよう

会社は生き残るために、生産数・販売数を増やすことが必要になります。生産数・販売数を増やすには、生産体制の拡大や販売拠点の増設が課題となります。つまり、会社とは成功と共に規模を拡大させていくものなのです。

この規模拡大の過程で、会社には変化が訪れます。例えば知名度の向上、業界地位の向上もあるでしょう。これらは良い変化です。しかし、良い変化ばかりとは限りません。巨大化による組織の不効率化や利益率の低下が可能性として考えられます。

左図の下段、「会社とあなた自身が共に成長するイメージ」を持つに当たっては、**この悪い変化の芽を摘む意識を持って働いている自分をイメージします。そしてその様な経営意識を持っている点をESや面接でアピールしましょう。**

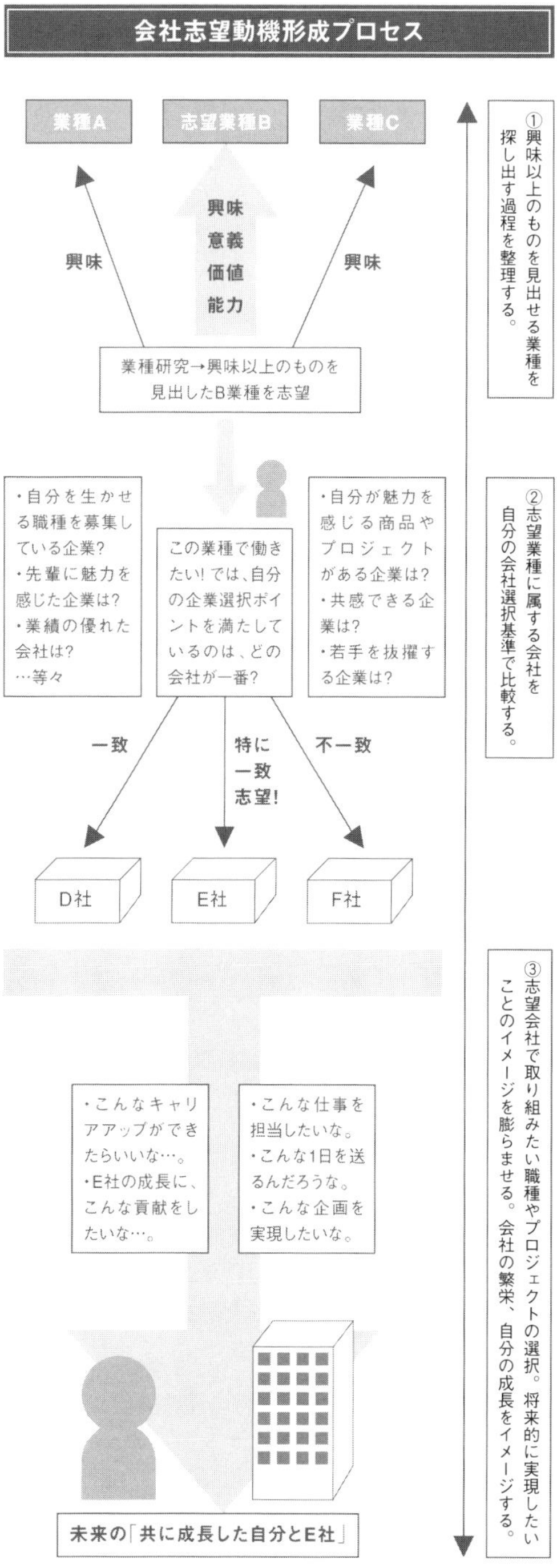
会社志望動機形成プロセス
業種A
志望業種B
業種C
興味
興味
意義
価値
能力
興味
業種研究→興味以上のものを見出したB業種を志望
・自分を生かせる職種を募集している企業?
・先輩に魅力を感じた企業は?
・業績の優れた会社は?
…等々
この業種で働きたい! では、自分の企業選択ポイントを満たしているのは、どの会社が一番?
・自分が魅力を感じる商品やプロジェクトがある企業は?
・共感できる企業は?
・若手を抜擢する企業は?
一致
特に一致志望!
不一致
D社
E社
F社
・こんなキャリアアップができたらいいな…。
・E社の成長に、こんな貢献をしたいな…。
・こんな仕事を担当したいな。
・こんな1日を送るんだろうな。
・こんな企画を実現したいな。
未来の「共に成長した自分とE社」
①興味以上のものを見出せる業種を探し出す過程を整理する。
②志望業種に属する会社を自分の会社選択基準で比較する。
③志望会社で取り組みたい職種やプロジェクトの選択。将来的に実現したいことのイメージを膨らませる。会社の繁栄、自分の成長をイメージする。

就活対策／基本編
筆記試験対策の手を抜くな

主要な選考内容はエントリーシートと面接ですが、筆記試験が重視されていないわけではありません。取り組み方を理解しましょう。

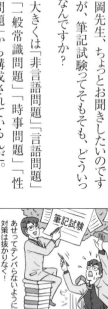

きまじめA君

岡先生、ちょっとお聞きしたいのですが、筆記試験ってそもそも、どういったものなんですか？

大きくは「非言語問題」「言語問題」「一般常識問題」「時事問題」「性格適性問題」から構成されているんだ。

その〜、就活の選考って人物重視ですよね。ということは、筆記試験というのは形だけのもので、よほど悪くなければ、大体全員が受かると思っていいんでしょうか？

残念ながらそうではない。筆記試験は応募者人数を調整する機能を果たしているんだ。企業は選考を進めていくために必要な人数を、毎年の選考データを元に考慮しているんだが、例えば1000人で十分なのに対して2000人が応募してきたら、1000人を筆記試験で落として調整しているんだ。

筆記試験
あせってテンパらないように対策は抜かりなく！
ピョン
ピョン

え、半分もですか！

いや、これは例えであって、一律に50％の合格率ということではない。その企業への、志望者の応募状況によって変わってくるんだ

ということは、人気企業ほど合格ラインは高く、難しくなりそうですね。

そうとらえるのが一般的だね。でも、**筆記試験結果の扱い方は各社さまざまで、筆記試験だけの結果では判断せず、1次面接の結果と合わせて合否を判断する会社もある**んだ。

でも、同じくらいの人物評価であれば、結局は点数の低いほうが落とされそうですね。どちらにしても、1点でも高い得点を取るにこしたことはないですね。

その通りだ。

ちゃっかりB君

説明よりも実際に解いてみるのが一番だ。（P87を見てみよう）

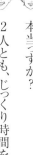

（ヤバイ！）俺、用事を思い出したんで、お先に失礼しますっ！

逃げても問題は解決しないぞ。

だって、筆記試験と聞いただけで気持ちドヨ～ンっすよ。岡先生、何か1時間ほどで解けるようになる方法はないっすか？

ない。

そ、そんな～。俺、絶望的じゃないっすか！

そうでもない。

本当っすか？

2人とも、じっくり時間をかけて解いてごらん。

…（解答にたどりつく2人）

な～んだ、**落ち着けば簡単**じゃないっすか。

でも、今が本番の試験だったら？　問題はもっといっぱいあるんだよ。時間内で何点取れたかな？

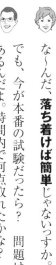

持ち歩くかどうかで後悔するかしないかの分かれ道
ゲッ! マジっすか…
内定
筆記試験対策本
不採用

うっ…。

そこでだ。とにかく就活が終わるまでは筆記試験対策本を持ち歩き、空いた時間に一問でも多く解いてみよう。問題に慣れ、高校受験レベルの勉強勘を取り戻すのが一番の対策だ！

俺、高校受験もそんなに点数良くなかったっす…。

しかし、さっきは解けただろう。何も１００点を取る必要はないのだから、深く考え過ぎないで、とにかく解き続けることだ。

（15分して）う～、もう頭が痛くなってきたっす。

それなら、今のB君なら1日10分でいいから、毎日、筆記試験対策に取り組んでみよう。

え～、毎日ですか？

じゃあ、週に5日でもいい。

え～、５日もですか～。

コラ！　誰のための取り組みだと思っているんだい？（怒）

あっ、俺のためっす！　やります、やります、毎日、やります！

解説は**次のページ**へ！

筆記試験の得点力アップのカギは「慣れ」!

vol.19のポイント!

★ 筆記試験の目的 ★

就活の筆記試験は、大きくは「非言語問題」「言語問題」「一般常識問題」「時事問題」「性格適性問題」の5つで構成されています。

＜審査の目的＞

非言語問題：企業活動では売上管理データ等を処理・分析し、論理的な判断のもとで次の行動計画を策定していく必要があり、このセンスのレベルを審査する。

言語問題：企業活動では顧客や同僚との折衝、口頭や文章での報告が日常茶飯事であり不可欠です。この能力を評価し、円滑にコミュニケーションが行えるかの判断をする。

一般常識・時事問題：顧客とのコミュニケーションや、仕事ルールの理解に必要なレベルの教養を持っているか、会社が実施する教育レベルに応じられる人かどうかの審査をする。

性格適性問題：行動・意欲・情緒・関心の方向性など、さまざまな点から細かく分析し、受験者にマッチする職種は何か、会社組織になじめるかを判断する。

★ 対策本に継続して取り組む ★

後で受けた筆記試験のほうの得点が良くなるというのは、毎年の就活受験者の傾向です。実は問題の難易度は高校受験レベルであり、最初に難しく感じるのは能力が足りないのではなく、忘れているからです。毎日10分でも解くことを継続し、**問題に慣れていけば恐れることはありません**。

こっそり採用担当者の本音

平均点をあまりに下回っている結果だと、いくら面接評価が高くても採用できないぞ!

実践就活講座

テストセンターとWebテスト

企業の筆記試験受験において、最近増えているのがテストセンターでの受験です。

このテストセンター形式での受験のメリットには次のようなものがあります。

・指定された期間内であれば、日時を自分の都合に合わせて選択できる。
・私服で気軽に受けることができる。
・同じタイプの試験であれば、以前受験した結果を提出することができる（期限アリ）。
・再受験することもできる。

と、このように就活生にとってはメリットが大きいものです。

（筆記試験における、各企業の指定する事項をしっかりと確認しましょう）

また、Ｗｅｂテスト形式も増えています。Ｗｅｂテストとは、自宅等のパソコンからインターネットを介して受験できる方式です。

最大のメリットは、テストセンター形式以上に場所や時間を自由に選べることです。

ただし、パソコンへの慣れや、通信回線の速度及び安定性が必要になります。

いずれの場合も問題に慣れておいて損はありません。ネット上には、図のような模擬受験を体験できるサイトもありますので、本番前に一度、チャレンジしておきましょう。

言語、非言語、一般常識、時事問題の例

・例に示した2語と同じ関係になる語を選びなさい。
（例）カメラ：撮影
線路：＿＿＿＿

◎（1）交通	◎（2）電車
◎（3）レール	◎（4）幹線
◎（5）通過	

・20%の食塩水300gに他の食塩水100gを加えて、16%の食塩水を作るには何%の食塩水を加えればよいですか。

◎（1）2%	◎（2）4%
◎（3）6%	◎（4）8%
◎（5）10%	

・動物の行動には、生まれつき備わっているものと、経験によって得られた学習によるものとがある。次のうち、生まれつき備わっている行動はどれか、選択肢の中から選びなさい。

◎（1）条件反射	◎（2）走性
◎（3）刷り込み	◎（4）試行錯誤
◎（5）鳥のさえずり	

・衆議院と参議院とで多数派の政党が異なる状態の国会を何というか、選択肢の中から選びなさい。

◎（1）反対国会	◎（2）対立国会
◎（3）倒立国会	◎（4）よじれ国会
◎（5）ねじれ国会	

［ 適正 ］
質問項目を読み、「全く当てはまらない」から「良く当てはまる」という5段階で自分を評定してください。

	まったくあてはまらない	あてはまらない	わからない	あてはまる	よくあてはまる
仮説的な議論に加わることが嫌いだ	◎	◎	◎	◎	◎
締め切りどおりに物事を完了させるための努力は怠らない	◎	◎	◎	◎	◎
私の人生には仕事より大事なものがある	◎	◎	◎	◎	◎

内定 出る人 出ない人 vol.20

就活対策／基本編
ニュースを日々チェックしよう

選考では自己ＰＲと志望動機だけでなく、あなたの日々の習慣も問われるのです。重要になる習慣とは何かを考えていきましょう。

きまじめＡ君

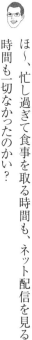

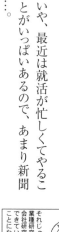

早速質問だ。新聞等のニュースで、**最近Ａ君が気になっていることは？**

いや、最近は就活が忙しくてやることがいっぱいあるので、あまり新聞とかは…。

ほ～、忙し過ぎて食事を取る時間も、ネット配信を見る時間も一切なかったのかい？

いえ、そんなことは…。

例えば、食事の時にＴＶをつけていることもあるだろう？その時にニュース番組が流れていれば、何か耳に残っていることぐらいはあるだろう？

それじゃ
業種研究も
会社研究も
できていない
ことになるんだよ
NEWS
NEWS
NEWS
聞き流し
聞き流し

確かに、政治や事件・事故がどうのこうのというのは耳には入ってきてはいるんですが、片っ端から聞き流しているというか…。

Ａ君は、勉強にも就活にもまじめに取り組む姿勢があって評価していたのに、それを聞いて、ちょっとばかりがっかりだな～。

すみません。（ショボリ）

就活は学生ではなく、大人・社会人・ビジネスパーソンという意識で取り組んでほしいと以前にアドバイスしたが、ニュースに関心を持っていないようでは、子供・学生レベルと思われても仕方がないぞ。Ａ君が採用担当者だったら、子供・学生レベルを積極的に採用したいと思うかい？

思いません…。

それに、**今のニュースに興味を持たなければ、最新の経済や企業の動向も分からない**わけだから、**業種研究も会社研究もできていないことになるんだ。**

あっ、ニュースって業種・企業の研究の最新の材料だったんですね。何か別物という意識を持っていました…。今日から改めます。

今日から、という言葉を信じているぞ！　絶対に明日に先送りしてはダメだぞ！

ちゃっかりB君

A君もニュースをチェックしていなかったのか…、良かったぁ。

ちょっと待った。就活生全員がニュースについて語れないならまだいいが、**きちんと取り組んでいる人はいっぱいいるんだ。**このままだと、２人とも確実に不合格だぞ。

みんな、新聞なんて読んでるんすか？　学校で新聞を開いている人を見たことなんてないっすよ。

家で読んでいるかもしれないし、それに今の時代、情報を得る手段は何も新聞だけじゃないだろう。例えば、携帯でもニュースをチェックできるじゃないか！　とにかく、たとえ自分の周りにニュースをチェックしていない人が多いとしても、それを基準に考えてはダメだ。だって、**落ちる人を基準にしてもしょうがないだろう。**

俺は新聞やニュースのキーワードから
チェック！
〇〇新聞
食品自給率
サブプライム問題
原油高

そ、そうか…。みんな読んでないからって安心していたら、不合格者予備軍になっちまうんだ。それに、もしも、みんなが読んでいないとしたら、読むことが差をつけることになるな～（ニヤッ）。

そうだ！　それに、何も新聞の最初から最後まで隅々をチェックする必要はなく、ちょっと新聞を開いたら目に飛び込んでくる**大きな見出し**だけでもチェックするとか、日経平均やＮＹダウの動きだけは毎日必ずチェックするというレベルで最初はいいんだから。こんなに簡単なことで差をつけられるのだから、とにかく毎日、ニュースをチェックする習慣を身につけてほしい。

明日からは、新聞の１面と経済、企業面の大きな文字やキーワード解説の部分は必ず読むようにするっす！

違う！　新聞は今日帰ってからだ！　ということで、新聞の他にも大手主要新聞のＷｅｂサイトや、ＴＶの経済ニュース・経済系動画配信者などのチェックを行い、**自分の生活リズムの中でニュースをチェックする習慣を身に付けよう。そして、２０５０年問題など、もっと知りたいというキーワードが見つかった場合は、キーワードを登録すれば自動で関連記事を配信してくれるサービスを活用しよう。**

解説は次のページへ！

ニュースチェックの習慣を身につけよう

★ 今日のニュースチェックは最低限のこと ★

企業は“学生”を採用したいとは思っていません。採用したいのはビジネスパーソンとしての意識を持った人です。社会人の一日は、朝の新聞・ニュースチェックから始まります。だから、「今日のニュースで関心を持ったことは？」という質問が面接での定番になっているのです。面接でボロが出ないように意識して、ニュースチェックの習慣を身につけましょう。

★ 世の中の“今”に敏感な人間になる ★

たとえ世界最大の企業であろうとも、過去の成功の上にあぐらをかき、世の中の動きを先取る努力を怠れば倒産してしまうことは、歴史が証明しています。それを先取りするためには、日々のニュースを読み解き、世の中の動向に常に敏感でなければならないのです。この姿勢はビジネスパーソンにも当てはまること。世の中の“今”に敏感な人間になりましょう。

★ 経済情勢理解のキーワード ★

ゼロから経済理解を進めるに当たり、「内閣府」HPの「白書」→「経済財政白書」の内容が役に立ちます。平易な内容で、3分もあれば経済の現状を理解できるはずです。「消費」「所得」「物価」「経済成長」「日本企業の競争力」「生産性」「収益性」などのキーワードを意識し、ニュースチェックを始めよう。

こっそり 採用担当者の本音

もしも海外でのビジネスに興味があるならば、目指す国の代表的な企業名ぐらいはチェックしておこう。

実践 就活講座

新聞（デジタル新聞）、ニュースは毎日チェックする習慣を

新聞は目にするだけでも効果がある

左は新聞のサンプルイメージですが、この画像の大きな見出し部分を見ただけでも、大体どんなニュースかが想像できるのではないでしょうか？

新聞の見出しの例

このことからも分かるように、新聞は読み込まなくても、せめて、ざっと目を通すだけでも意味があるのです。

大切なのは、ニュースを**毎日、目にする習慣をつける**ことです。下段の「時事関連の質問例」からも分かるように、社会・経済動向に興味を持ち、自分なりの見解を持つことが、この就活では必要とされているのです。ぜひ、今日から新聞、ニュースのチェックに取り組みましょう。

社会・経済動向に関心がある人の志望動機例（抜粋）

（例）「私は御社の今後の課題は『環境先進企業』として世界を引っ張ることだと考えます。**世界の注目は今後ますます、BRICS（ブリックス）やグローバルサウスに注がれると考えます。**従って、それらの国々での事業拡大は必須だと考えます…」

ニュースから用いたキーワードは、ほんの一言二言ですが、このキーワードの有無が大きな差を生むのです。採用担当者はこういった細かい部分にも注目しています。

答えを考えておきたい時事関連の質問例

・企業のモラルとは　・有名芸能人が知事等の政治家になることを、どう思うか？　・年金制度の是非　・日本の強み　・民営化に対する課題点と改善策　・外国人と一緒に働くために大切なこと　・日本の初代大統領を決めるとしたら誰か？　・外資の市場参入に賛成か、反対か？　・代理母が公に認められることについて、賛成か反対か？　・夫婦別姓について賛成か、反対か？　・小学生に携帯を持たせることについて、親の立場、学校の立場からの考え　・これから、この業界は、どう変化していくと考えますか？　・原発再稼働について、どう考えるか？　・北海道の現状について、思うことを述べよ　・人口減少に歯止めをかけるために必要なことは？

質問に対して、単に良い・悪い、賛成・反対を答えるだけでなく、理由も回答しなくてはならない。質問例を見ても分かるように、社会人でも回答が難しい質問も多い。記事ニュースに加えて、社説・論説も読んでおくことが大切だ。

就活対策／基本編
インターンシップを活用しよう

就活生から注目されているインターンシップを含むキャリア形成プログラム。いかに就活に生かすかを考えてみましょう。

きまじめA君

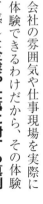

インターンシップ（企業の研修生としての就業体験）が就活に役立つと聞いたのですが、どう活かせばいいのでしょうか？

会社の雰囲気や仕事現場を実際に体験できるわけだから、その体験を通して感じた**企業や仕事に対する真剣な気持ち**などを志望動機の中で語ることで通して生かせるね。

なるほど～、志望動機とのリンクということですね。あの～、インターンシップは自己PRのネタにもなるんでしょうか？

1Dａｙのオープンカンパニー、3日程度のキャリア教育プログラムは、自己PRネタとしては弱い。やはり、自己PRには情熱や経験・成長が詰まっていたほうがいいからね。自己PRネタには、ある程度継続した取り組みを選んだほうがいいだろう。

そうか…。ということは、2、3日程度のキャリア教育プログラムではあまり役に立たないというのが実際のところなのでしょうか？

そんなことはない。**選考は誰に、どこで行われるか？**を考えてごらん。短期間とはいえ、ビジネスパーソンと仕事の現場で接し、コミュニケーションを図るという経験には大きな意味があるぞ。

なるほど、面接に訪れた会社の雰囲気や、働いている人のことを知っているかどうかで、気持ち的に随分違いますよね。そのインターンシップの情報はどこで入手できるんでしょうか？

インターンシップやオープンカンパニー、キャリア教育プログラムの情報は、とっても簡単に入手できるんだ。大学の就職課やマイナビ等の就職情報サイトを覗いてみよう。

（※以降は、オープンカンパニー、キャリア教育、インターンシップをひとまとめにして、インターンシップと表現します。また、P131に、インターンシップとそれ以外のプログラムの違いを簡単に解説しています。）

ちゃっかりB君

インターンシップで気を付けることってあるんすか？

もちろん。インターンシップを選考の一環に位置付けている企業もあるくらいだからね。

えっ？

インターンシップに参加した学生の中で優秀と思える学生がいたら、採用候補者としてリストアップするのが採用担当者の心理だ。インターンシップ参加者には、1次選考を免除する会社もあるくらいなんだ。

ど、どんな点を見られるんすか？

例えば決められた出社時刻や約束の時間に連絡もなしに遅れたら、かなりのマイナス評価だということは想像できるよね。また、挨拶などのコミュニケーション能力、他の参加者との協調性、そして何よりも仕事に対して能動的に熱意を持って取り組んでいるかがチェックされている。

や、ヤバイ…。

どう、ヤバイんだい？

だって、インターンシップの段階で選考が始まっているわけでしょう？

それは消極的な考え方だ。裏を返せば、**就活本番前に志望している会社にアピールできるチャンスを得られる**ということでもあるんだから！　逃げ腰ではなく、チャンスととらえよう！

つ～ことは、ダメもとで参加することに意義ありって感じで、そこで注目されたら超ラッキーって感じで参加してみるっす。なんだか、インターンシップに参加したくなってきました！

せっかく参加するのだから、ダメもとではなく必ず何かを得られるようにしよう。そうだな～、最低でもお会いする社会人の方々に**自分からハキハキ挨拶するように心掛け、社会人を前にしても堂々と会話ができるレベルには成長しよう！**

確かに、俺たち大学生が採用担当者の前でモジモジしていたら、「なんだか頼りないな…」って思われておしまいっすからね。大人として恥ずかしくない振る舞いを身につけられるように頑張りたいです！

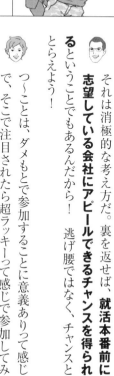

解説は次のページへ！

インターンシップは
プレ選考の場ととらえよう

vol.21のポイント!

★ 企業と学生との間のミスマッチを防止 ★

やりがいがありそうだと思って就職したけれど、**自分のイメージと違っていた**…。このような企業と学生の間の**ミスマッチ**をなくすことは、皆さんが就活で意識しなくてはならないことの一つです。自信を持って業種・職種を絞り込むためにも、実際のビジネス現場を疑似体験できるインターンシップは貴重な機会となるのです。

★ 内定獲得のチャンス ★

時間の限られた面接に比べて、インターンシップは少なくとも数日の期間があります。つまり、それだけ自分の良さをアピールできるチャンスが多いということ。その企業がインターンシップを選考の一環に位置付けているかどうかに限らず、**現場ではアピール意識を持って取り組む意識が大切です**。

★ 人との縁を大切にする ★

インターンシップではさまざまな人との出会いがあります。その会社の人々や、共にインターンシップに参加した学生との出会い。出会った人々との縁をインターンシップ後も大切にすることを心掛けましょう。社員の方にはお礼メールを出す、**インターンシップ仲間とは定期的に情報交換をして交流を持つ**など、あなたから積極的にアクションを起こしましょう。

こっそり…採用担当者の本音

就活のためにもインターンシップで会社＆仕事に触れておきたい。そんな先を見据えた姿勢を高く評価!!

実践 就活講座

インターンシップにも選考がある

インターンシップに対する学生の参加意欲の高まりから、参加者を選抜する各企業の選考も、年々厳しくなっています。

選考は、一般的には書類と面接で行われ、主に「自己PR」と「志望動機」を通して、インターンシップに対する「やる気」と「目標意識」が審査されます。

インターンシップに臨むに当たっては、まず、その企業の事業内容やインターンシップで行われる内容を調べましょう。そして、**その会社に興味を持った上で**、「なぜ、インターンシップに参加したいのか?」ということを答えられるように準備する必要があります。単に、イベントの一つに参加するといった、安易な気持ちではダメなのです。

このように、一見、敷居の高い印象のインターンシップではありますが、「インターンシップのプログラム例」を見ても分かるように、企業や仕事を理解したり、面接やグループディスカッションの対策となるものが多く、参加する価値が大いにあります。

参加した学生の感想も、「参加して良かった。後輩にも勧めたい」と評価が高いので、参加を検討してみましょう。

インターンシップのプログラム例

見学型	会社のさまざまな部署の仕事現場などを見学して設備や雰囲気を見るもの。
体験型	会社や仕事の説明を受けたり、アシスタント的な立場で短期間、先輩の仕事を見学したり、課題テーマを与えられ、それに取り組むなど、会社を体験してみるスタイル。比較的短期のプログラムが多い。
実践型	特定の部署について企画立案の手伝いをしたり、実際に営業やプログラミングなどを行って、ある程度の成果を期待される実践的なプログラム。通年で行われるなど長期のものが多い。
グループワーク型	少人数のグループに分かれ、店舗経営のシミュレーションや商品開発の企画立案などの課題に沿って共同作業をするスタイル。
専門分野特化型	自分の専攻分野に関連する研究所や工場、施設を見学したり、その業務や雰囲気を体験するスタイル。
講演・レクチャー型	社員による講演や研修によって、学生が勉強する形をとるスタイル。比較的大人数の学生に対して行われる。

インターンシップを含むキャリア形成支援プログラム

本書では、学生のキャリア形成支援を目的とするプログラムをインターンシップと表現していますが、厳密には以下のように分かれます。

「インターンシップとは」汎用能力型は5日間以上、専門活用型は2週間以上のもの。学部3・4年、修士1・2年の長期休暇期間に職場を中心に実施されるもの。

「インターンシップ以外のキャリア形成支援プログラム」とは会社や仕事の説明が単日で行われる「オープンカンパニー」と、2〜3日程度の日程でグループワークなどが実施される「キャリア教育」がある。本書は、複数の会社のプログラムを体験できるキャリア教育をおすすめしたい。

内定
出る人
出ない人
vol.22

就活対策／基本編
就活では〝動作〟への意識も必要

就活に必要な知識や考え方についてはかなり準備が進んできましたので、行動対策にも意識を向けましょう。

きまじめA君

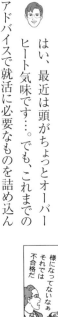

これまで自己分析に仕事研究、筆記試験対策などについてアドバイスしてきたけれど、いずれも頭の中に詰め込む作業が主だよね。

はい、最近は頭がちょっとオーバーヒート気味です…。でも、これまでのアドバイスで就活に必要なものを詰め込んできていますので、内定獲得に向けてかなり前進できていると思います。

そこで質問だ。**就活対策は頭を働かせていれば、乗り越えられると思う？**

ESは自宅でパソコンを前にして作成できますし、面接もグループディスカッションも座って考えながら行うものですよね。そう考えると、就活のほとんどの局面は頭を働かせることで乗り越えていくものではないのでしょうか？

それは間違いだ！ **就活では動作も大きなポイント**になる。

スポーツではなく就活なのに？

では、そこでお辞儀をしてごらん？

〈ぎこちない動作でお辞儀をするA君〉

ほら、様になっていない。それでは不合格だ！

ぼ、僕、モデルを目指しているわけじゃありませんが…。

しかし、**面接は椅子に座った状態から始まるわけじゃないぞ。**まず面接室のドアをノックして、その後は何をする？

ドアを開けたり、椅子まで歩いたり、またお辞儀をしたり…。あっ、〝動作〟がいっぱいです！ それに、こうやってきちんと座り続けるのも疲れます！ 頭だけのトレーニングじゃ足りないですね。きちんとした動作も身につけないとダメですね。

ちゃっかりB君

俺は断然、脳みそより、体を動かすほうに自信があるっす！　うれしいな〜。

では、ちょっと、お辞儀をやってごらん。

は〜い。…あれっ…あれっ…あれ〜。お、おかしいっす。ギクシャクしちゃって、バイトでできていることがうまくできないっす…。

まさに、それが**〝緊張〟という就活生にとっての一番の難題**だ！

面接って意識すると、なんか手足が自分のもんじゃない感じっす。こりゃ、面接室という意識を持って**実際に歩いたり、座ったりして訓練しなきゃ**ダメですね！

そうなんだ。面接の場では多くの就活生が〝緊張〟してギクシャクしてしまい、そのことで**頭が真っ白になり、これまでに学んできた面接での知識を発揮できなくなってしまうんだ。**

動作もギクシャク、頭も真っ白じゃ、就活のお先真っ暗っすね。まさか、正しく**歩いたりお辞儀できることが就活で大切になるとは考えもしませんでした。**

全ての動作がテキパキしていたらそれだけで高評価を得られるんだ！
テキ
パキ
パキ
テキ

動作面の重要さをもっとアドバイスしよう。動作にはリズムがある。例えば、歩く・お辞儀する・椅子に座るといったすべての動作がテキパキ、もしくはスムーズであれば、それだけで高評価を得られるんだ。

あっ、それって、バイト先の人を長年見てきているんでよくワカルッス。確かに**俺も他のアルバイトの人が仕事ができそうかどうかを、その人の仕事の中の動作で判断してるっす。**

今のB君の感想には、とても深い意味がある。B君は気が付いているかい？

い、いいえ…。

「相手の動作で仕事ができそうかの判断をしている」…、つまり、これを面接に当てはめれば、**自己PRや志望動機を質問される前の入室した瞬間から、選考は始まっている**ということだ！

ドキーン！　知らないままで、自己PRを話す練習しかしなかったらマズかったじゃないっすか。聞いといて良かったぁ。

解説は次のページへ！

面接評価は自己PR以前から始まっている

vol.22のポイント!

★ 動作の印象は、面接結果を左右する ★

「正しく」立つ・歩く・お辞儀する・座る…、これらはすべて動作です。就活で必要なのは「普段の」立つ・歩く…ではなく、「採用担当者に見せる」レベルのものです。**動作が与える印象の差を軽く考えず**、面接室というフィールドで高得点を得ることを目標に、真剣に動作の練習にも取り組みましょう。

★ 緊張の中での動作・知識の発揮を目指す ★

「練習でできている技や正確な動きが試合になると発揮できない…」「試験問題を前にすると頭が真っ白になってしまった…」など、試合や資格試験の経験がある人なら覚えがあるのでは？　就活でも同じです。特に面接や筆記試験の場では**「緊張」に負けず、いかに普段の自分を発揮できるかが重要**です。緊張の中でも頭を働かせ、しっかりと動作を行えるよう、普段の面接の練習から本番を意識して、緊張感を持って取り組みましょう。

★ 日々の行動に勝る練習場なし ★

学生生活を送るあなたは、日々、他人の目にさらされています。つまり、他の人の目に映る自分の立ち居振る舞いをチェックし、レベルアップさせる練習の場には事欠かないのです。**ファッションや髪型にこだわるように、自分の立ち居振る舞い（＝動作）にもこだわりを持ち**、レベルアップを目指して練習しましょう。

こっそり…採用担当者の本音

お辞儀の一つもきちんとできないようでは、接客は任せられない。お辞儀も一般常識の一つだと考えてほしい。

実践 就活講座

人間性重視の選考では見た目の評価も含まれる

目にした瞬間に不合格決定もありえる

採用担当者は、これまでのキャリアの中で会ってきた受験者と、今、入室してきた受験者を比較しています。

採用担当者には、これまでの面接をもとにした「ここより下はＮＧ」という、目にした瞬間の直感的な基準があり、もしもこの基準よりも下という印象を与えてしまっては、リカバリーは困難です。

従って、自己ＰＲを質問されてからが勝負だとのんきに考えている受験者は、**入室した瞬間からの印象に気を付けている受験者に、着席前から圧倒的な差をつけられてしまいます**。「入室の瞬間からのアピールを意識する」―これも普通の学生が成功するためのカギです。

ボディーランゲージで印象力UP

表現力の伴った外見かどうかは、面接結果を分ける大きな要素です。表現力の伴った外見を実現するために活用したいのが「ボディーランゲージ」であり、これは、表情・声の雰囲気・言葉のスピード変化・手の動きなどを利用して、真剣さ、本気度、好感を抱いていることなどを、相手に十分に伝えるスキルです。

ボディーランゲージに初めて取り組むときは、「私が学生時代に力を注いだのは」と、私という言葉を使う時に、両手を膝から離して胸にそえてみましょう。慣れてくると、その後に続く言葉のリズムに対応させながら、右手や左手を動かせるようになります。また、「御社が第一志望です」等、特に大切なことについて話すときには、少し間をとってから話し始めたり、少しだけゆっくり、ただし、よりはっきりと発声してみましょう。

ボディーランゲージを使って
元気に話す！

就活コラム03

財務指標で有望会社を発掘しよう

vol.16で紹介した売上高営業利益率の他にも会社の有望度をはかる指標はたくさんあります。使いこなして有望企業を発掘しよう。
(同業、同規模の会社で比較しましょう)

「総資本回転率(回数)=売上高÷総資本」→回転数が多いほうが良い

売上をあげるにあたり、資産を効率的に活かせているかをチェックします。例えば、資本100万円のA社が200万円の売上をあげ、資本200万円のB社がA社と同じ200万円の売上ならば、総資本回転率はA社=2(回転)、B社=1(回転)となり、A社のほうが資本を効果的に使っているということになります。

「流動比率(%)=流動資産÷流動負債」→200%以上であれば優良

1年以内に現金化できる資産と、1年以内に返済しなければならない負債の比率を求めたもので、短期的な経営の支払い能力が高いと判断できます。例えば、常に借金以上の現金を持っていれば安心ですし、逆であれば、更に借金をしなくてはならず、ゆとりがなくなります。一般的には、平均130%程度、200%あれば優良と言われています。

「自己資本比率(%)=自己資本÷総資本」→100%に近いほど良い

企業の総資本は、返済義務の生じる負債と、返済義務のない自己資本で構成されています。例えば、起業にあたって100万円を銀行から借り、もう100万円を自分の貯金から出し、総資本200万円の会社を作った場合は自己資本50%、200万円全てを自分で賄った場合は自己資本100%となり、後者のほうが安定した経営を行えます。

「売上高対販売費・一般管理費比率(%)=販売・一般管理費÷売上高」→低いほど良い

販売費とは、営業担当者の給料や広告宣伝等の販売を行うためのコストであり、一般管理費とは、総務・経理、人事等の会社の業務管理にかかるコストです。売上をあげるにあたって、かかるコストは小さいほうが理想です。例えば、莫大な宣伝費をかけ、多くの営業担当者が活動をしているのに売上が伸びない場合、この比率は高くなり、営業効率が悪いと判断できます。

資産・負債、総資本などの内容をすべて理解し、貸借対照表等で調べるのは困難です。そこで、これらの指標の意味をおおまかに理解したうえで、気になる会社には「御社の総資本回転率を教えてください」等、メールや電話で問い合わせてみましょう。また、問い合わせることで、「なかなか深く会社研究を行っている学生だな」と、採用担当者の印象に残る効果も期待できます。

Part. 03
就活対策／実践編

企業へのアプローチ方法を理解するとともに、
いかにアピール力UPに結び付けるかの実践方法を学びましょう。

内定
出る人
出ない人
vol.23

就活対策／実践編

エントリーで動き始めよう

企業へのアプローチがあってこその就活です。アプローチの第一歩であるエントリーへの理解を深めましょう。

きまじめA君

自己分析や業種・職種・会社研究が就活の準備とするならば、その次の段階はいよいよ活動本番だ！

ついに、本格的な就活ですね！

その第一歩がエントリーなのだが、エントリーの意味を理解しているかな？

はい。エントリーとは就活サイトのマイナビなどを通して、**志望企業に興味を持っていることを伝える**ことです。

そのエントリーを毎年、就活生が行うのだが、内定にスムーズに到達できる人と、そうでない人に分かれている。これは、**同じエントリーでも何か違いがある**ということだ。A君、エントリーにおける成功と失敗の違いって何だと思う？

エントリー早め
就職意識の高さを感じるぞ

やはり、きちんと企業の内容を理解してからエントリーしているか、ではないでしょうか？

そうだね。手当たり次第にエントリーしていると、作業が増え過ぎてしまって、その結果、腰を据えた活動ができなくなってしまうからね。でも、もっと大きなポイントがあるんだ。C子さんは分かるかな？

「出遅れない」ということでしょうか？

「出遅れない」では、並の就活生だ。競争に勝つためには並を脱け出さないとね。

それならば、「すぐにエントリーする」ことでしょうか？

正解！　企業は、**より早くエントリーしてきた学生に特に期待することを覚えておこう！**

えっ、エントリーのタイミングで期待されたり、されなかったりするのですか？

採用担当者の立場で考えてみよう。例えば、マイナビに募集要項を公開した1カ月以内にエントリーしてきた人と、数カ月後の説明会・選考開始間際にエントリーしてきた人では、どちらに期待する？

私でしたら、フットワークの良さと積極性を感じるので、前者（1カ月以内）に期待しますね。

僕も、より早くエントリーしてくる人には、就職への意識の高さを感じ、期待をします。逆だと、「アンテナが張れていないのかな？　危機感があまりないのかな？」と感じてしまいます。

その通り！　だから**「より早くエントリーする」ことがアドバンテージとなる**ことを覚えておこう。また、より早くエントリーするためにも、エントリー時期よりも早い段階から業種や会社研究に取り組むことが大切なことを覚えておこう。

ちゃっかりB君

うわ〜、そうなるとエントリーで出遅れたら致命的じゃないっすか！　もしも遅れた場合はどうすればいいんすか？

当然、遅れをリカバーしなければならない。しかし時間は巻き戻せない。ならば、次の段階で遅れを取り戻せばいいんだ。

次の段階というと、説明会参加予約っすか？

その通り！　最終的には**エントリー社数よりも説明会参加社数が大切になる**のだから、エントリーで先駆けた人に追い付け、追い越せで頑張り、まずは合説も含めて50社前後の説明会参加を目標に頑張ろう！

ところでエントリーに話を戻すのですが、エントリーで時期以外に気を付けることがあれば教えてください。

例えばエントリー時に**アンケート**を行う企業もある。自己PRや志望動機欄を設けている企業もある。これらに対してしっかりと記入、回答することが大切だ。

人気企業ほどたくさんの人がエントリーしてくると思うのですが、そういうのって読んでもらえるんすか？

読んでいる。読んでいるだけでなく、その内容でランク付けを行っている企業だってあるんだ。

えっ！　実は俺、自由記入欄は自由だから書かなくてもいいのかと思って、空欄のまま送信してしまったっす…。

記入しなくて良さそうなところに、記入する人としない人がいたら、B君が採用担当者だったら、どう判断する？

う〜、言うまでもありません…、記入する人に期待するっす。

だよね。失敗も勉強のうちだ。今後、気を付けよう。

エントリーの数＝可能性
何度もチャレンジして
内定ゲット！
あぁ〜‥
アタリ
ハズレ
ビュ

解説は**次のページ**へ！

vol.23のポイント!

エントリーとは自分の広報宣伝活動

★ より多くの採用担当者に自分を宣伝しよう ★

エントリーとは、「御社に興味を持っている自分がいます」と採用担当者に伝える宣伝広報活動です。また、この**エントリーが就活の可能性も広げてくれます**。エントリーゼロならば可能性はゼロ、しかし100社にエントリーすれば100に広がるのです。自分で自分の可能性を広げていく意識を持って取り組みましょう。

★ 水面下で接触を図る採用担当者もいる ★

会社説明会が本格化する時期以前に、水面下でエントリー者と接触を図る採用担当者もいます。そのため、早くから多くの企業にエントリーした人の中には、採用担当者と早い時期から接触するという貴重な経験を得る人もいます。そして、この経験が後の就活の大きな財産となるのです。

★ 自由記入欄ほど重視しよう ★

エントリー時の必須記入欄、これは全員が記入します。よって記入という行動だけでは差はつきません。しかし必須と指定されていない、自由記入欄やその他欄は、記入する人としない人に分かれます。これは、エントリーの熱意を測るための企業の仕掛けなのです。全ての記入欄を埋めると同時に、記入内容はコピーし、保存しておきましょう。

こっそり 採用担当者の本音

エントリーが早い学生は就職への意欲が高く、フットワークが良いと想像できる。仕事を託せる人材として期待するぞ!

実践就活講座

エントリー時に必要な注意点を確認しよう

エントリー時のチェック内容と記入の注意点

エントリー方法も下項のように、募集要項で確認することができます。また、選考の流れを公開している企業も多いので、合わせて確認しておきましょう。

さて、指示に従いエントリー画面を開くと、チェック・記入欄を用意している会社もあります。それらの項目で、最も気を付けなくてはならないのは、**「志望業種と職種」**です。業種に関しては、複数回答可であっても、その会社の属する業種のみチェックし、**業種を絞り込んでいるイメージ**を与えましょう。また、職種では、「その他・未定」等の項目にチェックすることは、**漠然とした志望である印象を与えるので避けましょう**。自由記入欄であっても、自己PRなど、何らかのテーマで記入し、決して空欄のままエントリーしないよう心掛けましょう。

エントリー時の必要記入レベル

エントリー段階の自己PRや会社志望動機は、ESや面接に比較すると審査基準が低いので簡易版で大丈夫です。右図の記入例のレベルを参考に、文字数を調整してください。**もっと充実した内容にしようと1つに対して時間をかけ過ぎるよりは、どんどんエントリーすることを優先しましょう！**

募集要項／エントリー方法の記載例

エントリー方法／採用の流れ

エントリー方法	まずはマイナビよりエントリーしてください。現在、開催が決定している説明会日程はございません。エントリーしていただいた方には、今後の選考予定や説明会情報等が決定いたしましたらご案内させていただきます。
採用の流れ	会社説明会や選考についてのご案内は、エントリーしていただいている方に優先的にお知らせいたします。基本的な選考フローは下記の通りとなりますが、時期・状況によって異なる選考フローとなる可能性もございます。 【採用の流れ】 ・会社説明会→・書類選考→・面接（数回）→・内々定

→エントリー　　ブックマーク

エントリー時の記入内容の例

自己PR

私の性格は調和型であり、サークルが内部分裂しかけた時に走り回り、汗をかき、くい止めたことが一番の思い出です。お客様との調整が必要なシーンで頑張りたいと思っています。

ポイント！ エピソードと仕事で発揮するシーンを加える。

会社志望動機

貴社の創業当時の○○サービスの普及エピソードが最も心に残りました。現在では、当たり前のサービスとなり、他社も同様のサービスを展開しております。この他社の動きに、いかに対応するのか？　に興味があると同時に、新サービスの開発と普及に取り組むことが夢です。

ポイント！ ホームページで紹介されている具体的な仕事に触れる。興味と入社後のビジョンを加える。自己PRよりも若干多めの内容がベスト。

内定
出る人
出ない人
vol.24

就活対策／実践編

合同企業説明会に参加しよう

選考には直結しない合同企業説明会。しかし、このイベントは就活生にとって、とても貴重な経験ができる、またとない機会なのです。

きまじめA君

質問があるのですが、エントリーの次は何をすればいいのでしょうか？　「エントリーした者ですが…」と電話して、採用担当者に「ご訪問させて頂きたい」とお願いするとか？

えっ、ホントに？　僕、無理…。知らない会社に電話するなんてドキドキしちゃって二の足を踏んでしまいます。

うん、私だって知らない会社に電話するのはプレッシャーを感じるよ。だからA君が躊躇（ちゅうちょ）するのは当然だと思うよ。そこでオススメなのが**合同企業説明会（以降、合説）**への参加だ。

その言葉、電車内の広告でよく見かけます。確か「入場無料、予約必要なし、入退場自由」なんて書いてありました。この合説に参加すると、どんなメリットがあるんですか？

まず、多くの企業が出展しているので、**有望な企業を発掘**できるチャンスがあること。次に、**フランクな雰囲気の中で採用担当者や社員と話ができる**ことだね。ここで会社の人と話す経験を持った人は、そうでない人に比較して、面接対応能力も高まっていくからね。

それなら、なんとなく「面接って怖そうだな」と感じている私たちは、積極的に参加したほうが良さそうですね。

うん、間違いなく！　何でも初めてのことには緊張したり、恐れを感じたりするのが普通なんだ。大切なのは本番の面接前にできるだけ慣れることであり、慣れるための機会を自分で作っていくことだ。**面接で会うのも採用担当者、合説で会えるのも採用担当者**。ならば、選考ではない合説で採用担当者に会う機会を増やして、コミュニケーションすることを済ませておきたいね。

結局、そういった当たり前のことを、先送りしないでテキパキ行動していくという積み重ねが大切なんですね。今後行われる合説の日時をマイナビ等の就活サイトでこまめにチェックしておきます。

ちゃっかりB君

質問なんすけど、俺って、今はあんまり就活の準備できてないじゃないすか〜。合説で会った採用担当者からダメの烙印（らくいん）押されちゃって裏目に出るなんてことないっすか？

そもそも、準備が進んでない就活生への情報提供を目的としたイベントだから心配する必要はないよ。でも、身だしなみや態度・言葉遣いには気を付けようね。これは就活以前の、目上の社会人と接点を持つ上での社会常識だからね。

うわっ、俺、敬語、使い慣れてないっす。というか、そもそも敬語という言葉は知っていても、敬語の中身は知らないっす。

敬語を使いこなせることに越したことはないけれど、君たちは学生だからね、基本的なマナーが押さえられていれば、そんなに神経質になることないよ。ただ、B君の場合はそろそろ語尾に気を付けたほうがいいね。

デス！マス！デス！マス！
俺…いや わたくしぃ〜
敬語の特訓ガンバるっ…
マス!!
2週間続けてね

うっ…。

まず「俺や僕」を「私（わたくし）」に、「〇〇っす」を「です・ます調」に変えてごらん。そうそう、準備といえば、就活でも使えるスーツやシャツ、ネクタイ、カバン、靴などはもう揃えたかな？

うっ。

どうしたんだい？　B君、急にしゃべらなくなってしまったね。

急に口がこわばっちゃって動かなくなっちまったっす…。じゃなくて、なってしまったでございます…。就活グッズはまだ買っていないでございます。きょ、今日にでも買いに行くでございます。

B君、変だよ…。まぁ、いきなり変えようとしても難しいから、これから2週間ほど**丁寧語で話すことを意識してごらん。**

分かりました。とりあえず、インターネットで敬語とか丁寧語について調べてみるであります。じゃなくって、調べてみます！

解説は次のページへ！

合説2大目標は有望企業発掘とコミュニケーション

vol.24のポイント!

★ 質問でコミュニケーション機会を自ら作ろう ★

数多くの企業から事業などの説明を受けられるのですから、合説は業種・職種・会社研究の貴重な機会です。しかし、聞くだけでは合説を十分に生かしきれていません。説明終了後に**自ら質問を行う**など、採用担当者とのコミュニケーションを積極的に行いましょう。合説は採用担当者とのコミュニケーション機会を増やせるところに最大の価値があるのです。

★ 知らない企業は有望企業かもしれない ★

「知らない企業の説明を聞いてみたら有望と感じられた…」こんな出会いがあるのも合説の魅力です。志望業種に属する、これまで知らなかった企業の説明も積極的に聞きましょう。インターネットや資料を通して、既に知っている企業ばかりの説明を聞いても就活の進展はあまりありません。**知らない企業を知っている企業**とする場にもしてください。

★ 採用担当者を独占できる機会を逃すな ★

就活生が殺到する人気企業は、スケジュールに従い説明を繰り返すことに追われ、一人一人に対応する時間がなかなか取れません。その一方で、就活生が集まっていない企業ブースもあります。**学生がいない**ということは、あなたがその企業の採用担当者を独占できるということ。このチャンスを見逃してはいけません。

……こっそり……採用担当者の本音

我が社を知ってもらうことが企業の参加目的なのだ! 我が社を知らない人、大歓迎である!

実践 就活講座

合同企業説明会で採用担当者に対する度胸を鍛えよう

「1列目に座る」を目標に

合同企業説明会は、就活で重要な要素となる「度胸」を鍛える絶好の場です。

実際の合同説明会の様子

本来ならば、採用担当者の心をつかめるエピソードがあったのに、**度胸がないために**話せず、後悔ばかりが残ってしまった。そんな形で面接を終えてしまう人が多いのです。

そうならないためにも、合同企業説明会では、**集まっている学生が少ない、もしくは、誰もいない企業ブースの1列目の座席に座り、**説明を聞く。そして採用担当者とコミュニケーションすることを、一つの目標にして参加してみましょう。

「よろしいでしょうか？　よろしくお願いいたします」

この一言さえ言えれば、1列目にプレッシャーを感じる必要はありません。そして、数社の1列目に座り慣れたとき、あなたには採用担当者の前でも物怖じしない度胸がついていることでしょう。また、採用担当者や社員の間近で自分のことを話すことにも慣れているはずです。

これは、後の面接にも役立ちますので、ぜひ、意識して取り組んでください。

マスターしたいクッション言葉

なれるまでは使い方の難しい敬語よりも、クッションのように、表現を柔らかくする働きを持ったクッション言葉のマスターに力を入れましょう。

例えば「どういう理由かお聞かせください」と言う前に、**「申し訳ございませんが」「おそれ入りますが」「失礼ですが」「誠に恐縮ですが」「さしつかえなければ」「ご迷惑でなければ　」**を入れるだけで、相手は「言いにくいことだが大変丁寧に頼まれた」という印象を持ちます。

また、「辞退したい」「断りたい」「やめたい」なども、**「勝手を申しまして大変恐縮ですが」「せっかくでございますが」**を入れることでこちらの誠意を示し、気持ちの良い人間関係を築くことができます。

就活対策／実践編

合説を会社説明会につなげよう

内定というゴールにたどり着くまでは常に次の段階があることを意識することが大切。次の段階につなげる行動について考えていきましょう。

きまじめA君

岡先生、合説に行ってきました！

何か得るものはあったかい？

はい！　まず、スーツを着た多くの就活生の真剣さと企業の熱気を感じて、身が引き締まりました！　それに、**採用担当の方や社員の方が思っていた以上に親切に丁寧に接してくれた**のが驚きでした。

参加企業は選考ではなく会社の宣伝が目的だからね。学生の企業に対する不安や恐れを取り払えるように努力しているんだ。しかし、**選考段階では雰囲気が一変するということも頭の片隅に置いておこう**。ところで、自分から何かアクションを起こしてみたかい？

会社説明会の日程情報をいただきたいのですが…
自分からアクションを起こしていこう！

はい。説明が終わった後、社員の方に「もっと詳しい会社説明会の日程情報をいただきたいのですが…」とお願いするのと合わせて、**パソコンで自作した自分の名刺を渡してきました**。

お〜、とても良いアイデアと行動だね。

ありがとうございます。それで翌日、その方からメールをいただいて、2週間後に会社説明会に参加することになりました。ところで、合説と会社説明会の違いって何でしょうか？
同じ説明を繰り返して聞くことになるのですか？

合説での説明は20分程度に対し、会社説明会では60分、長い場合は90分もあり、合説以上に詳しい説明を受けられるんだ。加えて、会社内で開催される場合は、その会社の雰囲気などを肌で感じられるから、この点も大切にしたいね。

社内の雰囲気から、社風を感じ取れるように意識して会社説明会に臨みたいと思います。

また、選考は説明会に参加した人のみを対象に行われる。そういう意味では、会社説明会は選考の入り口だ。企業によっては、会社説明会終了後に筆記試験や面接を行う企業もあるからね。この心構えをしっかり持っておこう。

ちゃっかりB君

俺も合説行ってきたっす。

社員の方々とお話はできたかい？

楽勝だったっす。実は若手社員の方から声を掛けていただいたっす。それも何社も。

ほ～。それはB君から感じる雰囲気に興味を示した方が何人もいたってことだね。

本当っすか～。目が合ったから、声を掛けられてるんじゃないんすか？

その〝目が合う〟って部分が大切なんだよ。**企業は目を合わせられる人を求めている**んだからね。ところで、**大切なのはその後なんだけど**。

えっ！ 合説の後って、次の合説のスケジュールチェックってことっすか？

ノーノー、合説が終わった後。

じっくりお風呂につかって合説の疲れを癒やしたっす。

何社からも声をかけてもらって…
髪も黒に染めて気合入れました！
それでお礼や感想のメールはした？

それだけ？ 声を掛けていただいた会社や、説明を聞いた会社の採用担当者に**お礼や感想のメールってしなかったの？**

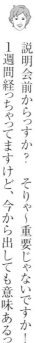

えっ、そんなことするんすか？

ここが大切なポイントなんだ。だって、**自分からメールでアプローチしないと、たくさんの学生に会う採用担当者はB君のことを忘れてしまうかもしれないよ**。

会場入場時に渡された紙に名前とかを書いて提出したんすけど…。

それでもメールなど、何らかのアプローチはしておきたいね。なぜなら**他の学生も同じような行動を起こしているわけだから**、「**他の学生以上の熱意や興味**を持った自分」を伝えるためにもね。メールはただの一例だけれども、この**能動的にアプローチするという意識**が説明会前から注目してもらうための大切なポイントなんだ。

説明会前からっすか？ そりゃ～重要じゃないですか！ 1週間経っちゃってますけど、今から出しても意味あるっすか？

出さないまま終わるよりは、確実に意味があるだろう。

ですよね～。今夜、メールするっす！

解説は**次のページ**へ！

ワンプッシュ活動で会社説明会に誘わせよう

vol.25のポイント!

★ 誘わせるために自ら仕掛ける ★

合説に参加した意味を、単なる出会い・情報収集にするのではなく、会社・社員との縁をつなぎ、太い縁にするため、説明会に誘われるように仕掛けていく姿勢が大切です。例えば、説明会日時など、何かを質問する、合説でのお礼や感想をメールするなど、ワンプッシュ活動を加えることを意識すると同時に、内定を確保するまであらゆる場面で行いましょう。

★ 興味を示していることをアピールする ★

合説で説明を聞き、メールアドレス等を記入した参加票を残すだけでも会社説明会に誘われる可能性は高いのですが、「誘われたから参加する」と「自ら興味を示した上で参加する」では、**採用担当者が持つ期待は何十倍も違います**。この差は後の選考へ影響を及ぼすだけに、**ワンプッシュ活動**を通して自ら興味や熱意を示す重要性を認識してください。

★ 働く自分をイメージできる場 ★

会社説明会が社内で開催される場合、皆さんは社員の姿を見て、雰囲気を感じることができます。つまり会社説明会は、**入社後の自分が働く姿**をイメージできる絶好の機会でもあるということ。イメージがわけば、自然と入社意欲も高まり、エントリーシートや面接で必要となる志望動機も充実します。単に聞くだけでなく、イメージすることも目標として参加しましょう。

こっそり 採用担当者の本音

どんな形であれ、学生自らのアプローチには能動性とコミュニケーション力を感じ、高く評価し記録しておく。

実践 就活講座

お客様学生ではダメ！営業パーソンという意識を持つ

あなたは営業活動生　名刺を自作し積極的に配ろう！

あなたは合同企業説明会に、お客様学生として参加してはいけません。あなたは、自分という商品を売り込まなくてはならない「営業パーソン」なのです。

そこで、合同企業説明会で配るためのあなた自身の名刺を、下項を参考にしてパソコン等で作成してみましょう。サンプルは、必要最低限の情報しか載せていませんので、これに自分ならば何を加えるかも考えてみましょう。

例えば、あなたの氏名の上に、他己分析を通して見つけた「キャッチフレーズ」を加えてみてはどうでしょうか？

また、顔写真ではなく、部活動・サークルの活動シーンを撮影した写真にするのも面白いでしょう。印象に残る名刺を目指して作成に取り組んでください。

名刺作成の例

〇〇大学〇〇学部〇〇学科
〇〇ゼミ所属

毎名備 太郎

〒000-0000
東京都新宿区〇〇〇〇〇〇〇〇〇〇
tel：03-〇〇〇〇-〇〇〇〇
e-mail：〇〇〇〇〇〇〇〇〇

優秀な営業パーソンは会った後も大切にする

優秀な営業パーソンはお客様と会った後も大切にします。そこであなたも、帰宅後に、説明を受けた企業の採用担当者に対し、右のようなお礼を交えた「ワンプッシュメール」を出しましょう。採用担当者の管理の手間を考えれば、**はがきよりもメールのほうがいいでしょう。**

合同説明会終了後のワンプッシュメールの例

宛先：abcd@abcd.com
CC：
件名：〇月△日の合同企業説明会のお礼

株式会社 ABCD 販売
人事採用課　ご担当者様

はじめまして、突然のメールで大変申し訳ありません。
私は、〇〇大学〇〇学部に在籍しております、毎名備太郎と申します。
△日に行われました合同企業説明会で、御社の説明を拝聴させて頂きました。短い時間の中で、御社のお仕事だけでなく、業種全体の理解をも深めさせて頂くことができ、大変、勉強になりました。ありがとうございました。
当日は、帰宅しまして早速、御社のホームページを拝見させて頂きました。
説明の中で触れられた「〇×△」について、もっと詳しく知りたいと思ったからです。
そして、「〇×△」が御社のオリジナル製品であり、かつ、特許をとられていることなどを知り、ますます御社への志望を深めることができました。
つきましては、御社の選考を是非、受験したいと考えておりますので、今後の御社選考会の詳しいスケジュールを教えて頂けないでしょうか？
今後の御社のご発展をお祈りしております。
お忙しい中、お読み頂き、ありがとうございました。

〇〇大学〇〇学部 ×× 学科　　毎名備太郎
〒000-0000　〇〇〇〇〇〇〇〇〇〇〇〇〇〇〇〇

内定
出る人
出ない人
vol.26

就活対策／実践編

会社説明会でアピール大作戦

会社説明会に単に〝参加するだけ〟で終わらせてはいけません。今回は会社説明会でアドバンテージを得る方法について考えましょう。

きまじめA君

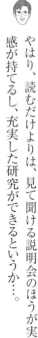

A君は、会社説明会をどんな場だととらえているのかな？

志望する会社の詳しいお話が聞ける場＝研究できる場が会社説明会ですよね。

それは、説明会の意味の一つだね。研究だけならば、会社のホームページや会社案内でもできるよね。会社ホームページや会社案内と説明会の違いは何だろう？

やはり、読むだけよりは、見て聞ける説明会のほうが実感が持てるし、充実した研究ができるというか…。

それも正しい答えだ。しかし、それだけの意識では**説明会というチャンスを生かせない学生になってしまうぞ**！

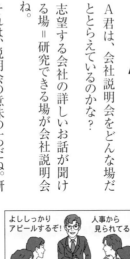

そ、そうだ、会社説明会に参加した人のみが選考を受けられるので、選考の登竜門となることが違いです。

そうだね。段々と答えに近付いてきたぞ！

えっ、まだ違いがあるのですか？

会社説明会は「**その会社の採用担当者から、初めて、しっかりと自分が見られる場**」となることが決定的な違いだ。ちなみに、説明会は参加者を観察する場と考えている方も多いんだ！

観察されているのですか？　それでは、**ただ単に参加してみようという姿勢だけでは意識が低い**じゃないですか？

そうだね！　だから？

遅刻なんて絶対にまずいですよね。「こりゃダメだ」と早々に不合格の烙印を押されてしまうわけですから！

他には？

う〜ん、せっかく見てもらえるのだから、**それを逆手にとってこちらからアピール**…ですか？

大事なことによく気がついたね！　この意識を持つことが大切なんだ。では、どうアピールする？

ど、どうすると言われても…、ごめんなさい、ワカリマセン！

ちゃっかりB君

では、B君ならば、どのようにアピールする？

は、はいっす！　**受付では元気に明るくさわやかに、ハキハキと挨拶**するっす！

OK！　他には？

（元気に）思いつかないっす！　すみません！

では、会場内のどこに座る？

できれば後ろのほうに…。

なに～（怒）。後ろのほうに座り、採用担当者の目に留まりたくないのなら、なぜ説明会に参加するんだい？　次の段階の**面接では目に留まりたいのに、説明会では目に留まりたくないなんて矛盾しているじゃないか**。採用担当者に自分の印象を強く残したければ？

一番前に座ってメモしながら聞くっす！
人事に好印象バッチリ残さなきゃね！

い、一番前っす！

そして？

A君みたいにメモしながら、真剣に聞くっす！

GOOD！　会社説明会は**採用担当者に自分を見せることができる＝アピールできる場でもある**としっかりと認識しよう。そして、良い印象を残せば、当然、採用担当者は覚えてくれる。覚えてもらえば、次の段階の面接のプラスの評価につながっていくのだ！

分かりました！　気を引き締めて、ただ参加するだけでなく、自分の印象が採用担当者に残るように、**売り込む意識を持って出席**するっす！

その意気だ！　単に「説明を聞いたら帰る」という意識の学生が多いだけに、ワンプッシュ行動のある意欲の高い学生は**採用担当者の記憶に残りやすいぞ**！　例えば、説明会終了後に質問を行うなど、説明会でいかに自分を売り込むかを考えて参加してほしい。健闘を祈る！

解説は**次のページ**へ！

vol.26のポイント!

説明会は自分を売り込み、プラス評価を獲得する場

★ 受付開始10分前には到着しよう ★

もしも、あなたが受付スタッフだったら、1～5番目と、20～25番目に受け付けた人たちでは、どちらが**印象に残りやすいか**を考えてみましょう。もちろん最初のほうの人たちです。それならば、受付を始める前に顔を合わせた人は、最も印象に残りやすいと考えられます。会場到着の**時間も意識しましょう**。

★ 自由な場合は可能な限り最前列を目指す ★

「自由に席をお選びください」これは罠です。もしも1番に受付を済ませたにもかかわらず、2列目以降を選んで座った瞬間に、企業は「消極的なタイプ」と判断を下すでしょう。逆に、迷わず最前列を選んだならば、「積極的であり、当社に真剣である」と評価します。採用担当者は、**あなたの行動パターンをあらゆる面からチェックしている**ことをお忘れなく。

★ うなずきながらメモしよう ★

時折、真剣な表情で、姿勢を崩さず説明を聞いている人がいます。もちろん、まじめな人柄であることは否定しないのですが、一方で、「大事なポイントを理解できているのかな?」と採用担当者が不安（=マイナス評価）になるのも事実なのです。説明に対して「なるほど」と心の中でつぶやき、「**うなずきながらメモを取る**」これが説明会で話を聞く上での最高のスタイルです。

こっそり…採用担当者の本音

50人程度の説明会ならば、説明をしながらも一人一人の顔・行動をチェックし、表情や印象の良い人をピックアップすることが可能だ!

実践 就活講座

説明会に参加し ネットワークを作ろう

同業種志望仲間を増やそう

大学の友人は、同じ就活生でも同じ業種を志望しているとは限りません。就活の準備期間ならば、異業種を目指す友人でも不足はないのですが、業種を絞った説明会参加段階からは、より内定獲得につながる、**同業種志望者のネットワーク作りを目指しましょう**。

この同業種志望者ネットワークで「好印象を持った企業」の情報交換を行えば、自分の気付いていない企業を発掘でき、お互いにメリットがあるでしょう。

また、お互いが志望する企業の面接状況などの情報交換も行えるなど、より合格する可能性を高めることができるはずです。

説明会で同席するということは、企業選びにおいて、同じ価値観を共有している可能性も高いということです。きっと、話も合うはずです。説明会の後には、話し掛けやすい雰囲気を持った人にぜひ声を掛け、説明会ごとに一人ずつ、友人を増やす目標を持ってみましょう。

また同時に、**話し掛けられやすい雰囲気を持つことを心掛けることも大切です**。そのためには、ニコニコと笑顔の表情を忘れずに、目があったら自分から挨拶することを心掛けましょう。

説明会での記入物にも気を付けよう

説明会では、ちょっとしたアンケートなどの記入物を用意している会社があります。このような**企業に提出する記入物は、すべて選考材料になる**という意識を持ちましょう。

特に記入文字は丁寧に、誤字脱字のないように心掛けましょう。面接を行っていない段階、つまり、あなたの人間性を確認できていない段階では、文字はあなたの印象を左右する重要なものなのです。乱れた走り書きの文字であるならば、あなたを知らない採用担当者は、このような文字を書くのだから、「仕事ぶりも雑かもしれないな」との印象を持ってしまうことでしょう。

裏を返せば、丁寧な文字を書いていれば、丁寧な仕事ぶりをイメージしてくれるのです。

このような記入物があることを想定して、**説明会会場には開始時間に余裕を持って到着**し、そして、記入物などをしっかりと確認するようにしましょう。

就活対策／実践編 OB・OG訪問で一石二鳥を狙う

就活成功者の多くが行っているOB・OG訪問。内容や注意点を理解して積極的に動き、尻込みしている人との差をつけましょう。

きまじめA君

OB・OG訪問をする目的は大きく分けて2つある。1つは**志望する会社で働いている同じ大学出身の先輩を、「その志望会社の理解を深めるため」**に訪問するもの。2つ目はOB・OGで会う人を**既に働いている社会人の先輩と広くとらえて、「仕事に関する全般的な理解を深めるため」**に訪問するものだ。まずは、この2つの目的を意識してOB・OG訪問を行うといいだろう。

でも、どうやってOB・OGを探せばいいのですか？

まず、**志望業種を明確にした上で**、就活を経験したことのある先輩や、アルバイト先の社員の方、そして家族や親戚に相談してみよう。

なるほど…
視野を広め認識が深まる
コミュニケーションの練習にもなる

特に家族の友人に志望業種で働いている方がいたら頼みやすいですね。では、**志望会社で働いている大学の先輩に話を聞きたい場合はどうすればいいのでしょうか？**　就職課に相談したところ、個人情報保護の問題があって紹介できない、と断られたのです。

なるほど。方法としては志望会社の**採用窓口に連絡**して、「御社への理解をより深めたいので、同じ大学出身の先輩をご紹介いただけないでしょうか？」と、問い合わせてみることをオススメしたい。例えば1次面接を合格した直後のタイミングなどでね。

えっ、会社の採用担当者に問い合わせるのですか？

何か問題でも？　何も隠れてする必要はないだろう。それどころか、**「御社への志望を強めています」というアピールになる**のだから、私が就活生なら積極的に問い合わせするけどな〜。

う〜ん。あの〜、**OB・OG訪問を行わないと選考過程で不利になるのでしょうか？**

直接的には不利にはならないが、行っている人と比較して情報量で劣ってしまうわけだから、何かでカバーしないとやっぱり不利になるだろうね。私は**他でのカバーを考えるよりも、まずはOB・OG訪問を行うのが一番**だと思うよ。

ちゃっかりB君

OB・OG訪問では、やっぱ手土産なんかを持ってったほうがいいんすかね～？

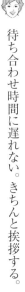

いや、年下の学生の君たちから「お礼です」って手土産を差し出されても、逆に先輩たちは迷惑だよ。**お礼は君たちの本気の「感謝の気持ち」だけで十分だよ**。で、感謝の気持ちにふさわしい行動の伴ったOB・OG訪問ができればいいんだけど、その行動とは何か、分かるかい？

待ち合わせ時間に遅れない。きちんと挨拶する。

それは最低限の事だよ。大切なのは**「何を教えていただきたいのか？」＝質問したいことを準備（＝リストアップ）して臨む**ことなんだ。

例えば、どんな質問をすればいいんすか？

質問したいことをリストアップして臨むこと！
え～と え～と そのぉ…

まず、**「業種の展望」**や**「担当されている仕事の難しさと醍醐味」「働くに当たってどんな知識や能力、自己研鑚が必要か」「自分に対する第一印象」**を質問しよう。次に、志望会社の先輩訪問の場合は、**「社風」「どんな価値観を持った人材を求めているか？」「他社に比べてユニークな点や強み」「社長の事業や会社に対する考え方」**を質問したい。これらは志望動機形成に大いに役立つからね。でも、これはあくまでも例であって、きちんと自分なりに業種・職種・会社研究を行った上で、**本当に聞きたいと思うことを質問することが大切だよ。**

就活は志望動機が重要なんすから、こりゃぁ～ガンバらないといけないっすね！

最後に注意点が一つ。採用担当者経由でお願いしたOB・OG訪問の場合は、先輩が君たちと会うのは**業務の一環**となり、勤務時間中に会ってくれることが可能になるのだが、このことに隠された意味は？

え～と、業務の一環＝仕事ってことっすよね。ということは、実際に会ったことを採用担当者に報告する…ってことっすか？

その通り。B君と会った印象や質問された内容が**採用担当者に報告される**んだ。つまり、面接の一環ということ。プラス評価で報告されるよう頑張ろう！

解説は次のページへ！

仕事研究充実&
企業へのアピールチャンス

vol.27のポイント!

★「いろいろと教えてください」は失礼に当たる★

「いろいろと教えて下さい」は、「私に教えることを考えなさい」と同じ意味であり、忙しい時間を割いて会ってくれる先輩に対して失礼だと認識してください。「いろいろ」ではなく、**「何を知りたいか」を事前に考えておくことが、訪問における最低限のマナーです**。会ってもらえることに対するお礼のメールに、質問リストを添えておけば、先輩も事前にどんなアドバイスができるかを考える時間ができ、より充実した訪問となるでしょう。

★説明内容は必ずメモに残す★

先輩の話を聞くうえで大切なのは、「記憶する」のではなく「メモに残す」ことです。打ち合わせや商談の席などで話の内容をメモに残さないビジネスパーソンはいません。OB・OG訪問も同様に、先輩の話をしっかりと聞きながら、メモに残しましょう。そして、「メモを取る、しっかりとした学生でしたよ」と採用担当者に報告してもらいましょう!

★本当の感謝は、OB・OG訪問後に表す★

「ありがとうございました」と挨拶し、別れたとしましょう。さて、感謝はこの一言で十分なのでしょうか?　全く足りません。**お話全体に対する感想や、特に勉強になったこと**をまとめ、数日内に必ずお礼のメールを出しましょう。ワンプッシュ活動を、ここでも忘れてはなりません。

こっそり

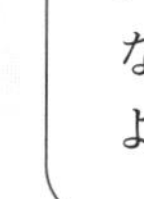

採用担当者の本音

採用担当者へのアプローチに尻込みするような人には、正直、魅力を感じない。逆にできる人には、選りすぐりの先輩を会わせたい!

実践 就活講座

第一志望ならば複数の社員訪問を依頼しよう

仕事の過去・現在・未来の「流れ」を理解すべし

ＯＢ・ＯＧ訪問時には下段の質問例の中でも、特に「キャリアビジョン」と「これまでのキャリアステップ」が大切です。

現在の仕事を知るだけでなく、仕事の過去と未来というキャリアステップの流れを知ることで、あなた自身の将来の仕事を思い描けるようになるからです。

また、ＯＢ・ＯＧの同僚には、どんな人がいるのかも教えてもらいましょう。

例えば、その先輩が尊敬する上司の方に興味を持ったら、次に会いたい社員（同大学にはこだわらない）として、後日、企業に依頼してみるのも良いでしょう。

実は、優秀な就活生は、１人の先輩訪問で終わらずに、芋づる式に訪問する先輩を増やしているのです。

ただし、**複数の社員訪問をお願いするということは、その会社に負担をかけることでもあるので、第一志望レベルに限って**依頼するという配慮が必要です。

優先選考ルートに乗るチャンスを掴もう

選考ルートには「優先」と「通常」の二つがあり、ＯＢ・ＯＧ訪問等を通して社員から高く評価された学生は、他の応募者とは別の「優先選考ルート」に乗れるのです。「優先選考ルート」の最大の特徴は、合格を前提に面接が行われることです。そのため、特に成功した就活生は、「優先選考ルート」に乗るために、面接本番ではなく、面接以前の訪問活動に力を注いでいます。

また、採用枠には「大学枠」というものも存在します。この大学枠に入るためにも、特にリクルーターを担当しているＯＢ・ＯＧとの接触が重要になります。

OB・OG、社員訪問時の質問例

用意する質問例

- 先輩の現在の仕事について
  （先輩に興味を持つ自分を伝えるため）
- 先輩が感じる仕事の醍醐味、苦しさ
- 先輩のキャリアビジョン、これまでのキャリアステップ
- 先輩が感じている会社の雰囲気（社風）
- その会社の強み、独自性
- 教育体制、人事制度について
- 自分の理解している仕事像が実際の仕事像と合っているか
- 勤務体制
  （残業、休日出勤、有給消化など。ただし、最後に質問するように）
- 業種や先輩の会社研究で特に重点をおくこと
- 先輩から見た自分（就活生）の印象

就活対策／実践編
選考直前総チェック／行動編

合同企業説明会や会社説明会は選考につながる重要なイベントです。今回は行動面をおさらいしましょう。

きまじめA君

さて、ESや面接といった選考が目前だ！　そこで、これまでアドバイスしてきたことについておさらいをしておこう。まず、就活はどういった立場で行うものかな？

はい。**学生という甘えを捨て、大人・社会人という自覚を持って行うもの**です。また、採用担当者や面接官の立場から考えたニーズを満たすために、能動的に行動することが大切です。

では、大人としての自覚を持って取り組むべきことは？

テレビや雑誌、インターネットなどで日々の**ニュースをチェックし、世の中の動向に常に気を配ること**です。

最近のニュースでA君が関心を持っていることは？

より早く活動して人事に
就活意識の高さをアピール！
ビシッ!!
ピュン
ピュン

はい。私は特に自動車のEV化が進められる中で安価な電力をいかにして安定的に確保するかに興味があります。また、全固体電池やヒートポンプ給湯器、ペロブスカイト太陽電池等のイノベーションが進む製品にも興味が広がっています。

次に、就活を制するために必要な行動は？

はい、**より早いエントリー**で企業側に就活意識の高さを示すことです。もしも遅れてスタートした場合は、すぐにエントリーしたい候補企業を50社リストアップするぐらいの意欲で取り組んだり、説明会参加段階では遅れを取り戻すくらいのスピードアップを図る必要があります。

ちなみに、エントリー以外にはどんな行動が必要？

積極的に合同企業説明会や会社説明会に参加したり、OB・OG訪問を行うことです。

関連して必要なことは？

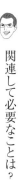

どの場合でも、参加して終わりではなく、終了後に自分の志望や感謝を伝えるメールを出し、**行動にワンプッシュ加える**ことです。

ちゃっかりB君

ではB君に質問だ。志望業種はいくつに**絞り込んだ？**

とりあえず3つっす。

志望を絞るレベルとは？

小売とかサービスでは漠然としているので、もう一つ細かいグループ、例えば「百貨店」「コンビニエンスストア」「ホームセンター」といったレベルに絞り込んで志望していくことです。

今のところバッチリだ。次は、日常の行動チェックだ。就活中の行動にはついつい日常の習慣が表れてしまうものだが、B君は大学の授業では、教室内のどの位置に座っているのかな？

そりゃ～、終了と同時に教室から出られるように、出口に近い一番後ろの席っす～。

それでは、説明会でもついつい後ろに座ってしまうぞ（怒）。最前列に座りなさい！

大丈夫ですって。説明会は一番前、そのへんは要領良くやりますから～。

授業は最前列に座るっす！
説明会でボロが出ないように日常の行動から正さないとね！

はぁ…。まぁ、それもB君の個性だからいいということにしよう…。では、最後の確認だ。就活に必要なのは、脳みそと？

運動能力（＝動作）っす。面接の時に緊張してギクシャクしないように、合説や説明会では**採用担当者の方や社員・受付の方にしっかりお辞儀をしたり、きちんとした姿勢で椅子に座ることを心掛けている**っす。最近では、スーツ着用での立ち居振る舞いにも慣れてきまして、「なかなか自分いけてるじゃん」と鏡を見て思うこともシバシバっす。

いや～、その自分に甘い…こりゃ失礼、自分に前向きなことが就活では大切になる行動姿勢かもしれないね。ところで、OB・OG訪問は実行したかな？

ドキッ！　いや、もうちょっとアピールする自信がついてからと思って、会社には問い合わせていません。

採用担当者経由ではない、家族や友人、大学の先輩たちを頼って行う、広い意味でのOB・OG訪問は？

ドキドキッ！　いや、俺のパパ、いや家族は今、忙しそうなんで…すみません、嘘っす。ついつい先送りしてました。今夜、相談してみます！

解説は**次のページ**へ！

選考直前の活動の充実が
選考突破の糧となる

★ 楽しみながら経済・企業への興味を深める ★

「経済や企業に興味を持て」と言われても、難しいと思う人もいるかもしれません。そこで、経済や最先端テクノロジーに強い動画配信者やWebサイト、SNS発信者を探してみましょう。「○○開発秘話」「匠の技とデジタルの融合」「日銀金融政策を簡単に解説」など、あなたが経済や企業の面白さに気付くきっかけとなるものが見つかるかもしれません。

★ 一つでも多くの経験が大切 ★

困難な状況が予想される就活では、スタートダッシュが重要です。例えば、志望の会社が採用活動を始めていなくとも、その他の会社の説明会や筆記試験・選考に臨み、本命挑戦以前に**一つでも多くの経験を積みましょう。就活では慣れは大きなアドバンテージになる**のです。

★ 日々のあなたが大切 ★

「要領良く立ち回る」というのも、一つの才能です。しかし、自分の気付かぬところでボロが出てしまうのが人間。**そんなボロを見逃さずチェックするのが採用担当者**です。就活の間は、**「自分を際限なく高める」**ことを目標に日々を送りましょう。就活の結果とは、日々の自分の行動の後についてくるものなのですから。

こっそり…採用担当者の本音

まじめで大人しい学生は見飽きている。周りを見て動く人にも魅力を感じない。自立した大人の強さがにじみ出ている人と会いたい!

実践 就活講座

力を入れた授業を語れるように準備しよう

履歴書や面接で質問される内容に、「力を入れた学業（得意な授業・ゼミ・研究）」があります。企業は、採用選考において、授業の成績自体はほどほどであったという学生でも、志望がしっかりとしていて人間性に魅力があれば、学業成績だけを大きな問題にはしないのですが、まったく学業面に力を入れていなかったという学生には、バランスが欠けている、嫌いなことから逃げる傾向があるのでは、と警戒心を持つのです。（苦手授業から逃げる人は苦手な仕事からも逃げると連想して、苦手授業について質問する面接官もいます）

やはり、何か1つは専攻にかかわるものに力を入れていると語れる準備をする必要があります。そこで、右の「学業のまとめ」を参考にしてまとめておきましょう。

また、これをまとめるに当たっては、ある世界的な企業の選考で実際に課題とされた次の問い掛けを頭の片隅に置き、取り組んでみましょう。

「100年後に創造されると思われる技術・製品・サービスなどを1つあげよ。その理由を、あなたの専攻を絡めて説明すると同時に、あなたはその技術にどう関わることで社会・人類の発展・進歩に貢献していきたいか述べよ」

この問い掛けから、大きな志を持って学業にも取り組んでいる人を求めていることが伝わってきます。あなたの志が伝わるようにまとめてみましょう。

学業のまとめ

どのような目的を持った研究・ゼミなのか？

教授から言われたことだけを、何も考えずに取り組んでいる人がいるので気を付けよう。

テーマを選んだ際の思い・目標

研究テーマが数ある中で、なぜ、自分はそれを選んだのか？希望とは違う場合も、目標を見出しておこう。

具体的な実験・研究内容を例を挙げて紹介

例えば、ケーススタディで取り上げた企業や地域の事例を、具体的に説明できるように準備しよう。

世の中のどんなシーンで役立つのか？
世の中を、どのように便利にするのか？

小学生にも分かるレベルで説明できるのが理想。専門用語を並びたてた説明では分かりにくい。

卒業研究・論文として決定、
もしくは候補としている内容

目標・目的を明確にしよう。まだ決定していない場合は、候補としているものを書き留めておこう。

内定 出る人 出ない人 vol.29

就活対策／実践編

選考直前総チェック／知識編

無駄のない、充実した就活を行うには正しい知識が必要です。前回の内容と合わせて、就活に必要な知識と行動のバランスを意識しましょう。

きまじめA君

早速質問だ。就活2大研究と言えば？

はい。**「業種・職種・会社研究」（＝仕事研究）と「自分研究」（＝自己分析）**です。

時折、業種と職種を混同している人がいるから、確認も含めてそれぞれを一言で説明してみよう。

業界・職種研究の目的は「何がしたいのか？」を選択すること！
同業他社比較・研究
会社のホームページ
キャリアビジョン

はい。**「業種」とは、世の中の会社が行っている事業を、似たもの同士でグループ化したもの**で、例えば銀行・証券とかコンピューター・通信機器、流通といったグループがあります。**「職種」とは、会社で働いている人が責任を持って担っている職務**で、例えば、営業職・企画職・総務職・人事職・販売職などの複数の職種があります。

それでは、業種・職種研究の目的は、「仕事で何がしたいか？」を選択することだが、そこで役立つ情報源と言えば？

はい。多くの会社のホームページに掲載されている先輩社員紹介記事です。この記事を通して、**「この先輩のようになりたいな、このプロジェクトチームに入ってみたいな」**と考えることとなり、「何がしたいか？」を固めることにつながります。

そして、「何がしたいか？」が固まってくると同時に生まれてくるのは？

5～10年後に自分はどうなっていたいか、という**キャリアビジョン**です。就職は〝入社して終わり〟じゃないですからね。

では最後に、会社研究で大切なことは？

特に大切なことは、業績や社員数などを**数字面から客観的に比較**研究することです。この時、留意しなくてはならないのは、**同業他社同士、同規模の会社同士**で比較することです。また、**会社制度・事業理念**を通して、**共感・賛同して**

いく＝会社のファンになっていくことが大切です。

ちゃっかりB君

B君は、友人の多さを生かして自己分析が進んでいると思うが、どう？

もちろんっす。「自分の長所や特徴は何か」については、自分自身を見つめ直すことはもちろん、**友人やアルバイト先の社員の方々から客観的な意見を求める他己分析**もしっかり行っているっす。また、具体的なシーンやエピソード、その時の**心の動き**を思い出し、A君を見習って自己分析ノートにメモしてあるっす。

自己分析と他己分析で自己PR！
更に業界・職種研究を結びつけて志望動機が完成だね！
志望動機
業界・職種研究
自己PR
他己分析
自己分析

ということは、**具体的なエピソードや第三者の評価の声**を交えながら、自分をアピールする準備は着々と進んでいるんだね。

はい！

他には、**人数や期間・時間、個数など数字で具体的にアピールできるネタ**についても準備しておこう。ところで、**自己&他己分析は自己PR作りだけで完結してはいけない**んだけど、何につなげていく必要があるんだっけ？

ええっと…。

そもそも何のために就活をしているの？

働くためっす。

B君が働くに当たって、絞ったり、選んだりしていかなくてはならないものは？

業種や職種や会社…、あ〜！　**自己分析は、業種・職種・会社研究に結び付けていく必要があった**っす〜！

ところで、**筆記試験対策**には取り組んでいるかな？

も、もちろんっす！　テストセンターで何度か受験しましたが、対策本に載っているのと同じ傾向の問題が出てくるので、思ったほど難しくないっす。少しずつでも解くことを続けておいて良かったっす。

面接には自信があるけれど、筆記で落ちまくり、面接を受けられなかった…という人の二の舞にならなくて、本当に良かったね！

はい。岡先生に、先送りして取り組んでいなかったことを怒ってもらえて、本当に良かったと思ってるっす。

解説は次のページへ！

vol.29のポイント!

相手の理解度を高めるコツは、実証と比較

★ 実証ネタを意識して集める ★

「私は優れた学生です!」こう何百回叫んだとして、果たして企業は信じてくれるでしょうか?　信じてくれなければ良い自己PRではないわけです。そこで、**「実証する」**という意識を持って自己PR用ネタ集め=自己分析に取り組みましょう。「プロセスにおける具体的なシーンやエピソード」「具体的な結果」「第三者の評価の声による裏付け」「大変さや頑張りを表す数字」これらを盛り込むことが実証的な自己PR作りにつながります。

★ 比較のための志望対象外を準備する ★

志望を分かりやすく伝えるには、比較すると簡単です。例えば、「SEではなく営業を志望する理由は…」と説明しましょう。そこで、これまでの仕事研究の中で、「これは自分の志望する業種・職種・会社とは全く違うな」という業種や職種・会社を比較用にピックアップしておきましょう。

★ 先輩社員紹介記事は必ず読もう ★

「何がしたいか?」を選択するためには、仕事現場で「何が行われているか?」を知ることが必要です。そのことがまとめて記載してあると言えるのが、多くの会社ホームページに掲載されている先輩社員紹介記事です。まずは、複数の会社のものを読みましょう。その上で、OB・OG訪問につなげていくと、より充実した「何がしたいか探し&選択」ができます。

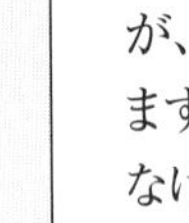

こっそり…採用担当者の本音

自己PRや志望動機を分かりやすく説明できる人は、コミュニケーション力が高いと評価する。分かりやすく説明するコツは比較だ!

実践 就活講座

将来性抜群？国家プロジェクト関連企業を研究しよう

国家プロジェクトは、国の抱える課題解決や国際競争でリードするためのイノベーションを生み出すことを目的にして、国主導で実施されます。国家プロジェクトの推進にあたっては、優先的に多くの資金が投じられます。その結果、国家プロジェクトに関連する技術やノウハウをもつ企業にはビジネスチャンスを掴む追い風が吹きます。

日本の抱える大きな課題

日本には「少子高齢化」「生産年齢人口の減少」「低い労働生産性」「地方の過疎化」「輸入に頼るエネルギーと食料」「老朽化する社会インフラ」「アジアの成長をいかにして日本に取り込むか」等の放置できない大きな課題や目標があるため、その解決や実現を、国としての重点目標と位置づけています。

例えば、エネルギー問題という課題解決に向けては、温室効果ガス排出削減と経済成長・産業競争力向上の同時実現に向けて経済社会システム全体を変革させる「グリーントランスフォーメーション（ＧＸ）」という基本方針が策定されています。このＧＸのもと、企業の投資支援を目的とした省エネ補助金の創設、住宅の省エネ化支援、海底直流送電の整備、定置用蓄電池の早期ビジネス化に向けた導入支援、水素・アンモニアを次世代の重要エネルギーと位置づけた導入促進などが実施されています。（※資源エネルギー庁のエネルギー白書から抜粋）

興味をもった国家レベルの課題について調べよう

先に示した「少子高齢化」等のキーワードは、すでに耳にしたことがあるもので、決して耳新しいものではないはずです。しかし、それらと就職を明確に結びつけて研究したことは少なかったかもしれません。そこで、あなたが関心をもった課題を一つ選びます。例えば、「〇〇の課題解決に向けた取り組み」「実現への取り組み」と入力し検索してみましょう。関連する記事が見つかることも多いでしょう。それらを読み、そして、それらの記事の中にあるキーワードと感じたものをピックアップし、そのキーワードに「関連企業」と加えて（例えば省エネ住宅関連企業、水素関連企業）検索してみましょう。その結果、新たにエントリーしたい企業の発見につながる可能性が高まります。

就活コラム04

これだけは覚えておきたい！ 敬語表現の基本

自分には謙譲語（けんじょうご）、相手には尊敬語（そんけいご）

普段の学生生活での会話ではあまり使わない言葉だけに、自然に口から出てこない敬語表現。しかし、就活生にとっては、エントリーシートの記入や面接時に必ず必要になる知識なので、早いうちにマスターしておきましょう。**ポイントは自分には謙譲語（へりくだる表現）、相手には尊敬語**を使うことです。

尊敬語 **相手**に対して関係のあること（人や持ち物・状態・動作）を敬って使う言葉

謙譲語 **自分**に対して関係のあること（人や持ち物・状態・動作）をへりくだって使う言葉

名詞の例

自分	私（わたくし）
自分たち	私ども
身内	両親、父、母、兄、姉、祖父、祖母
会社（企業・銀行・団体）	御社、貴社、貴行
この前	先日、過日、先般
今日	本日
きのう	昨日（さくじつ）

動詞の例

普段の言葉	尊敬語	謙譲語
行く	行かれる	うかがう
来る	いらっしゃる	参る
言う	おっしゃる	申します
見る	ご覧になる	拝見する、見せていただく
聞く	お聞きする	うかがう
会う	お会いする	お会いする
する	される、なさる	致します
いる	いらっしゃる	おります
いない	いらっしゃいません	おりません
すみません		申し訳ございません

Part.04
履歴書&ES対策編

就活の代表的な記述物である「履歴書」と「エントリーシート」の記述方法と
その注意点を学びましょう。

履歴書&ES対策編

履歴書&ES／基本知識と記入の注意点

アルバイト応募の際などに記入したことがある人も多い履歴書。気を付けるべきことは何かを考えましょう。

きまじめA君

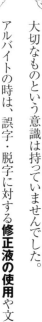

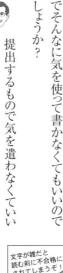

就活で必要になる提出物というと、「履歴書」と「ES」がありますが、履歴書に関しては書類の一つという感じなのでそんなに気を使って書かなくてもいいのでしょうか？

提出するもので気を遣わなくていいものなんて一つもないんだよ。履歴書はこれまでのA君の経歴を示す唯一の正式書類であり、会社側は**履歴書を基に応募資格等の基本条件を判断するので、偽りや誤りがあってはならない**ものなんだ。

アルバイト応募で作成したことがありましたが、そんな大切なものという意識は持っていませんでした。

アルバイトの時は、誤字・脱字に対する**修正液の使用**や文字が枠から少しくらいはみ出していることについて気にしなかったかもしれない。しかし**就活ではNG**だ。そもそも、**文字が雑だと読む前に不合格**の可能性も。履歴書もESも、一字一字、丁寧に書くことを意識しなくてはいけないぞ。

なんか、神経使いそうですね。

もちろんだ。履歴書では**捺印（なついん）がずれたり、擦（す）れてしまっただけでもすべてを書き直す必要がある**くらいだからね。

あの～、履歴書にもESにも学歴を記入する欄があるのですが、大学入学のために浪人した場合には予備校名なども記入する必要があるのでしょうか？

必要ない。浪人・留年は卒業・入学年度から分かるからだ。

履歴書の職歴は、僕の場合だったら、これまでにやってきたアルバイトの履歴を順番に書けばいいのでしょうか？

アルバイトは職歴記入の対象外だから、ほとんどの大学生は「なし」でいいよ。ただし、一度就職をしてから大学に進学した人は記入しよう。ところで、なぜ履歴書はボールペンや万年筆で記入するか分かるかい？

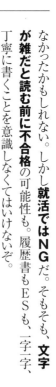

いえ、実は疑問だったんです。ボールペンだと間違って消せ

ないし。鉛筆書きも可なら便利なのに…。

まさに、その「消せない」ということがポイントで、**自分の大切な履歴＝歴史を誰かに消されたり、改ざんされないようにするため**なんだ。

なるほど～。そんな意味があるんですね。履歴書にも手間をかけなくてはならない意味を理解できました！

ちゃっかりB君

履歴書には、履歴面の他に、得意な科目や研究課題、特技や資格、志望動機・自己紹介を書く欄があって、ＥＳとカブッちまう項目が結構あるんすけど…。

面接官は、ＥＳと履歴書の両方を読んだ上で面接を行うから、例えば同じアルバイトをネタにするとしても、ＥＳと履歴書では切り口を変えたほうがいいね。また、欄内の文字数が少なく、スカスカに見える項目があると、〝中身がない人〟との印象を与えるし、逆に、細かい文字でびっしり書かれると読みにくい。履歴書もＥＳも**記入欄の大きさに対し、読みやすい文字のバランスを考えて書くこと**が大切だ。

はっきり言って、きれいに書ける自信がないっす。

罫線を鉛筆で引いて
下書きしてから清書してみたら？
きれいに書ける自信がないっす!!
履歴書
履歴書

例えば罫線のない欄内に記入する場合は、鉛筆で薄く罫線を引いたり（ボールペンで記入後に消す）、何度か下書きをしてから清書をしよう。大切なのは美しい文字が書けるかどうかではなく、丁寧に記入しようという意識を持っているかだ。それだけに記入には時間がかかるものだから、履歴書の場合は志望動機欄だけ空白のものを**何枚も書きためておいて、提出直前に志望動機と記入日を書くという工夫をしている人も多い**んだよ。

俺の性格的には、忙しくなるとそんなに細かくやってらんないって感じっす。今度の日曜にでも書きためておくっす。

最後に、履歴書やＥＳに貼る写真についてアドバイスだ！この写真も大きく印象を左右するものだけに、**写真館などでプロのカメラマンにあごの角度や表情のアドバイスを受けながら、自然で好感が持てる表情を撮影してもらうといい**ぞ。よくある無人のスピード写真機などでは、元気のない暗い印象になってしまうことが多いんだ！

それなら、大笑いしている表情でチョ～明るく元気系の写真を撮ろうかな～。

いや、大口開けて、歯を丸出しにしたような写真はＮＧだ。フォーマルな書類であることを忘れないように！

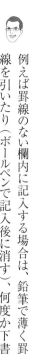

解説は**次のページ**へ！

履歴書&ESは時間をかけて丁寧に

vol.30のポイント!

記入の心構え

記入には以下のポイントに注意しよう。

★1 提出した履歴書・ESは、何人もの採用担当者や面接官に読まれることを意識しよう。

★2 内容以前に、文字の印象が大切。また、記入欄の大きさと文字の大きさ、余白部分とのバランスを意識して、**下書きをしてから**丁寧に書くことを心掛けよう。採用担当者にとっては、履歴書やESの“見た目”があなたの第一印象となるのです。

★3 顔写真が与える印象は無視できない。リクルートスーツを着て写真館で写りの良い写真を撮るのがおすすめ。**写真の裏に、大学名・学科、名前を記入した上で貼ろう。**（まじめ過ぎて無表情にならないことを意識した、やや笑顔の表情が良い）

★4 学歴は「東京都立」「○○県立」「私立」も含めて正式名称で書くこと。職歴にはアルバイトの履歴を書く必要はない。

★5 浪人、留年は書く必要はない。

★6 記入日は、提出日前日の日付を記入しよう。（西暦・年号は記入指示に従おう）

★7 基本的には黒色の万年筆・ボールペンでくっきりと書こう。(ESの場合は、黒以外の使用がOKの場合もある。記入ルールを確認しよう)

★8 提出期限は厳守。1日遅れてもNG。

★9 何度も下書きを行おう。下書きの段階で、誤字脱字がないかを国語辞典等でチェック。清書後は、全てコピーを取り保管しておこう。

★10 履歴書は、修正液使用はNG。**たとえ一文字でも間違えたら、新しい履歴書を使ってすべて書き直す**のが原則。印鑑をきれいに押してから書き始めよう。

ESは隅から隅まで読もう

ESには、課題だけでなく、応募に関する注意点も記されている。これらの注意事項を見落とさないように、しっかりと確認しよう。

＜注意点の例＞

【メガバンクA】

複数の職系・コースにはエントリーできません。

【家電B】

メンバーズサイト(応募者が登録する、この会社のサイト)の登録情報で希望職種を選択する欄を設けました。併せて、そちらにも第一希望職種を入力してください。

【家電C】

ESが弊社に届いた時点でWEB適性検査を完了されていない場合は「選考辞退」とみなし、選考の対象外(不合格)と致します。

文字を見た瞬間に読む気をなくすものもある。手書きのものも多いだけに、ボールペンで書くことに慣れておこう。

履歴書の見本

履 歴 書　　年　月　日現在

ふりがな 氏　名	印
生年月日	年 12月 11日生（満　歳）
ふりがな	とうきょうと　く
現住所 〒	東京都　区　4－8－16
電話など	
ふりがな 連絡先 〒	（現住所以外に連絡を希望する場合のみ記入）　方
電話など	

年	月	学歴・職歴（各別にまとめて書く）
		学歴
		私立　中学校 卒業
		私立　高等学校 入学
		私立　高等学校 卒業
		大学理工学部環境資源工学科入学
		大学理工学部環境資源工学科卒業見込
		職歴
		なし
		以上

記入上の注意　1. 鉛筆以外の黒又は青の筆記具で記入。　2. 文字はくずさず正確に書く。　3. ※印のところは、該当するものを○で囲む。

年	月	免許・資格
		普通自動車一種免許取得

得意な科目・分野	自覚している性格
得意科目：数学，化学 得意分野：資源循環工学分野	私は継続力があると思います。テニス，アルバイトなどの経験を通して，努力を続けることにより，自分を成長させることが出来るという自信を得ました。

スポーツ・クラブ活動・文化活動などの体験から得たもの	特技、アピールポイントなど
高校時代：硬式テニス部（部長） みんなで1つの目標に向けてがんばった。 大学時代：地元のテニスサークル所属 地元の幅広い方とのコミュニケーション能力を得た。	趣味：スポーツ，スポーツ観戦 特技：テニス

志望の動機

私は新しいものを作り上げ、世の中を「変える」という方法で社会貢献したいという思いを持ち、就職活動してまいりました。その中で、現代社会の先進を行くIT業界に興味を持ちました。中でも、幅広い事業分野を持ち、世の中に多大な影響力を持つ御社ならば、幅広い分野で世の中を「変えて」社会貢献できると思い、御社を志望いたしました。

本人希望記入欄（特に給料・職種・勤務時間・勤務地・その他についての希望などがあれば記入）

希望する職種はSE，営業です。なぜなら、お客様の声を直接聞き、ニーズに気付き、その解決策を考え、作りあげたいからです。

通勤時間	扶養家族数（配偶者を除く）	配偶者	配偶者の扶養義務
約 1 時間 10 分	0 人	※ 有・無	※ 有・無

リサイクルペーパーを使用しております。　コクヨ

エントリーシートの見本

エントリーシート（大学卒技術系職用）

[注意] このエントリーシートを提出すると、自由応募扱いとなります（学校推薦との併願はできません）。

写真貼付
1.上半身、正面、脱帽
2.3ヶ月以内に撮影したもの
3.写真裏面に氏名・大学名を記入のこと
4.縦4cm×横3cm

技術	
技術営業	○

※どちらか一方に必ず○をつけてください

*会社使用欄

専門分野	*いずれか1つに○をつけて下さい。 1. 電気・電子 2. 通信 3. 機械 4. 化学 5. 原子力 6. 土木 7. 建築 8. 情報 ⑨その他

*名字の頭文字をひらがなでご記入ください 例：東電太郎→「と」

ふりがな 氏名		生年月日	西暦 年 月 日 生（満 歳）
		卒業高等学校	私 立 高等学校
大学名	大学 理工 学部 年 3月 卒用・（卒業見込） *該当するものに○をつけて下さい。		
大学院名	大学院 研究科 専攻 年 月 修士課程・博士課程 修了・修了見込 *該当するものに○をつけて下さい。		
現住所	〒 電話（ ）ー 携帯電話 メールアドレス @		
上記で連絡が取れない場合の連絡先	〒 電話（ ）ー		
志望する部門 *【技術】を選択した方のみ、該当するものに○をつけてください。複数回答可。	1.火力発電 2.原子力発電 3.水力発電 4.架空送電 5.地中送電 6.変電 7.配電 8.系統運用 9.通信 10.土木 11.建築 12.システム企画 13.その他（ ）		
卒（修・博）論のテーマと概要 *まだ決まっていない方は、取り組みたいと考えているテーマと概要を記入して下さい。	テーマ セレン含有廃水のFe(Ⅲ)またはAl(Ⅲ)塩による共沈処理 概要 Se(Ⅵ)廃水に対し、還元することなく共沈処理することを試み、定量的関係を明らかにすると共に、処理メカニズムを解明する。 指導教授		
クラブ活動【スポーツ・文化活動等】	活躍状況・役職・戦績等 地元のテニスクラブに所属。県大会出場。		
資格・TOEIC 特技・趣味など	趣味：スポーツ，スポーツ観戦 特技：テニス		

当社で実現したい夢・チャレンジしたいこと
私は、高校時代に環境問題に興味を持ち、現在の学科へ進みました。そこで、環境資源枯渇問題は深刻であると再認識し、「環境保全分野で社会に貢献できる企業で働きたい」という思いを持ち、就職活動してまいりました。その中で、御社の環境理念の中の「環境問題の解決に積極的に取り組む」という言葉に共感し、御社を志望しました。なので御社で、環境問題を解決するのが私の夢です。また、そのために技術営業として環境にやさしいエネルギーの提供を推進することにチャレンジしたいと思います。

※ご記入いただいたご住所、お名前、ご連絡先等は厳重な管理のもと、当社からの事務連絡の目的にのみ利用させていただきます。

○あなたが学生時代、高い目標に向かって挑戦したことは何ですか。挑戦しようと思った理由、目標達成に向けて考えたこと、実現のためにとった行動を具体的に教えてください。

私は、テニスを10年間続けています。大学では、テニスサークルに入ろうと思っていたのですが、それをやめて年齢制限のない一般の大会に挑戦しようと思いました。なぜなら相手を大学生に限定することなく、様々なタイプの人と試合をして、自分を成長させたかったからです。そこで、一般の大会について調べたところ、市の大会が毎年一回あり、そこで活躍すれば、市の代表として県大会に出られることがわかりました。私は、この大会に出場することを、大学時代の目標としました。そのためにまず、地元のテニスサークルに所属することにしました。そこには、幅広い年齢層の人がいて、私が求める様々なタイプの人とテニスをできる環境がありました。そこで、せっかくの環境を無駄にしないように、こちらから積極的に話しかけて、様々な人と練習させていただくようにしました。その中で、一番感じたことは、社会人の方々は学生より球威はないもののミスが圧倒的に少ないということでした。最初は私のミスで負けてしまう試合がほとんどでしたが、その原因を考え練習することで、ミスを減らそうと考えました。その結果、今年ついに目標であった県大会に出場することができました。この経験から、考え、努力を続けることにより自分を成長させることができるという自信を得ることができました。

○自分とタイプや特徴の異なる人と協調して、何かを成し遂げた経験について、具体例を挙げて教えてください。

私は高校時代テニス部の部長をしていました。部活には指導者がおらず、部長である私が、部活の運営や後輩の指導を任されていました。1年生50名ほどいる部活をまとめるのはとても大変でした。そこで、先輩たちの代より幹部の数を増やしそれぞれの仕事内容を細かくしました。また、後輩にも次期幹部という形で幹部とともに仕事をしてもらいました。そうすることによって、私たちも部活を運営しやすくなりましたし、後輩たちとの意思疎通もはかれるようになりました。幹部はかなりの頻度で会議をし、みなで意見を出し合い、話し合い、部活をよりよいものにするためのルールや練習内容を考え続けました。また、月に1回は全体で会議をし、それらの定着を促進しました。このような試みを続けることによって、部員の中にあったギャップが徐々に埋まっていき、部活が有意義なものに変わっていくのを実感できました。最終的には、県大会ベスト8まで進むことができ、目標としていた成績を収めることもできました。最後の大会が終わった時、部長が私でよかった、と部員たちが言ってくれた時は、非常にうれしかったです。

(注) 自筆でご記入下さい。【提出締切日】（一回目） 年 月 日 当日消印有効
（二回目） 年 月 日 当日消印有効
*資源の有効利用のため、再生紙を利用しております。

内定
出る人
出ない人
vol.31

履歴書&ES対策編
ES／基本を理解しよう

ESはなぜ必要？　ESを作成する基本的な方法は？
ここで確認していきましょう。

きまじめA君

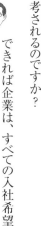

企業は**人柄を重視**して採用すると聞いたのですが、ESでも本当に選考されるのですか？

できれば企業は、すべての入社希望者を面接したいのだけど、とてもその時間は取れないので、人柄や志望レベルを確認できる質問を用意したESで、**面接する価値のある人は誰かを判断**しているんだ。特に入社希望者が殺到する大手・有名企業ほどハードルは高くなるんだよ。

それは気を抜けませんね。

それどころか、難解なテーマを多数設定して、志望度合いの低い人だとそう簡単には書ききれない内容になっていることも多いから、甘く考えないほうがいいぞ！

メモを取って
カチッ
自己PR
志望動機
しっかり固める！
カチッ

ESって、どんなことを書くことになるのですか？

基本は自己PRと志望動機だ。まず、この2つをしっかりと固める準備を始めることが大切だ。

一般的に一つのテーマについて、どのくらいの文字数で書くものなのですか？

企業によってさまざまだけど**800文字程度で準備**しておき、必要に合わせて内容を増減させるといいよ。特に自己PRはある程度使い回しが利くから、まず自己PRの準備から始めてみよう。

書くコツって何かありますか？

一番のコツは、**文章はメモの集合体**であることを理解することだ。A君はいつもメモする姿勢を持っているから、意外と苦労しないかも。

本当ですか！　メモしてて良かったぁ。

ちゃっかりB君

俺、昔から作文、苦手だったんですよぉ〜。しゃべるのはけっこう得意なんだけどな〜。

ESが受からないために説明会すら参加できなかったという深刻なケースもあるくらいだから、苦手だろうが覚悟を決めて取り組むしかない。

でも、俺、根本的に文才ないんすよね。こんな俺でも手の打ちようあるんすか？

ESは基本的にはルールにそって書くビジネス文書に近いものであり、**文才よりもコツ**を知っているかどうかが大切なんだ！　だから努力すれば**必ず向上できるんだよ。**

一生懸命と成長ネタを詰め込んで最高の自己PRを作る！
一生懸命
ES
成長ネタ
ギュ
ギュゥ〜

へ〜、コツなんてもんがあるんすか？　例えばそのコツって、どんなものがあるんすか？

文章の展開としては、結論から記入して、エピソードや説明を加えていくことや、エピソードは体験して感じたことなど、具体的な内容を盛り込むことがコツだ。

では、どんなことから始めれば…。

まずは自己分析や、業種・職種・会社研究してきたことをパソコンに**整理しておこう**。パソコンのワープロソフトを使えばコピー&ペースト機能や文字数カウント機能があるので、下書きの時に便利だからね。それができたら、整理した自己分析や仕事研究結果＝ネタを組み合わせたりして、まず一つでもいいから、志望動機や自己PRの文章を作ってみよう。

分かりました…。パソコンへの整理は、先送りしないでさっそく取り掛かるっす。

とにかく**ESはネタさえあれば誰でも書けるものだから、一つでも多くの経験と成長を増やす意識を持った毎日を送ろう。一生懸命&成長ネタ**が詰まっているということが最高の自己PRであることは、ESも面接も一緒だからね。

そっちなら頑張れるっす！　よ〜し、**今日のアルバイトも目標を設定して頑張るぞ！**

ESにはパソコンで作成したテキストをインターネットで送信するタイプと、手書きのESを郵送するタイプがあるが、手書きのESは内容に加えて、**文字を丁寧に書くことも心掛けよう**。文字の印象で合否を判断されることもあるのは履歴書と一緒だ。

解説は次のページへ！

ESとはメモの集合体。文才は必要ない

vol.31のポイント!

★ ネタメモを増やすことが一番のES対策 ★

ESにおける自己PRとは、**自分のネタをつなぎ合わせて、文章として整えたもの**です。よって、自己分析で採用担当者に知ってもらいたいネタを整理しつつ、提出日前日までに一つでも多くのネタを増やす意識を持って日々を送ることが一番の対策となります。

★ 代表的なテーマ ★

・自己PR

学生時代に力を入れたこと／仕事で生かせるあなたの強み・特徴／あなたを形作る5大要素について／学生時代にぶつかった壁について

・志望動機

当社を志望する理由／当社で挑戦したいこと／当社で実現したいこと／〇〇業界を志望する理由

★ コピー&提出期限厳守 ★

ESも履歴書も面接時の資料となります。数多くの企業にエントリーしていると、どの企業に、どんな内容で提出したか、すべてを覚えておくことは難しくなります。ES・履歴書は必ずコピーを取り、内容を確認できるようにしておきましょう。いくら内容が優れていても、提出期限に間に合わなければ意味がありません。時間に余裕を持って提出することを心掛けましょう。

こっそり…採用担当者の本音

普通の学生生活であっても、一生懸命であったことが伝わってくる人に優先的に会いたい。

実践就活講座

メモがあれば文章を作れることを確認する

左記の〈メモ〉は、ある人が自己PRを作成するために、思うままに書き出したメモです。

まずは、このサンプルメモを例題に、「学生生活の中で成長につながった取り組み」という課題に対応する自己PRを作成してみましょう。

作成にあたっては、使わないメモ項目があっても構いませんし、想像を膨らませて、メモ項目を加えても構いません。

下段に、この人の自己PR例を掲載してありますので、あなたが作成したものと比較してみましょう。

（以降は作成後に読んでください）

あなたが作成した自己PRと下段の自己PRは、似た内容のものになったはずです。

つまり、メモさえあれば、あなたは見知らぬ人の自己PRですら作成する能力を持っているということです。

この事実は、自分のことを丹念にメモさえすれば、このサンプル以上の自己PRを簡単に作成できるということを示しています。

ESを作成するにあたって、一番重要な作業はメモです。

このことを踏まえて、これまでの自己&他己分析によって作成したメモを活用しましょう。

このメモの組み合わせによって、何パターンもの自己PRを作成できるはずです。

ある人のメモ例

＜メモ＞

- いろいろなアルバイトをしたが、一番ためになったのはレストラン。
- このレストランには開店当初から携わった。
- 集まったアルバイトのみんながやる気のある人たちだったので、運営を学生に任せてくれるよう店長にお願いした。
- 最初の頃のことで思い出に残っているのは、マニュアル作り。
- 工夫したことは、メーリングリストを活用し、最新のマニュアルを共有できるようにした。
- 一番得たことは、お客様への誠意。
- 椅子の位置やライトの明るさなどを、実際に開店前に座ってみてチェックした。
- お客様の立場になることが大切だと考えた。
- 大学の授業で、企業の必須要素は「人」「もの」「金」と教わった。
- 自分のこの経験から、人が一番大切だと思った。
- 人が支えてこそ、ものも金も生きてくるのだと思うようになった。

自己PR例

＜メモを使った自己PRの例＞

私にとって一番自分のためになったアルバイトは、開店当初から携わったレストランのアルバイトです。私は、運営のほとんどを学生スタッフに任せてもらえるよう申し出ました。そのため、最初はマニュアル作りに頑張り、また、メーリングリストを利用し、最新のマニュアルを共有できるように工夫もしました。

ここで、一番得たものはお客様に対する「誠意」です。例えば、実際に席に座り、お客様からどう見えているか等を確かめながら、椅子の位置を座りやすいようにしたり、ライトの明るさ調整をしたりしました。

企業が成り立つ必須要素は「人」、「もの」、「金」と言われていますが、私はこの3つの中でも「人」が一番大事だと思います。人が支えてこそ、もの、金が生きて、企業は成り立つのです。そういう人を大切にする精神をこのアルバイトを通じて学べた気がします。

履歴書&ES対策編

ES／自己PR対策に取り組もう

自己PRは使い回しが利くものだけに、早めに完成度を高めておきたいところ。自己PR作成のコツをつかみましょう。

きまじめA君

業種・職種が定まっていれば、自己PRは使い回しがきくものだけに、早めに完成度を高めておきたいね。

既に自己PR作りに取り掛かっています。

「大学生活で力を入れたこと」「仕事で生かせる強み・特徴」「5大要素」「学生時代の壁」等のテーマがあるのだけど、どれから取り掛かっているの？

「大学生活で力を入れたこと」です。理由は、**力を入れたことで作れば、自然と強みや特徴を含む5大要素に触れられますし、壁にぶつかったエピソードも含めることができるからです。**

では、順調に進んでいるんだね。

順調といえば順調なんですが…。

歯切れが悪いね～。

はい…。僕は勉強に力を入れてきたのですが、僕より成績の良い学生は世の中にはいっぱいいますよね。そんな僕が「勉強に力を入れました！」的な自己PRをすればするほど「虚しい自己PR」になるような気がして…。

じゃあ、どうすればいいと思う？

例えば、「それほど力を入れたわけではないのですが、成績は良いほうです」的なほうが期待を持ってもらえるかも、なんて考えています。

でも、それでは力を入れたものがないという印象になって逆効果だよね。

そうですよね～。

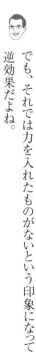

自己分析でアドバイスしたけれど、**他の人と比較するのはやめよう**。例えば私はA君にアドバイスしているけれど、客観的に考えれば私より優秀な人材は世の中に沢山いるよね。じゃあ、私にはアドバイスする資格はないのだろうか？

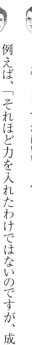

そんなことはありません！

ありがとう。じゃあ、Ａ君も自己ＰＲする資格はある、ということだね。

あっ、他人と自分を比較する虚しさが分かりました！

ちゃっかりB君

俺は、力を入れてきたものがたくさんあるのに、一つしか提出できないのが悩みです。

ぜいたくな悩みだね～。それならば、「アルバイトにもサークルにも旅行にも力を入れてきましたが、**その中でも特に力を入れたのは**アルバイトです」と書けば？

それ、いただきっす。でも、アルバイトは順調過ぎて、壁がなかったんすよね～。

ちょっとした失敗くらいはあったんじゃないの？ 例えば、最初のころ、店長や先輩に怒られたことや、何か指摘されたことはなかったの？

あり、ありです。例えば、注文を間違えてしまったこととか。最初はお店によく迷惑かけちゃってました。

過去の自分から
今の自分の
成長分を書く！！

単に気が抜けていたための注文間違いはネタにはなりにくいけれど、「慣れない当初は、注文が殺到してパニックになってしまった」という**心理状態を絡めれば**、立派なネタになりそうだけど。加えて**失敗の後には、改善のためにどんな努力や工夫をしたかというネタがあるはずだから**、書くことはいろいろと膨らませられると思うよ。

それもいただきっす。でも～残念ながら、社長賞みたいなものとか貰ったことないんで、「誇れるものネタ」には発展できそうにないんですよね…。

最初は忙しい時間帯にパニックになっていたＢ君が、今は立派にアルバイトを仕切る立場にいるんだろう？ アルバイトを始めたころの自分**（＝過去の自分）と比較して考えれば**、すごい成長なんだから誇っていいんじゃない？

なるほど！ 岡先生、お陰さまで９割完成したっす！ 後は、友達に他己分析してもらって強みや５大要素は完成っと!! **こうやって人と話しながら考えたり、アドバイスをもらうと、自己ＰＲってスムーズに作ることができるもんなんすね**。

お～、うまいやり方に気が付いたね！ ＧＯＯＤ！

解説は次のページへ！

会話が自己PR完成の近道

vol.32のポイント!

★ 人と比較しない。過去の自分と比較する ★

客観的に自分を見つめるほど、自己PRは気恥ずかしく感じるものです。しかし自己PRで尻込みしてしまっては、大勢の中に埋没してしまって採用担当者に強い印象を残すことができません。他の人と比較するのではなく、**過去の自分と比較しながら、成長力をアピールするのが自己PR**と位置付けましょう。

★ 現在進行形で締めくくる ★

「頑張ったこと」と課題が過去形の問い掛けのため、ほとんどの人が、「こう頑張り、成長しました」と過去形の自己PRを作成しています。しかし、過去の栄光ネタよりも、目標を持って今現在も進行形で努力している自分を示すネタのほうが、強いアピールになります。日々、**現在進行形で成長しようと頑張る**自分を紹介して、自己PRの内容を締めくくりましょう。

★ 書く&会話 ★

自己PR作りでは、黙々と紙やPCに向かうことになるでしょう。しかし、それだけでは自己PRの完成度を高めることはできません。なぜなら、この自己PRは**第三者(=企業)に提出し、読まれて評価を受けるもの**だからです。そこで、自己PRの作成過程や作成後に、積極的に友人や家族に感想を聞きましょう。**第三者の意見やアイデアを積極的に取り入れて、**広がりと深みを加えていくことが、より質の高い自己PRにつながっていきます。

こっそり 採用担当者の本音

過去に完結した自己PRよりも、切磋琢磨している現在進行形の自己PRに、より期待が膨らむ!

実践 就活講座

実際に自己PR作成にチャレンジしてみよう

左記の作成例のアドバイスを参考にして、「私の一番の強み」に対応する自己PRを作成してみましょう。ポイントは、文章化を急がないことです。まずは、手順や例文を参考にしながら、あなたにあてはまることをメモとして、パソコンに入力しましょう。このメモが十分に出尽くした段階で、自己PRの文章化に取り組みましょう。

次に頭の中でメモを組み立てつつ、パソコンで作成してみましょう。手書きと比較して、パソコンならばコピー&ペーストで手軽にメモを並べ替えたり、加えたりしていけるはずです。

大切なのは、たとえ失敗作と感じても、保存しておくことです。文章としては納得がいかなくても、盛り込まれている要素＝メモは使えるものなのです。失敗作だとしても、新たなメモを加えたり、余計なものを削ったりを繰り返すことで、あなたの自己PRは、どんどんレベルアップしていくのです。

「私の一番の強み」の作成例

手順1：企業は仕事においてどんな人が欲しいかを考える。その中で、その企業の求めるものにあった自分の強みは何かを考える。

手順2：まず冒頭で、上記で考えた自分の強みをアピールする。

例）私の強みは「苦手なことでも自分を変えて取り組めること」です。（もしくは、○○が私の強みです）

手順3：「○○という強み」を発揮したことを実証しなければ、採用担当者の心に強く伝わらないので、自分が強みを発揮した状況やエピソードを紹介する。

（例）この強みを発揮したのは「○○○」です。（ゼミ、アルバイトや資格挑戦等、自分の頑張った取り組みの紹介）

手順4：その取り組みの中で、具体的にどんな状況で強みを発揮したのかを記入。

（例：サークルへの取り組みの場合）「私は幹部になると同時に、50人のメンバーが所属するサークルの会計を担当することになりました。当初は、自分のものではないお金に責任を持つことが不安でもあり、また、1円のくるいもなく管理することが、大雑把な性格の私にとっては苦痛でもありました」

手順5：どのような意識を持って臨んだか、努力したか、工夫したかを紹介。ここが企業への一番のアピールポイントになる。

（例）「しかし私は、自分も何かの責任を背負わなくてはならないし、就職を目指すにあたって、お金の管理のできる自分にならなくてはならないと考え、完璧に役目をまっとうしようと目標を立てました。そのために、お金を預かったとき、使った時は、後回しにするのではなく、すぐに記録に留めることを意識しました。また、表計算ソフトを使って管理することにより、計算ミスが起きないように心掛けました。更に毎月収支をプリントアウトし、全メンバーに公開しました。これは、サークルメンバー全員にお金の使い道について関心を持ってもらいたかったからです」

手順6：強みとその状況の紹介だけでなく、その経験を通しての成長や、さらなるアピールにつなげる。

・成長をアピール
（例）「この経験を通して、大雑把な自分が、慎重に正確に管理することのできる自分に成長したように思います」

・さらなるアピール1（向上的な自分をアピール）
（例）「この経験から、今は簿記にも関心を持ち、資格取得のため、独学で勉強を始めました。入社するまでには、絶対に2級に合格しようと頑張っています」

・さらなるアピール2（御社入社後も頑張ります宣言）
（例）「御社の仕事においても、苦手だからと逃げるのではなく、達成するために必要な自分に変えながら取り組むつもりです。よろしくお願いいたします」

履歴書&ES対策編
ES／志望動機作成の基本

就活で最も大切な志望動機。どのように作成し、完成させていくのかを確認しましょう。

きまじめA君

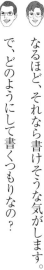

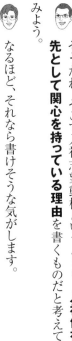

「なぜ志望するのか？」という理由を書くのが志望動機ですよね。

簡単に言えばそうだね。

働いたことのない、まだ会ったこともない会社に書く志望動機って、なんだか気持ちが込められないような気がするんです。**はっきりいって、その会社に入社したいかどうかなんて、就活が終わるギリギリまで分からないですから…。**

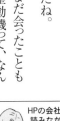

そうだね。そこで入社志望動機というよりも、**入社候補先として関心を持っている理由**を書くものだと考えてみよう。

なるほど、それなら書けそうな気がします。

で、どのようにして書くつもりなの？

HPの会社案内紹介記事を
読みながら入社して何が
したいか？
を書く!!

ESは**メモの集合体**ですよね。ですから、会社ホームページで会社紹介の記事を読みまくって、**気になるポイントがあれば、どんどんメモしていこうと思います。**

GOOD！ それでは、**どんなポイントを特に意識して読むつもりかな？**

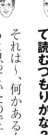

それは〜、何かあるんですか？ 読んでいるうちに見つかると思っていたのですが…。

企業は志望動機に何を求めているか？ 相手の立場を考えながら取り組むのが基本だよ。効率的に進めるためにも、このポイントを押さえることが大切なんだ。まず、会社代表者の「トップの考え方」。次に「事業・自社製品・独自サービスへのこだわり」。また、会社と社員のベストな関係・環境を目指して実施している「社内制度や施策」などだ。「繰り返し出てくるキーワード」「拡大文字のキーワード」にも注目しよう。

ちょっと実際に調べてみよう…。あっ、やっぱり知ってもらいたいことは目立つように記載してありますね。そうか！ 自分のESを自分のホームページと考えれば、**強調したい部分を太い文字で記述したり、下線を引いてみる**のも目立っていいですね。書き方の参考にするという意味でも、ＨＰや会社案内を読むのはプラスになりそうです。

ちゃっかりB君

岡先生、実はもう俺、志望動機書けちゃってるんです。読んでみてください！

それはすごい！

「社風が素晴らしいこと、これが御社を志望する第一の理由です。また、業績もよく、社員教育制度も充実していることも理由の一つです。私は、日本の人々に安全な食を提供していくことを、御社と二人三脚で頑張っていきたいです」

使い回せる志望動機
イラネ
ボクの
志望動機は…
A社
B社
C社
プイ
プイ
安全な
食を
提供したい

…ゴメンB君、もっと早くアドバイスしてあげれば良かったね。

え〜〜〜！　と、ということは…？？

うん、ほぼ0点なんだ。でもね、**会社に対する好感**を伝えること、また、**社風や業績、制度、入社して取り組みたいことを書く**というポイントは押さえられているから、その点は評価できるよ、気を落とさないでね。

いったい、この志望動機のどこがダメなんすかぁぁぁ？
俺、チョ〜、がっくりっすよ〜。

B君は食品業の会社に出す志望動機の準備をしたと思うのだけど、この内容では、すべての食品業の会社の志望動機として使い回せてしまうよね。これでは、この学生はあまり会社研究をしないで、**これと同じ志望動機を他社にもばら撒いているんだろうな**、という印象を持たれてしまうんだ。採用担当者は**自社にこだわりがある**から、自社をよく研究し、理解を深め、**自社だけに向けた志望動機を書いてくれた人に会いたい**と思っていることを忘れてはダメだよ。

なんていうか、まるで志望動機ってラブレターみたいなもんなんすね。

まさにその通り。１社に対して、一つの志望動機という気持ちで書こうね。だからこそ、会社ホームページの内容やキーワードを積極的に利用したほうがいいんだ。各社、別々の内容なのだから、その内容を利用すれば志望動機の内容は自然と差別化されたものになっていくよ。

解説は**次のページ**へ！

志望動機のネタはホームページにあり

vol.33のポイント！

★ 志望動機は考えるのではなく、読みながら書く ★

自己PRは自分を振り返りながら、「あの時、どう思ったかな?」など、考えながら作成するのに対し、**志望動機は会社ホームページの会社紹介記事を読みながら書くもの**です。ポイントやテキストの太字部分をメモしたり、プリントアウトして下線を引いたりしながら読む癖をつけましょう。

★ 採用担当者の気持ちを意識して読むポイント ★

採用担当者の気持ち	チェックポイント
会社方針に**共感・賛同してくれる人（＝ファン）**を求めている	事業・創業理念、社長の考え方、経営方針に関心を持とう
会社の**特徴に興味を持ってくれている人**を求めている	わが社の強み、自社開発製品、独自サービスの記事に関心を持とう
他社との違いに気が付いてくれている人を求めている	ユニークな社内制度、評価制度、教育体制に関心を持とう

まずは、これらのポイントを意識して読んでみましょう。**多くの企業がこれらのポイントを強調文字で表現しています**ので、すぐに見つかるはずです。

★ 入社して何がしたいか? ★

志望動機で最も重要なのは、**「入社して何がしたいか？」**を示すことです。**その会社だからこそできることを見出すために、志望会社の各事業部門の仕事内容やプロジェクト紹介記事をよく読み、**入社後の自分の姿を描けるようになりましょう。

こっそり 採用担当者の本音

わが社に賛同し、入社後の自分をイメージできている人をESの志望動機から読み取ろうとしている。説明会、ホームページに志望のヒントはちりばめてあるぞ！

実践就活講座

読み手のことを考え、書き方の工夫も行おう

会社・職種志望動機の作成ポイント

下の会社志望動機例を確認してください。この志望動機もｖｏｌ．32で作成した自己ＰＲと同様に、メモを組み合わせたものです。具体的には、「流通・金融・建設と幅広い分野の開発」「トップ企業の開発・だから先端的な仕事ができると感じた」「利益率が15％」などの**会社案内やホームページに記載されている情報の中で気になったものや、その情報を読んでの感想をメモし、組み合わせただけのものです**。下段の職種志望動機も同様に、「結果が明確に出る仕事」「コミュニケーションできる仕事」など、職種研究を通して知ったことをメモし、それに自己分析や他己分析を通してのメモ（自分の長所や父の言葉）を組み合わせたものです。つまり、自己分析や仕事研究がしっかり行われていれば、ＥＳは苦労しないで済む、ということです。

読みやすくするために書き方を工夫する

この会社・職種志望動機とｖｏｌ．32の「私の一番の強み」を比較してみましょう。会社・職種志望動機例のほうが読みやすい、分かりやすいと感じるはずです。それは、**適度な改行・箇条書き・下線・太文字・『』が用いられているからです**。

このように手書きＥＳの場合は、内容とは別に書き方を工夫するだけでも、企業にアピールすることができます。

会社志望動機例

私が御社を志望する理由は大きく5つあります。

1. 流通・金融・建設と幅広い分野の開発を行っている。
2. トップ企業の開発を多く手がけており、**先端的に開発に従事できる**。
3. 技術とプロジェクト管理の両面の教育を入社時から始めるのは御社だけ。
4. **売上高利益率が15%と高く、付加価値の高さがうかがえる。**
5. 事業理念である、貢献・共栄・創造に共感している。

私は、大学で養ってきたコミュニケーション力を、顧客との折衝で生かし、顧客のニーズを満たすことに全力を注ぎ、御社の名に恥じないSEと成長することをお約束します。

事業分野・顧客・特徴である業績指標に触れ、研究の深さをアピール。会社の制度や理念に触れ、会社への好感の高さをアピール。

職種志望動機例

私は営業を希望しています。営業を希望する理由は、

1. 実力主義で結果が明確に出る仕事
2. 多くの人とコミュニケーションできる仕事
3. 自分の企画や提案を活かせる仕事

と考えたからです。

また、自分に向いていると考えていることも、志望する大きな理由です。

私は、『人とコミュニケーションをすることが好き』です。こんな自分になれたのは「多くの人と知り合うことが人生の財産になる」と父から教わったからです。それ以来、大学・大学外のすべての活動で、人と積極的にコミュニケーションしてきました。また、アルバイト先でも、**お客様を待つのではなく、自分から積極的に声をお掛けしました**。その結果、初対面の人に話し掛け、そして打ちとけることが得意であると、自信を持って言えます。

職種志望動機と自己PRは密接な関係にあることを認識しよう。自己PRとは、ある意味、志望職種に向いている自分をアピールするためにあるといえるのだ。

就活コラム

就活にまつわるあの『噂』ってホント!?

就活中に学生の間で噂になる、気になる「あの話題」。ここでは、そんな噂話のウソ・ホントを解明します！　果たしてその真相とは…？

噂01　ネット上で批判されている会社は危険？

真相：出所が不確かな匿名等のネット情報は鵜呑みにできないものです。説明会、OB・OG訪問、懇談会、面接、これら社員と接触できるすべての機会を通して、自分が確認し、判断するという姿勢で臨んでください。

噂02　英語力がないと就職できないの？

真相：例えば、応募資格としてTOEIC750点以上、特定の部署の応募資格として海外在住経験1年以上等のハードルを設けている企業が存在するのも事実ですので、エントリー前に募集要項を必ず確認しましょう。応募資格が設けられている場合は、募集要項に必ず記されています。

噂03　体育会系は就職に有利ってホント？

真相：高い目標を達成するために、計画し、実践し、反省し、改善し、励ましあい、継続した。このような経験を持つのであれば、多くの会社が求める人材像とマッチするので有利です。サークル活動でも、同様の経験があれば、やはり有利です。就活を有利に導くのは所属ではなく、これらの経験をプレゼンする力です。自己分析を通して、自分の経験に伴う価値を余すことなく紹介できるように準備しましょう。

噂04　文系大学院への進学は就職に不利？

真相：プラス2年学んだ付加価値を語れるかがポイントです。加えて、その付加価値を活かせる職種に応募することも大切です。この二つを満たしていれば不利になることはありません。

噂05　就職したい会社を親に反対されたら、やめるべき？

真相：噂を越えた確度の高い情報をもとに反対しているのかどうかを確認しましょう。親の取引先や知人から得た情報であれば耳を傾ける価値があります。反対の理由が、知らない会社、新分野の事業でイメージできないといったことであれば、将来性や出会った社員の人柄等の会社研究結果をもとに説得しましょう。

Part. 05
面接対策編

面接に対する考え方、対応方法、注意するポイントを学び、
面接力をUPさせましょう

面接対策編
面接対策／基本を理解しよう

あなたは面接にどのようなイメージを持っていますか？
面接の本質やパターンを確認していきましょう。

きまじめA君

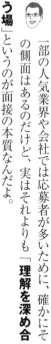

A君、面接にどんなイメージを持っている？

やはり、応募者をふるいにかける、ピリピリとした場といったイメージです。また、何か事務的にチェックが行われていきそうです。

一部の人気業界や会社では応募者が多いために、確かにその側面はあるのだけど、実はそれよりも「**理解を深め合う場**」というのが面接の本質なんだよ。

ちょっと、きれいごとのような…。

そうかな？　面接では**コミュニケーション（＝相互理解）能力が高い人が有利**って昔から言われているよね。

はい、よく聞きます…。では相互理解を深められる人って、

面接は相互理解の場！
一方的に合否を
決めつけられる場
ではないんだね
理解を深め
合いたい

どんな人なのですか？

相互理解を深めるスタイルはいくつもあって、例えば、「**聞き上手で相手の心を開くことが上手な人**」「**相手の心の機微を肌で感じることができる、親近感を持たれる人**」「**相手に分かりやすく話すことが得意で、相手の納得感を深められるから信頼を得られる人**」とさまざまなんだ。そして、このような人が相互理解の場である面接では合格することになるんだ。

では、そういう人が面接を受けると、面接の場はどうなるのですか？

面接官の顔はにこやかとなり、面接の雰囲気は和らいだものとなるんだ。そして、その応募者をもっと知りたいと考え、面接というよりは**面談（＝話し合う）という雰囲気**になるんだ。

でも、結局は落とされる人のほうが多いんですよね。

そうだね。でも、落とす前に面接官も応募者を理解しようとする努力を行っていて、そして面接官と応募者が**お互い**にコミュニケーション努力を行った結果、**合う人とそうでない**

人に分かれていくものと思ってほしいんだ。**何か一方的に合否を決めつけられる場ではない**ことだけは、知っておいてほしい。

ちゃっかりB君

では、面接に向かって具体的にどんな準備をすればいいんすか？

まず面接の種類を確認しよう。大きくは**集団面接と個人面接**の2つの形態があるんだ。いずれの場合も、質問を予想して準備することは大切だが、**答えを暗記して素早く思い出しながら話す、というイメージで臨むと失敗してしまう**。

これまで学校の試験では答えを暗記してきたのに、面接という試験では暗記してはいけないんですか？

ペーパーテストでは暗記したことを思い出そうとする間(ま)や姿勢・態度に違和感は伴わない。相手はペーパーだからね。しかし、面接の相手は紙ではなく人間だ。人間同士の会話においては、**暗記したことをそのままなぞって話す姿はとても違和感のあるものに映ってしまう**んだ。そんな違和感を持たれないためにも、質問に対して、思い浮かんだことをリズムよく答えていくイメージで臨もう。

本当に話したいこと、聞かせたいことを気持ちを込めて話す
暗記の答え
ググッ
シラー
チラッ
えーと…

でも、少しでもアピールになりそうなことを言おうとすると、やっぱり、その場で「もっと良い言葉はないかな？」と考えたり、思い出そうとしちゃわないっすかね〜。

自分の中で消化できていない借り物の言葉を使っても、面接官に突っこまれて苦しくなるだけだよ。自分が本当に思っていること、理解していることは、自然に浮かんでくるし、突っ込まれても対応できる。だからリズムよくコミュニケーションができ、良い雰囲気になるから、ますます会話がスムーズに進み、評価もUPしていくんだ。

結局のところ、**自分の身についているもので勝負**しなくちゃならないんすね。

だから、自己分析も仕事研究も、本当に自分の納得できるところまで、トコトンやっている人が受かるんだ！

そ、そういえば、俺の先輩たちの中でも、普段から自分の言葉でしっかりと話している人はすんなり内定獲得したみたいっす。やべ〜、岡先生から見て、俺の普段の言動ってどうっすかね〜？

ん、ん〜、ユニークさはあるよね…。

解説は次のページへ！

本当に理解していること・考えていることを話そう

vol.34のポイント!

★ 暗記の答えでは絶対にダメ ★

面接では質問に対して、瞬時に回答が浮かぶもので勝負しなくてはなりません。その場で、飾る言葉や取ってつけたような話を考えてもダメなのです。本音・本心ではない借り物の答えを述べようとした瞬間に、面接官はあなたの**声のトーンや目線の動き**などから見抜いてしまうのです。

★ 「面接」から「面談」に持ち込もう ★

質問され答える…その一問一答が続くのが面接とするならば、面接官があなたの話や雰囲気に興味を持ち、**「もっと話がしたい」と質問から派生して話が広がっていく**…これが面談です。面談という雰囲気に持ちこむための会話に必要なこと、それこそがあなたの本音・本心から生まれた本当に話したいこと、伝えたいことなのです。

★ 面接で最も見られるのは“目” ★

会話において目が合いにくい人とは話が盛り上がらないという経験をしたことがある人は多いのでは?　裏を返せば、より良いコミュニケーションが成立する人とは、目が自然と合うのです。コミュニケーション能力の判定において、面接官は、このアイコンタクトの有無を重視しています。面接官との会話では必ず相手の目を見て話すことを心掛けると同時に、普段のコミュニケーションでも相手と目を合わせて話す感覚を磨いておきましょう。

こっそり採用担当者の本音

言葉の内容よりも、伝わってくるものを重視している。だから面と向かっているのだ!　目をそらさず、気持ちを込めて話をしてほしい。カメラを介するWeb面接では更に大切だ。

実践 就活講座

勇気を持って捨て面接を作ってみよう

自分をどうイメージさせたい？

面接は、面接官に質問されるもの、合否は決められるもの…と考えているならば、少し違います。「**合否は、あなたが決めさせている**」と認識しましょう。

なぜなら、面接官は優秀な人と思わされたから合格と判断し、もの足りないと思わされたから不合格と判断しているだけなのです。いくら面接官といえども、あなたの心の底は見抜けません。**あなたに教えてもらわなければ分からないのです**。

つまり、「自分をこう思わせたい！」とイメージを持って語り、振る舞い、そして、**イメージさせることに成功すれば、**合格確率は間違いなく高まるのです。

面接官の食い付きを感じ取る

面接では、面接官の満足度を高める話をする必要があるのですが、では、満足度の高い内容とは？　これは分かりません。

従って、最初に準備したPR話に**面接官が食い付かなければ、別の話題に切り替える、という機転も必要になります**。

ただし、この機転勝負という難しい勝負を行う前に、**あなたのネタで面接官の食い付きの良いものを調査しましょう**。

やや乱暴な表現ですが、最初の3回程度の面接は**捨て面接と割り切り、**いろいろとPRネタを小出しにしてみるくらいの勇気も必要です。そして、「あ～俺のネタの中では、このエピソードが一番だな」とつかめるものがあれば大成功なのです！

個人面接

一人で受けることを怖がるのではなく、自分一人だけを見てもらえる貴重な機会と考えよう。

集団面接

初期の集団面接は面接スキル向上の場と考え、面接官や他の学生を観察しよう。

面接対策編

面接対策／集団面接（グループ面接）編

最初の関門となることの多い、集団面接に対する理解を深めていきましょう。

きまじめA君

集団面接を受けることになりました。何かアドバイスをお願いします。

集団面接とは、例えば面接官２人対学生５人、時間は約30分という形式で行われたりするんだ。面接官１～２人対学生１人の個人面接に比べて、どんなイメージを持つかな？

１つの質問を学生が順番に答えていくシーンが浮かびますので、流れ作業的な面接というイメージです。

そうだね。単純に30分を５人で割れば、１人当たりの持ち時間は６分という計算になる。例えば３つの質問が予定されているとしたら、１つの質問に対する受け答え時間は２分ということになるね。ここからイメージできることは？

テキパキ対応、結論先行、言いたいことを簡潔に明確に答えることが大事だと思います。ゼミの発表で教授に質問を振られた時、**モジモジ**している人や**ポイントがとらえにくい回答の人**がいますが、そんな対応だとかなり**マイナス印象**になると感じます。

「印象」は集団面接ではものすごく重要なんだ。例えば、**リズム良く**回答を始められるか？　自信が声や表情に表れているか？　ボディーランゲージを加えた**表現力**があるか？　など、**他の学生と比較しやすい面接形式**なだけに、印象の差が合否に大きく影響するんだ。

全部を完璧に行える自信はないな～。もしも一点だけ気を付けるとしたら…？

とにかく**質問を振られた瞬間に「はい」と凛々（りり）しく返答**することだ。そのためには、声をはっきり出せるように、常に**背筋を伸ばして**いなくてはならない。また、常に頭をフル回転させておき、**面接官の次の質問を想定**しながら待つ意識も必要だ。では、返事の練習だ！　A君！

…は、はい～。

そんな恥ずかしそうな返事じゃダメだ！…A君！

はいっ！

それだ！ 決して返事を軽く考えないように！ **その後に続く言葉すべてに影響を及ぼす**からね！

ちゃっかりB君

ところで集団面接では、どんな質問をされるんすか？

自己PR、志望動機、関心を持っている最近の出来事など、定番の質問が多いね。

岡先生が採用担当者だったら、どんな質問をするんすか？

まず、応募者の緊張をほぐすためにも、最も答えやすいと思われる自己PR関連の質問を行い、次に志望動機確認のとっかかりとして**「現在はどんな業種に関心を持って就活を行っているか？」**を質問するね。

自己PRでは、どのくらいのことを言えばいいんすかね〜？

単に「自己PRをどうぞ」という質問であれば、例えば「はい、私の長所は積極的なところです。この積極性を発揮したのはアルバイト（大学生活で頑張ったシーン）です」と答え始めよう。この時、**この一言程度の回答で終わってしまう人がいるが、それではNGだ**！ この後に、**「こんなことがあり、こう成長ができましたとか、目標を達成できました」と、1分程度**は頑張ってアピールしてみよう。（準備段階では2分の自己PRを練習し、本番ではその半分くらい話せれば良い、というイメージで臨もう）

「やりたいことが絞れ込みつつあります的な回答」ができるか？ がポイントっす！
興味を持ったことを整理しておこう！

1分でいいんすか？ ちょっと気が楽になったっす。

ただし、次の「現在はどんな業種に関心を持って就活を行っているか？」のほうが大切だ。なぜなら、企業は志望が明確なことを重視しているからね。志望企業の属する業種の研究が進んでいることと、どんな点に興味や魅力を感じているかを、具体的に回答しよう。

ちょっと練習がてら、質問してほしいっす。（…最初は自己PRで、すぐに返事、そして…）

では、今朝の新聞で興味を持ったのは？

え、え〜…自己PRじゃないんすか？

ふふふ…、**なんでもありなのが面接なんだよ。**

解説は**次のページ**へ！

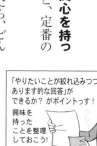

集団面接は面接力UPの絶好の機会

vol.35の
ポイント!

★ 習うより慣れよ! ★

面接の場…そこは独特の雰囲気があります。しかし、慣れてしまえば「面接ってこんなものね」と思えるようになるもの（就活を終えた先輩たちからそういった話をよく聞きます）。ある意味、5、6分（短い時間）頑張れば良い集団面接は、面接に慣れるための第一歩として最高の機会と言えるでしょう。場慣れするためにも積極的に受験しましょう。

★ とにかく「はい」&「オウム返し」 ★

あらゆる面接において最悪なのは、無反応・無声の時間が長く続くことです。そこで、まず質問を受けた際には、**「はい」と条件反射的に返事することを心掛けてください**。そして、返答に困った際には「はい、自己PRですね。私の長所は…」というように、**質問をオウム返しにする**と回答の出だしを選ぶ時間を稼げますので実行してみてください。

★ 「どの業種に興味があるか?」の回答練習を ★

どんなに優秀であっても、**その会社が属する業種に関心の薄い学生は採用されません**。企業は「志望」を重視しているのです。そのため、自己PR以上に回答を練っておく必要があります。合同企業説明会などに積極的に参加し活動していること、その活動の中で**業種に関心を深めていることを語れるように準備しておきましょう**。

こっそり…採用担当者の本音

自分の回答の番が終わった後、ホッとして姿勢や表情がだらけてしまっている人がいる！　面接官は回答している時以外にも面接者の様子を細かくチェックしていることを覚えておいてほしい。

実践 就活講座

最初の質問を想定しておくだけでも違う

提出したESで質問を想定しよう

面接官には、2つのパターンがあります。

1.「自己PR」や「学生時代に頑張ったこと」という基本的な質問から入り、話の流れの中で質問を展開していくタイプ。

2.ESや履歴書を事前に読み、例えば「サークルで経理を担当していたそうだけど、部費の回収って、そんなに大変なの?」と、あらかじめ質問したいポイントを絞っておいて、そこから質問を展開していくタイプ。

面接前日の準備では、「2」のタイプへの対応をイメージしながら、その会社に提出したESや履歴書を改めて確認し、「ここを質問されたら、こう答えよう」と、想定した準備を行いましょう。

自己PRや志望動機に対してだけでなく、**「専攻」「論文」「語学スキル」「特技」など、すべての項目に対し、**「こう答えよう」というイメージを持っておくことが大切です。

面接前に1時間の余裕を持つ

最寄り駅到着は面接時間の1時間前を基本として行動しましょう。万が一、遅刻する場合は、**その時点で連絡し、指示に従いましょう。**

もしも、ギリギリ間に合いそうなタイミングでも連絡しておくこと。間に合うかどうかとドキドキしながら、たとえ滑り込みセーフでも、気持ちが落ち着かないからです。逆に連絡を入れた上で間に合えば、しっかりとした対応ができる人との評価を得られる可能性があります。

ちなみに、「道に迷ったおばあさんがいたので、放っておけず交番へ案内していて遅れました」程度の言い訳は、「この辺りには道に迷った高齢者がいっぱいいますからね～」と切り返されたりしてアウトなので(実話)、遅刻した時は、潔く謝罪しよう。

サークルで経理を担当していたそうだけど部費の回収ってそんなに大変なの?
エントリーシート

面接対策編

面接対策／集団面接実況編

集団面接がどのようにして行われるのか、気になりますよね。そこで、2人が受けている集団面接の現場を覗いてみましょう。

きまじめA君

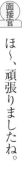

面接官　それでは大学生活で一番頑張ったことを教えてください。では、Aさんからお願いします。

はい。私が大学生活で一番頑張ったことは勉強です。理由は、家族から高い学費を出してもらっている以上、勉強に力を入れねば！　と考えているからです。すべての授業を無遅刻・無欠席・一番前の席で受講しました。

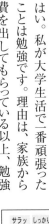

面接官　ほ〜、頑張りましたね。

…。

（A君！　ほめていただいたのに、ニコッともしないとロボットみたいだぞ…）

面接官　（A君はまじめそうだが、コミュニケーション力がちょっと欠けるかもしれないな…）では、Dさんはいかがですか？

D　はい、**私はサークル、ボランティア、アルバイト、もちろん勉強にも力を入れてきましたが、特に胸を張って頑張ったと言えるのは、**海外をバックパック一つで旅行したことです。入学以来、6カ国を旅し…（こんなこと・あんなこと…そして成長できたのは…）

（最初の入り方がうまい！　また、2分程度の充実したPRも満点！）

面接官　充実した学生生活ですね。

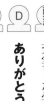

D　**ありがとうございます（にこっ）**。

面接官　ではEさん、お願いします。

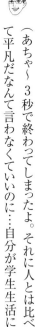

E　（な、なんで、こんなインパクトのある奴が俺の前なんだよ〜終わった…）…私は平凡なのですが、アルバイトです。

（あちゃ〜　3秒で終わってしまったよ。それに人とは比べて平凡だなんて言わなくていいのに…自分が学生生活に意味を見出していれば、それでいいんだってば〜）

ちゃっかりB君

面接官　ではBさん、自己PRをどうぞ。

はい、自己PRですね。私の長所は積極性でして、それを特に発揮したのはアルバイトです。アルバイトの初日は、緊張からぐったりでしたが、持ち前の積極性で頑張り続け、今はリーダーを任されるまでに成長できました。

面接官　なるほど（ちょっと軽いのが気になるが、人柄は明るくて良さそうだ）。では、次の質問です。現在は、どんな業種に興味を持っていますか？　C子さん。

はい。私が興味を持っている業種は、X・Y・Zの3業種です。この**3つに共通する私なりのキーワード**は「モノではなく人が主役の仕事」です。今後は会社研究を進めながら、**この中から第一志望業種を絞り込みたい**と思います。

面接官　（しっかりとした展望が持てているな。C子さんは期待できる！）では、**順番を変えて**Bさん、君はどうかな？

へっ？　俺の番じゃないっすよ…？

（わざとなんだ！　気を抜いちゃダメだ！）

面接官　（ニコニコしながら）それでは考えておいてね。では、Fさん。

（うわ〜、このニコニコは嘘ニコニコだ〜）

F　はい。私が興味を持っているのは…。

面接官　では、次の質問です。**最近の時事ニュース**で興味を持っていることは？　C子さん、どうぞ。

（あっ、さっきの質問をふってもらえなかった…。終わった…）

はい。やはり**今朝の新聞にもありましたが、**世界景気の動向が気になります…。（**手振りを加えながら語る**C子さん）

（C子さん、やるな！　アピール成功だ！）

面接官　ではFさんは？

F　（モジモジしながら）と、**隣の方と一緒です。**

（うわっ、これは最悪の回答だ〜）

面接官　B君はどうですか？

はい。**先ほどはすみませんでした！**

（えらい、ミスを素直に謝罪する。これは評価高いぞ！）

私が関心があるのはサッカーの日本代表が…。

（これじゃ、スポーツ面しか読んでない印象だぁ…）

解説は**次のページ**へ！

集団面接では 1秒も気を抜くな!

vol.36のポイント!

★ 席順とは限らない ★

質問が席順に行われるなんてルールはありません。また、突如、質問が変わることもあれば、**他の学生の回答に対するコメントを求められることも**。更に、回答していない人の姿勢や集中度合いを視界の端で観察しているのが面接官。常に、次は自分という意識で臨みましょう。

★ 「ありがとうございます」&「すみません」 ★

もちろん、質問に対して内容の濃い回答を行うことが大切ですが、質問と回答以外のコミュニケーションシーンでも、しっかりと対応することが大切です。**ほめられた時は「ありがとうございます（自然な笑顔）」、何かミスをしてしまった時は「すみません（神妙な表情）」**。つまり場に応じた柔軟なコミュニケーションができるかどうかも問われているのです。

★ 他の学生がお手本であり反面教師 ★

集団面接から得られる最大の財産は、他の学生の回答や声、姿勢を確認できることです。自分と同じ就活生がどのようなレベルにあるのかを実感し、次への糧としましょう。素晴らしいと感じた学生の回答内容の切り口やボリュームを見習い、**自分の回答を作り直し、次の面接で生かすことも一つの方法です**。

こっそり…採用担当者の本音

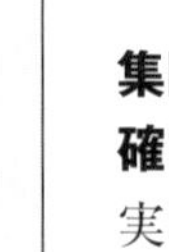

自分の回答への面接官の反応を感じ取れる人にはコミュニケーション力の高さを感じる。良い反応が得られたと感じた時は、さらに話を続けてみよう。

実践 就活講座

不合格面接でも収穫できるものがある

面接が上手な学生をまねしよう

vol.34でも説明したように、最初の3回程度の面接は「捨て面接」でも構わないのです。

すべての面接に合格しようとして萎縮し、結局「何も試せなかった」という面接を繰り返すことが最悪です。

そこで、集団面接の機会を**自分よりもアピール上手な人＝自分がまねできるモデルを見つける場とも位置付けてみましょう**。

そして、その人の質問から回答に移る**間**（ま）、話す**リズム**、**声の張り**、**ボディーランゲージ**、**ネタの切り口・展開**などを参考にして、次の面接で、どんどん実践してみましょう。

特に集団面接は回答する学生が複数いるだけに、面接官がどんなネタに興味を持つのかというサンプル調査の場としても絶好の機会なのです。

まるまるコピーは自滅する

集団面接で同席した優秀と感じる学生のネタを「これはいい」とそのままコピーするのは大問題です。

理由は、コピーした自己PRを話せても、その自己PRを掘り下げる目的で行われる面接官からの突っ込みに対応できないからです。

ネタのコピーとは、切り口や展開をまねることであり、**内容は自分のネタに置き換えていきましょう**。

自己PRを録画してみよう

選考の一環として「1分間自己PR」を録画送信させる企業もあります。そこで、その選考を受験するつもりで、スマホ等のカメラに向かって自己PRしたものを録画し、確認してみましょう。表情が硬いこと、その硬い表情の眼には輝きが無いことなど、気づきを得られます。画面に映る自分に笑顔と元気さが感じられるまで、何度も繰り返してみましょう。

優秀な人の切り口や話し方を
自分にも取り入れよう

面接対策編

面接対策／個人面接編

個人面接ではじっくりと掘り下げて人物像を見られるだけに、就活生としての総合的な対応力が必要になります。

きまじめA君

次の段階の個人面接に進めました！　今度は、僕１人なんですよね。ドキドキします。

集団面接との大きな違いは、言うまでもなく「１人で受ける」ということだ。必然的に話す時間が長くなるわけだから、話したい内容をたっぷり用意して臨まなくてはならない。会社にもよるが、一般的には30分程度の時間が設けられているからね。

集団面接以上に気を付けることは何でしょうか？

質問に対する直接的な結論やエピソードだけでなく、**回答を積極的に膨らませていく**ことだ。

膨らませる？

膨らませる！
大学では勉強に力を入れてきました。4年間無遅刻です！
ぷく～
同じようにアルバイトも無遅刻です！

力を入れたことを質問されたら、A君の場合だと大学での様子について語るよね。例えば、無遅刻であるとか、レポートに力を入れているとか。この時、この学業ネタの話だけで終わらせるのではなく、アルバイトにも無遅刻・無断欠勤はないとか、勉強とアルバイトを両立させるために、計画的な生活を心掛けていることへと話を膨らませるんだ。

うまく膨らませられるでしょうか…？

「同じように」「同じくらい」という一言を使って、話をつなげてみよう。

「同じようにアルバイトも無遅刻です。アルバイトでは…」なるほど～。

あとは「もう一つ」とかね。長所について、「もう一つ」を使ってアピールしてごらん。

「私の長所は几帳面さです。この几帳面さを発揮したのは…。もう一つの長所は…」確かに、膨らませるのって意外と簡単ですね。

これは、才能ではなく**慣れの問題**だ。意識して練習しておけば、必ずできるようになる。また、膨らませることによって、自己分析で自分を整理したことについて隅から隅まで活用できるようになるから、より充実した自己PRが可能になるんだ。

ということは、「膨らませる」は、合格のための一つの決め手ということですね。練習してマスターしてみせます！

ちゃっかりB君

今の時点で、面接での受け答えを流暢（りゅうちょう）に、上手に話せるC子さんみたいな人がいるんすけど、俺はダメだ～。集団面接でさえアップアップ、かみまくりな俺が、30分も面接官と上手に話すなんて、とても想像できないっす…。

「流暢に」「上手に」話すことを目指すのは止めよう。話す時は、かんでOK、突っかえてOKだ！

でも、変な間（ま）はダメって…。

それは、あくまで回答開始時の間のことだ。「はい」という返事くらいは誰でもできるのに、そこに妙な間があると違和感を感じるのであって、**話している途中での、ちょっと考える時間くらいは普通のことだから違和感は感じないよ**。同様に、長く話せば誰でもかむことはあるし、言い間違えたり、突っかえたりすることもあるのが普通だ。

つっかえても、つっかえても頑張って話す！
ツギハギ話法
あー
アルバイトを始めた動機は…
えー
社会勉強のためです…

じゃあ、突っかえても、話し続けていいってことっすか？

突っかえても、頑張ってたくさん話す努力をしている人は、流暢な人よりも一生懸命さが伝わってくるぞ！　そういう人柄に好感を持つ面接官だってたくさんいるんだ。自信がない人は**「ツギハギ話法」**で頑張ってみよう。例えば、「アルバイトを始めた動機は、**え～、**社会勉強のためです。このアルバイトで一番成長できたのは、お客様とのコミュニケーションです。**あ、あと、**仕事の段取りも良くなりました。**あっ、忘れてましたが、**旅行資金を自分で貯めるというのも動機の一つです」というように。

なるほど～。普段、みんな「あ」とか「え」って使ってるし、言い間違えて訂正することもあるし～。いいんですよね、引っかかって。アナウンサーじゃないんすからね。

流暢さよりも、「ツギハギ話法」で**語尾までハッキリ話すこと**を心掛けよう。語尾が弱々しくなる人は、何か頼りにならない、芯の弱い印象となってしまうからね。

わかり**ました！**　頑張り**ます！**

解説は次のページへ！

整理した自分ネタを十分に使うことをイメージする

★ 話法1「膨らませる」 ★

自己分析を通して、膨大な自分のネタを整理したにもかかわらず、面接で使ったのはほんの一部。これが落ちる人の典型的パターンです。逆に、**合格する人は自分の使いたい自己PRネタをたくさん使っている**のです。この「膨らませる」意識を大切にしましょう。

★ 話法2「ツギハギ」 ★

話の内容を膨らませれば膨らませるほど、話の展開は変わってきますので、原稿を用意されたアナウンサーのように流暢に話すことは不可能です。個人面接では、引っかかっても、途中で考える間を取っても、言い直すことになっても大丈夫。**最初から「あと…」や「言い直します」**という言葉を使うつもりで臨みましょう。慣れてくれば、使う頻度も自然に減ります。

★ 話法3「語尾をしっかり」 ★

どのような話し方をしようとも、語尾がはっきりと聞こえないと、聞き取りにくいだけでなく、話の内容も理解しにくく、頼りない印象となります。同じ内容でも、**語尾の力強さ一つで、全く違った印象となるのが面接**です。語尾の発音には、特に意識しましょう。

こっそり採用担当者の本音

あなたが話を膨らませるから、話題が豊富な人との印象を受ける！　あなたが膨らませなければ、乏しい印象に。Webであれ対面であれ、個人面接では面接官ではなく、あなたがペースを作るのだ！

実践 就活講座

一言・一動作でプラス評価を積み上げよう

魔法の言葉『ありがとうございます』

初対面の人とのコミュニケーションのコツは**「好感」を持たせる意識を持つ**ことです。最も簡単な方法は、「ありがとうございます」です。こう言われて、嫌な気持ちになる人は滅多にいないからです。

例えば、2次面接の最初に「はじめまして。1次面接を合格させて頂き、ありがとうございます。○○大学の、山田太郎と申します。よろしくお願い致します」。

ほかには、「どうぞ、お掛けください」「はい。ありがとうございます。失礼いたします」。

「これで面接は終了です」「ありがとうございました。よろしくお願い致します」というように。

もちろん、受付でも、エレベーターでも「ありがとうございます」を言って損することはありません。

提出書類の渡し方も選考材料

提出書類がある場合は、控え室での待機中に、**鞄から出し、相手に向けてさっと渡せるよう、机の上に揃えておきましょう**。（書類の上にお茶をこぼしたりしないように気をつけよう）

例えば、「卒業見込み証明書などの提出をご依頼しているかと思いますが…」と言われてから、鞄の中をガサゴソ探し、引っ張り出すようでは、「仕事の段取り悪そう」という印象を与え、マイナス1点です。（全て採用担当者に報告がいきます）

このように、すべてのシーンが選考シーンと捉えて、控え室には誰もいないからといって、他社の資料を読んだり、携帯電話で話したり、メールチェックをしてはいけません。（携帯電話は、社屋に入る前に電源を切りましょう。マナーモードでもダメです）

○○大学の
山田太郎です
1次面接を合格させて頂き
ありがとうございます

面接対策編
面接対策／圧迫面接編

合格を目指す必要のない圧迫面接、不意をつかれると就活の調子を崩されかねないため対策を練ろう。

きまじめA君

面接の受け答えは流暢でなくても良いと聞き、少し安心しました。

実は、通常の面接に比べて何倍も大変というか嫌な面接があってね…

え、え～？　胃がチクチクしてきました…。

大丈夫。事前に知っていれば対応できるようになれる。ということで、**圧迫面接**に挑戦してみよう！

あ、あっぱく??　何か苦しそうな…。

百聞は一見にしかずだ。早速、圧迫面接を始めるぞ。ではA君、君の強みと言えるものは何ですか？

はい、私の強みは粘り強さです。また、計画を立て、期日をしっかりと意識しながら取り組む姿勢も強みといえます。その強みを一番発揮したのは、試験やレポート対策です。

レポートのA評価って仕事ではあまり役に立たないんじゃないの？
いえ！そんなことはありません！
働いたことのない君がなぜ分かる？
ムッ!!

でも、試験やレポートに対して計画を立て、期日を守るなんて、**大学生なら当たり前なんじゃないの。**

いえ、私は他の学生よりも中身の充実したものを作成しようと努力しておりましたので、人一倍、綿密な計画を立てていまして、その結果、評価はほとんどAでした。

A評価と言ったって君ぃ、就職するんだろう？　学者になるわけじゃないんだから、学校での**成績なんてあまり仕事では役に立たないんじゃないの？**

そ、そんなことありません。

君、働いたことあるの？　ないよねぇ。ないのになぜ、そんなことないって分かるの？　**（嫌味たっぷりな岡先生）**

う、うううう…。

どう？　**連続で否定されると辛いだろう。**

ど、どう答えていいか、頭が真っ白になって、こんな面接をする会社は落ちてもいいや、と思いました。

その気持ちはよく理解できるよ。しかし、もしも、この威圧的な相手が100億円の商談の相手だとしたら？

…怒って、席を立つわけにはいかないですね…。

と、思ってしまうのが、A君やまじめな就活生なんだ。でも、どうだろう？ こんな相手と気持ちよくビジネスを続けられるかい？ トラブル頻発の予感しかないよね。つまり、**信頼や共感を感じられない面接は不合格でよい。これを明確な方針としよう。**

ちゃっかりB君

俺的にもけっこうやばいっす。圧迫されたら半泣きになりそうっす…。いったい、どう対応すればいいんすか？

基本的には場の雰囲気を読みながら、という対応なのだが…。そうだ、B君は接客経験の中で、勘違いされて怒っているお客様に対応した経験があると思うのだけど、その時、**お客様のミスを指摘し、間違いを認めさせ、謝罪させたいかい？**

まさか！ 後で冷静になって気付いていただけることを期待して、まずは謝罪するっす！ そして**お話をよく聞くっす**。こちらが勘違いではと感じても、相手にとっては、そうでない場合もありますから〜。

うん。そのB君の心は人間として相手よりも器の大きな受容の心がもてていて立派だ。そのうえで、A君の例では、「はい。ご指摘の通りかもしれませんね。今のお言葉を肝に銘じておきます」と。

あっ、丁寧に感謝する言葉を使って受け流すのですね。共感のできない相手に抵抗しても泥沼にはまるだけだし、面接も早く終わらすことができそうです。

怒ってるお客様に対して理不尽に思えてもまず謝罪し丁寧に話をうかがう
接客のバイトと同じ感じだね！

岡先生、試しに俺にも面接練習してほしいっす。

よしきた！ それでは今朝の新聞で関心を持った記事は？

す、すみません（まず謝罪っと）。今朝は忙しくて読む暇がありませんでした。

読んでないのか…。

おっ、圧迫すね〜

い、いや、ここはまだ圧迫じゃないから…。

解説は次のページへ！

vol.38のポイント!

圧迫には面接官の善意を信じて対応しよう

★ 共感できない面接官には心の中でNO ★

入社してしまうと面接官は直属の上司になるかもしれません。圧迫的な対応を疑問に感じない社員を面接官に選ぶということは、社風そのものが圧迫的なのかもしれません。会社は人なり。面接官も会社を判断する大きな材料です。「信頼・共感できる、できない」というあなたの直感を大切にしましょう。あなたの就活なのだから。

★ 対抗しない、受け流す ★

圧迫面接が始まった時、「おやっ、今までの面接と様子が違うな…あっ、これが圧迫だ。ついにキタ!」と感じるでしょう。その時は、「面接官に対抗しない・受け流す」を意識しましょう。しかし、時には、対抗したくなることも。その場合は、「考えが足りませんでした」「勉強になります」と心の余裕をもって頭を下げられることで対抗しましょう。

★ 圧迫面接に遭遇するメリット ★

頑張ろうという気持ちで臨んだ面接が圧迫だったならば、終了後には徒労感しか残りません。貴重な時間を費やしたのですからメリットも見出したいですね。実は圧迫面接のおかげで、「耳を傾けてくれる、アピールしたいことを引き出してくれる」面接官に、何倍も感謝の気持ちをもてるようになっています。感謝の気持ちで臨む面接では力を発揮しやすくなります。

こっそり採用担当者の本音

圧迫面接に遭遇した不運にめげず、「そんな否定の仕方もあるのならば、こんなアピールで封じてしまおう」と糧にできる人材に期待するぞ。

実践 就活講座

圧迫・プレゼン面接対応ポイント

圧迫と掘り下げ質問の違い

「こういう状況に陥った時、私はこう行動しました」というあなたの回答に対して、「そう行動するべきと判断した理由は?」「別の行動の仕方もあったのでは? 今ならば、どのような行動もとりえると思いますか?」と畳みかけてくる面接官。あの時の私の行動が否定された感じるかもしれません。

「なぜ、この講座の成績は悪いのですか?」と、あなたが質問されたくないネタを選ぶ面接官に対して意地が悪いな、と感じるかもしれません。

しかし、前者は掘り下げ質問であり、現時点の成長したあなたの考えを引き出してくれる質問です、後者は苦手に対する意識を確認する通常の質問です。早計に圧迫と判断しないことも必要です。

プレゼンテーション面接とは?

難易度の高い面接形式として、プレゼンテーション面接もあげられます。形式は、「自己PR」「研究内容」「この会社で取り組みたいこと」などのテーマが与えられ、指定された時間内で自由にプレゼンを行うものです。

質疑応答形式の面接に比較して、より組み立て能力、論理性、説得力、考察力が必要になるため、能力審査の一環として取り入れる企業が多くなってきています。

プレゼン面接では無理にでも関連性を強調すべきか?

例えば、「研究内容」をプレゼンテーションするという課題に対し、その研究内容が志望職種と関連性が薄い場合は、無理にでも関連性があるような内容にするべきなのでしょうか?

この場合、無理な関連付けは避けたほうが良いでしょう。

無理に関連付けようとすると、内容の論理性が損なわれ、プレゼン全体が統一性のないものになってしまいます。その結果、思考力・考察力の評価も下がってしまいます。

プレゼン面接で目指すことは、与えられた時間の中で、いかに納得度や説得力の伴ったプレゼンを行うかですので、「研究の目標・その目標実現のために行われている実験内容、現時点での成果、その成果を踏まえての自分なりの考察」を素直に展開したほうが良いでしょう。

また、準備期間がとれる場合は、ホワイトボードやパワーポイントが使用できるかを確認し、視覚にも訴えるプレゼンを行ってみましょう。

内定 出る人 出ない人 vol.39

面接対策編

面接対策／グループディスカッション編

近年、面接形式の選考にもの足りなさを感じる企業を中心に増えているグループディスカッション。この選考形式への理解を深め、対策を考えましょう。

きまじめA君

次回は**グループディスカッション（以降GD）**なので、何かアドバイスをいただけませんか？

アドバイスをする前にA君に質問だ。就活ではコミュニケーション能力が大切だと言われるが、その審査が面接中心であることに、どんな感想を持っている？

正直言って、プレゼン能力や仕事、会社への意識は審査できても、本当の意味でのコミュニケーション能力は審査できているのかな〜って疑問を感じる部分もあります。

まさにA君と同じ疑問を抱いている企業が選考に導入しているのがGDなんだ。基本的な形式は、6人前後の

人事のチェックポイントだ！
どんな人とも
チーム運営を成立
させることが

学生がグループを組み、ある課題について**30〜45分間**、ディスカッションを行い、最後に**チームで導き出した結論を発表**。**その過程を採用担当者はチェック**し、合否を判断するんだ。

メンバーによっては当たり・外れがありそう…。

でもビジネスでは、仲間やお客様の当たり・外れなんて選べないからね。

なるほど〜。**相手を選ばず、建設的なコミュニケーションを成立させる努力が必要**なんですね。

加えて、**ディスカッション力・柔軟性・一般常識・論理的思考・考察力**とさまざまなものが必要だから、面接以上に、総合的な能力が必要な選考と言えるね。

例えば、どんな課題が出されるんですか？

「良い会社とは？」「仕事と趣味の違い」「新製品の広告作成」「4年に一度の世界的イベントの企画」などさまざまで、どんな課題になるかは予想がつかないな。

出たとこ勝負ですね。では、何か一つだけ、やっておいたら良いことを教えてください。

それなら、合コンで短時間で**皆と仲良くなる、**だね。見知らぬ人とのコミュニケーション力が**GDの鍵**なんだ。

ちゃっかりB君

お〜、それなら俺、バッチリっす〜。

では質問だ！ 合コンが30分限定だとしたら、まず、どう行動する？

個人ではなく
チームが評価される
ことが大事なんだ！
いや俺が
私が
ボクは？
俺が
TEAM

そうっすね〜、やはり**簡潔な自己紹介**が大事っすね。それと場の雰囲気を盛り上げるためにも**明るく元気に挨拶を交わし合う**ことを意識するっす。

もしもだよ、他のメンバーがB君と違ってノリ良く話ができないタイプで、いまいち盛り上がらない場合はどうする？

あっ、それなら俺の持ち前の明るさで**ムードメーカー役**として場をフォローします！

GOOD！ **集団における自分の役割をちゃんと理解できている**ね。これはGDでの評価ポイントでもあるからきっちり意識したいね。では、他にはどんな役割が必要かな？

進行係です。また、全員が**参加者という役割を自覚**する必要があるっす！ 時々、隅のほうで沈んじゃって存在の希薄な人がいるんすよね。

では、目立つほうがいいわけだね。

違うっす！ **お互いへの配慮と調和意識**が欲しいっすね。たまに独走して浮いちゃう人がいるんです。リキ入る気持ちは分かるんすけど、みんなの合コンなんすから。

今日のB君はさえてる。では、次はしっかりとGDを意識してみよう。もしも、**意見が対立する人がいたら？**

そりゃあ、採用担当の人がチェックしているので、絶対に言い負かしてやりますよ！

そこがよく勘違いされる点だ。GDでは、**個人ではなくチームが評価される**という意識を持とう。つまり、**個人の意見の優劣ではなく、みんなで、よりよい考えや結論を導き出そうとする協力意識が評価されるんだ！** では最後に、もしもグループの意見が真っ二つに割れてまとまらなかったら？

それ簡単っす。多数決でキメルッス。

ブブー。GDでは**多数決不可とルール設定される場合も多いんだ**。よって、最終的には**合意に至ろうとの意識を全員が持って**頑張ってほしいんだ。これは覚えておこうね。

解説は**次のページ**へ！

運命共同体であることを意識し良きチーム作りを目指そう

★ 課題を時間内で確実に終わらせよう ★

GDは短い時間の中で、いかにディスカッションをスムーズに進行し、かつ深めていくかがポイントです。また、ついついGDが活発になると時間を忘れてしまうことも。落とし穴と言えますので、**時間内に、与えられた課題をきっちり終わらせることを意識しましょう**。そのためにも「進行・時間管理・書記」の3つの係を決めておくことが大切です。

★ 謙虚&尊重 ★

積極的に発言することは大切です。しかし、**あなたのオンステージではありません**。全員が対等の立場で、気持ち良く参加できるGDが最高のGDと言えます。**チーム内で競うのではなく、他のチームと競う意識で取り組みましょう**。そのためには、**謙虚さと尊重の気持ち**を忘れず、**相手を批判しないことが大切です。**

★ アイコンタクト ★

GDでもアイコンタクトが大切です。うつむいてテーブルを見つめるのではなく、**互いにアイコンタクトを意識して交わし**ながら、意見だけでなく、**ハートの交流**もはかりましょう。この結果、GDを通して**素晴らしいチームが誕生**します。企業が高く評価するのは、**よりよいチーム作りを短い時間の中で行えるグループ**です。

こっそり…採用担当者の本音

自分一人の力よりも、みんなの力。この力を活用できる人が会社には必要だ！　また、合否はグループ単位で決めるのが基本になっているぞ。

実践 就活講座

グループディスカッション（ＧＤ）を攻略しよう

ＧＤ必勝ポイント

・時間厳守。ＧＤは井戸端会議ではない。採用担当者の指定した時間内に結論を出すためにも、時間配分が大切。
・全員が居心地よく意見を交換できる雰囲気を作る。
・お互いにアイコンタクトし、声を掛け合うことを忘れない。
・メンバーは運命共同体。合格、不合格はグループ単位で行われることを認識する。

このようなポイントを押さえたＧＤを進行するために、ＧＤでは役割分担を行う必要があります。

ＧＤ必須役割

・進行係

複数の人間が短い時間の中で、効率的に整然とディスカッションを進行させるために必要な役割。仕切り役ではなく、メンバーが発言しやすい状況を作る役割と考え、取り組むことが大切です。従って、自ら発言する以上に、意見があるのに手を挙げられないタイプの人がいないか、そういう人に発言しやすい状況を作るなどの、メンバーへの心配りが大切な仕事となります。

・時間管理係

ディスカッションは盛り上がったが、気がついたら結論を出す前に制限時間になってしまった、では失敗です。また、ただ成り行きに任せて意見を交わし合うのではなく、「自由に意見を発表する時間」「発表された意見から結論を導き出す時間」「発表を練習する時間」などに区切り、進行させていくことが成功の秘訣です。発言を頑張ると同時に、進行係に時間経過を知らせ、ＧＤの進行をサポートしましょう。

・書記係

意見交換が盛んであるほど、すべての意見を記憶しておくことはできません。発表された意見の要点をメモして残す係が必要になります。１人で大変な場合は、２人ほど任命しておきましょう。ＧＤの苦手な人は、この書記係を通してチームに貢献し、なじんでいきましょう（積極的に発言も行いましょう）。

・その他のメンバー

何かの係についていないからといって役割がないわけではありません。メンバーこそがチーム作りの主役です。活発なＧＤの進行を意識しましょう。

GD実況01
ディスカッションスタート編

とにかく明るくあいさつを交わし、笑顔で親みやすい空気を作ろう！

採用担当者「①本日のテーマは、良い会社の条件とは？　です。時間は45分、多数決は不可で、最後に結論を発表してもらいます。それでは、始めてください」

山田「②よろしくお願いします」

他のメンバー「こちらこそ、よろしく」「頑張ろうね」「さぁ、始めましょう」など、声を掛け合う。

小林「じゃぁ、みなさんもご存知だと思いますが、③進行係や時間管理係、書記係を、まず決めましょうか？」

他のメンバー「④はい、進行係に立候補します」「私は書記係を」…。

進行「それでは、私が進行係を務めます。山田です。よろしくお願い致します。それでは、⑤名前だけの簡単なあいさつでもしましょうか。」

他のメンバー「時間管理係の斉藤です」「書記係の吉川です」「内田です」

⑥（同時に、「よろしく」「よろしく」「よろしく」と声を掛け合う）

進行「それでは進め方ですが、何かアイデアのある方は？」

内田「⑦はい」

進行「内田さん」

内田「はい。最初に残り時間をどんな段取りで進めるかを決めておくといいと思います」

進行「⑧素晴らしい提案ですね」

内田「⑨ありがとうございます。それで、発表の準備時間を5分取るとして、大ざっぱですが、まとめの時間を10分、意見を自由に発表する時間を15分と計画して進めれば、5分ほど余裕があるGDができると思います」

進行「⑩皆さん、よろしいですか？」

他のメンバー「賛成！」「賛成！」…。

①テーマやGDの条件が説明されたら、すかさずメモ帳を取り出し、メモする。
②開始と同時の、このあいさつが、良いチームの空気を作っていく。顔を見合わせるだけで、なんとなくスタートするグループは最後まで盛り上がれないことが多い。
③まずは役割分担。
④立候補者に任せよう。しかし、誰も立候補しないとグループ全体がマイナス評価。あなたが立候補しよう。
⑤あまり時間をかけないで、テキパキと。名札が無い場合は、名前をメモしておこう）。
⑥こういった一声が雰囲気を作る。とても大切。
⑦進行係を尊重し、指名されるのを待ってから発言しよう。
⑧どんどん褒めよう。
⑨褒められたらお礼。コミュニケーション能力のアピール。
⑩あえて自分が決定するのではなく、メンバーの賛同を求めよう。

GD実況02
ディスカッション切り口確認編

テーマをどのような切り口でディスカッションするかを確認することが大切。

進行「良い会社の条件とは、というテーマだけど、思い浮かぶ条件を挙げてみようか？」
田崎「はい」
進行「どうぞ」
田崎「残業がない会社」
他のメンバー「①そうだよね」
小林「はい」
進行「どうぞ」
小林「社会貢献している会社」
他のメンバー「大切だよね」
堺「あの～」
進行「②堺さん、どうぞ」
堺「はい、ありがとうございます。私は、このまま考えを出すのには賛成なのですが、まず、どの立場で議論するかを決めないと、短い時間なので収拾がつかなくなると思います」
内田「どういうこと？」
堺「③会社って漠然とした設定なので、例えば、就活生の立場で考えるのか、それとも、社会、株主、経営者、従業員、消費者の立場で考えるのか？　まず、切り口を絞らないと、意見は出ても、まとめきれないと思います」
他のメンバー「なるほど」「うんうん」
進行「分かりました。いい意見ですね。皆さん、どうでしょうか？　どの立場で考えるかを絞りませんか？」
他のメンバー「賛成」

①無言で聞くのではなく、必ず何か反応しよう。これがチーム内の活気を生む。
②おとなしいタイプの人の場合には、特に名前を呼んであげよう。
③議論の切り口が複数あることに気が付いたのが素晴らしい。この切り口の絞り込みは、必ず行おう。

GD実況03 ディスカッション切り口決定編

自分たちが実感を持てる切り口を選ぼう。

進行「それでは、どの切り口で話し合いますか？」
田崎「はい」
進行「どうぞ」
田崎「①なかなか経営者や株主の立場で考えるのは難しいと思うので、従業員か、就活生、もしくは、消費者の立場が良いかと思いますが」
進行「いかがですか？　皆さん？」
堺「消費者の立場がいいかも」
他のメンバー「いいね」「賛成です」…。
進行「それでは、消費者の立場でいきましょう」

〈反対者が出た場合の対処方法〉

＊自分が反対意見の場合

自分の考えに固執しているとの印象を与えることはマイナス。集団の中では、自分の意見を「引っ込める」ことも大切であり、その資質があるかもチェックされている。「意見の内容」以上に、状況に応じた「柔軟」な行動姿勢を持っているかをチェックされていることを意識しよう。

＊メンバーに反対意見者がいる場合

反対者をいかに排他することなく、かつ、協調的な雰囲気を壊さずGDを進められるか？　は、自分のアピールにもかかわる。直感的に、反対者が立場を曲げられない頭の固いタイプと判断した場合は、「〇〇さんの意見も残しておきましょう」と「とりもつ姿勢」で対応しよう。議論がストップしたままよりは、進めることが大切。

①自分たちがより実感を持って考えられる切り口であるほうが魅力ある意見が出やすい。

GD実況04 ディスカッション本格化編

メンバーに理解されてこその意見。専門的な意見ほど、分かりやすく説明しよう。

進行「①では今から2分、自分の考えをまとめましょう」

（2分間、それぞれで考える）

時間係「2分です」

進行「では、順番に意見を出してもらいます。②まず内田さん」

内田「はい。地域貢献活動をしているかが、良い会社だと思います。ある大企業ですが、本社を新たに建設する時に、周辺の公園などの整備なども一緒に行った企業があります」

小林「素晴らしい企業ですね」

進行「次は、田崎さん」

田崎「はい。合同企業説明会で社員の方に名刺をいただいたのですが、その名刺が再生紙で作られているものでした。小さなことですが、こういった環境への取り組みを着実に行っている企業も良い企業だと思います」

堺「そうですね。地球規模で取り組める大企業もあれば、気持ちはあっても取り組めない規模の企業もありますから、こういった地道な点を取り上げるのは意味があると思います」

他のメンバー「なるほど」「うんうん」

進行「小川さん、どうですか？」

小川「私は大学で生産管理を学んでいるので、生産管理をきちんと行えている企業が、良い企業だと思います」

吉川「③どうして？」

小川「④生産管理がきちんと行えているということは、無駄な商品を作らず、結果として、資源を無駄にしていないことであり、消費者を含めて社会に貢献している企業だと思います」

吉川「ありがとう。よく分かりました」

進行「斉藤さんは？」

斉藤（時間係）「購入した後のサポートがしっかりしている企業。⑤パソコンを買って思ったんですが、サポートセンターがあっても、つながらない会社って、本気で消費者へのサービスを考えているのか疑問に思います。あっ、ちょうど15分経過です」

①最初に考えをまとめる時間を持つことも有効。特に大人数の場合は、意見を「聞いている」時間のほうが多くなるので、その前に自分の考えをまとめ、全員が一度に意見を出せる準備時間を作ってみよう。

②進行係は、誰が積極的に発言できるタイプかを見極めておくことも大切。

③分からないことは、知っているフリをするのではなく、素直に質問しよう。

④専門的な知識は、他学部の人にも分かりやすい説明を行おう。

⑤体験を元にした意見は理解を得やすい。

GD実況05

ディスカッション まとめ及び発表準備編

発表準備を時間内に終えることを忘れずに進行しよう。

進行「①では、まとめに入る上で、どなたの意見を柱にするかを考えましょう」

（議事録にメモされた意見を検討の結果、環境とサポートをキーワードとし、社会や消費者に奉仕する意識を持った企業に決定）

進行「このキーワードのままでは、結論が単純過ぎるので、もう少し掘り下げましょうか？」

内田「この結論説明においては、地球環境の変化や最近問題になった企業の品質管理の問題に触れつつ行ってはどうでしょうか？」

他のメンバー「いいですね」

進行「②それでは、どなたか発表者に立候補していただけませんか？」

（立候補なしの場合）

進行「内田さんが一番発表を上手にできると感じたのですが、お願いできないですか？」

内田「分かりました」

他のメンバー「ありがとう」

進行「③それでは、ちょっと練習してみましょうか？」

内田「はい。それでは発表を行います。私たちのチームの結論は…」

小川「④ホワイトボードがありますので、キーワード等を板書してはどうでしょうか？」

他のメンバー「いいですね」

小川「それでは、私が板書係をやります」

時間係「ちょうど時間です」

①議事録をメンバーの中心におく。

②立候補がいる場合は、立候補者に決定。いない場合は、これまでの発言を通して、一番上手に行えると感じたタイプを推薦。

③ただ任せるのでなく、練習を一緒に行うことで発表者を応援しよう。

④発表方法の工夫も行おう。提案を行うと同時に、自らが役割を担う姿勢を見せよう。

発表においての注意事項

メンバーは発表者に任せきりにせず、周囲でサポートする気持ちを持とう。

発表をしっかりと行ってこそのGDです。「結論先行」で、どのような議論の過程を経て結論に至ったかを説明しましょう。例を挙げながら説明することが基本です。

- **発表者が一人と限定されていなければ複数で行ってもよい。**
- **てきぱきとした行動を意識（恥ずかしそうにしながら発表しない）。**
- **声ははっきりと、お腹から出す。**
- **発表を聞かせる相手、他のグループや採用担当者の目をしっかりと見ながら発表。**
- **発表を終えた人を、聞き手は拍手でたたえよう。**

面接対策編
重要質問対策1「これまでに訪問した会社は?」

無限にある質問パターンの中の、特にポイントとなる質問の意図を理解し、回答の方向性を考えていきましょう。

きまじめA君

ここからは、面接での数ある質問パターンの中でも、特に対応が重要となる質問、「これまでに訪問した会社は?」についてアドバイスを行おう。さて、この**質問意図**は何だと思う?

どう答えるかではなく、質問意図ですか? **意図とは「なぜ採用担当者は、この質問をするか?」**でよろしいでしょうか?

その通り。企業側は30分程度の短い時間で人物判断を行わなければならないから、**すべての質問に意図=「質問すべき理由」があるんだ**。この意図を、瞬時に判断して答えていくことが、面接官の満足度を高めることにつながっていくんだ。

はい、これからは質問意図をしっかり意識するようにします。この質問は、僕が思うに**しっかりと就活しているかどうかを、回答で挙げられた会社の数から判断しようと思っているのではないか**と思います。会社の数が多いということは、それだけ就職に対する意識が高いわけですから。

やりたいことは見えてきてるかな?
そういうことか!
質問の意図を考えるんだ
これまでに訪問した会社を教えてください

うん、それも正解だ! でも、**もっと重要な質問意図があるんだ。それを押さえた回答をするためには、あることに注意しなければならない**んだ。それは、な~んだ?

え~、会社訪問を始めた時期でしょうか?

違うな~。ここで、スパッと答えが出てこないようでは、まだまだ内定への道が遠いぞ! では、ヒントだ。企業が重視しているのは?

それは分かります。「入社して何がしたいか?」です。あっ、分かりました。その会社の**業種は何か?** ですね。

その通り。企業は**やりたいことが明確な人=業種が絞り込めている人**を求めている。よって、この回答される社名から、業種を絞り込んだ活動をしているかどうかを判断するんだ。

ということは、すべて正直に回答するのではなく、受けている会社の**同業他社名を中心に挙げて、業種を絞り込**

んでいる印象の回答を行う必要がありますね。

ちゃっかりB君

（あるデパートの集団面接を受けているB君とC子さん）

面接官　…それでは次の質問です。これまで訪問された会社は？　では、まずBさんから。

はい、御社以外では、a銀行さん、b損保さん、cホテルさん、d電鉄さんに、f商社さんです。

面接官　ほ～、**幅広く**活動されているんですね。なかなか頑張っていますね。

あ、ありがとうございます。

（いや、今のは半分皮肉なんだってば～）

面接官　では、お隣のC子さんはいかがですか？

はい、セミナーや合同企業説明会でお話を聞いた会社も含めますと、**これまで**50社ほどの会社を訪問してきました。最初は、業種を問わず幅広くいろいろな会社を訪問していたのですが、先月からは**志望業種を小売業に絞りまして**、御社のほかには、aデパート、bデパート、cデパート、そして大手チェーンスーパーのdさんなど、20社程度訪問しています。

（就活に対する意欲を**社数と志望業種の絞り込み**で簡潔にアピールできている。GOOD！）

面接官　ほ～、かなり志望が絞り込めているのですね。就職活動をしながらC子さんが考えていることを聞きたいですね（興味津々な表情）。

はい。私は、消費を盛り上げ、日本の内需経済を元気にしたいと考えています。色々と調べますと、家計に眠っているお金を消費に向けさせ、企業の設備投資や所得の向上に繋がる循環を作ることが大切だと知りました。この循環の入り口となる、消費したくなるような売り場作りや接客に知恵を絞りたいと考え、志望しております。

（お～、**自ら経済情勢への関心、志望理由、入社後のビジョンに回答を膨らませている**。GOOD！）

面接官　理解を深められていますね。ところで、訪問された他社さんの選考は、どこまで進んでいますか？……（C子さんとのやりとりが続く…）

（あわわ、面接官の食い付きが俺とC子さんとでは全然違うっす～。なんで～??）

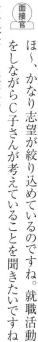

解説は**次のページ**へ！

企業は就活生の訪問会社から志望度を類推する

vol.40のポイント!

★ 同業他社名で絞り込みをアピール ★

人物がいかに優れていたとしても「就職して取り組みたいことが漠然としている」人の評価は低いのです。よって、「これまでに訪問された会社は?」という質問には、**「やりたいこと=志望業種が明確化されてきているので、訪問した会社も、御社と同業の会社を中心に訪問している」**ことを、**同業他社名**を挙げて示すことが基本になります。

★ これからの訪問予定で誤解を回避 ★

実はB君が「業種を**小売業界に絞ったのが最近**で、まだ面接を受けている会社しか訪問していない状況」だったとしたら、どう答えれば良いのでしょうか?　この場合は例えば「このように幅広く訪問してきましたが、説明会で御社のお話を聞き、**今の私の志望は小売業界に絞れてきています**。ですから、**今後のスケジュールでは**Iデパート、Jデパート、Kデパートさんを訪問する予定です」と、誤解を受けないように自ら説明を行いましょう。

★ 業種に対する見解へと膨らませよう ★

業種志望を意識して回答した後は、業種研究を通して知った魅力や問題意識へと回答を膨らませてみましょう。これまでに訪問した会社に関しての質問は、業種研究を生かせる質問でもあるのです。

こっそり採用担当者の本音

志望が明確でない人は、入社確率も低いと判断し、評価を落とすのが企業だ!　面接は優秀さだけでなく、熱意や入社確率も勘案して行われる。

実践 就活講座

面接官の意図を知り、より的確な回答を目指そう

意図を満たす回答をしよう

下の「面接官の質問内容と対策」内の「面接官の意図」を特に確認してください。

このように、面接官はすべての質問に意図を持っています。例えば、「どうして、そんなことをしたの?」という単なる興味本位のような質問であっても、「そう行動した理由を聞けば、この人の仕事での行動パターンをつかめそうだな」などの意図が必ず伴っているのです。

この意図を感じ取りながら、「この質問は、この会社に本気で入社する気があるかどうかを確認する意図を持っているから、回答は絶対にはずせないな!」などの判断を持ちつつ対応できるようになれば、より面接官とのコミュニケーションをスムーズに行えるでしょう。

自信:謙虚=4:1

面接では、自信を前面に押し出しながら臨みましょう。謙虚さを基本に臨むと、自信がないと誤解される可能性があります。

ただし、自信満々過ぎるのも反感を買いますので、自信:謙虚=4:1の割合で、アピールバランスを意識しましょう。例えば、「…そして困難をこう解決し、結果、メンバーからも頼られ、大きな成果も残せました!(自信)でも、しょせんは学生サークルのことですから、私はまだまだです。(謙虚さ)」というように。

面接官の質問内容と対策

「自己紹介をお願いします」

面接官の意図:緊張を解かせるために、一番話しやすい切り口で質問してあげよう。

就活生の対策:話しながら自分のペースを確立することが大切。

「学生時代に頑張ったことを教えてください」

面接官の意図:頑張り具合を通して、入社後にどのくらい頑張れる人かを判断しよう。

就活生の対策:一過性の話題ではなく、より長期的に継続的に取り組んだことを話すことが大切。

「今日の面接は自己採点で何点ですか?」

面接官の意図:今日の面接のパフォーマンスに不本意な人には、自由にPRするチャンスを与えよう。

就活生の対策:言い足りなかったこと、質問されなかったがアピールしたいことを悔いの残らないように話すことが大切。

「学生生活を通して学んだことを教えてください」

面接官の意図:人間性の成長をチェックしたい。

就活生の対策:価値観の話など人間としての成長、成熟を示すことが大切。非常に重要。

「わが社が求める人材像をご存知ですか?」

面接官の意図:会社研究をしっかり行っているか、理解しているかをチェックしたい。

就活生の対策:人材像を回答すると同時に、自分がその人材像と一致する点のアピールまで回答を膨らませることが大切。

「わが社で何を実現したいですか?」

面接官の意図:意識が、就職か就社かをチェックしたい。

就活生の対策:より具体的な仕事ビジョンを示すことが大切。

面接対策編

重要質問対策２「入社後にしたい仕事は？」

満足度の高い回答を行うために、採用担当者が聞きたい回答レベルについて考えていきましょう。

きまじめA君

（X社面接実況）

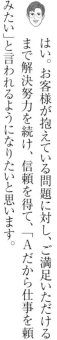

面接官　それではAさん、入社後、あなたはどんな仕事をしたいですか？

はい。私が御社で取り組みたいことは営業です。お客様の**ニーズに対し、提案を重視して**取り組みたいです。

面接官　**もう少し具体的に教えてください。**

はい。お客様が抱えている問題に対し、ご満足いただけるまで解決努力を続け、信頼を得て、「Aだから仕事を頼みたい」と言われるようになりたいと思います。

面接官　**う、う〜ん。**…では、隣のC子さんは？…。

（X社面接を終えて）

例えば、御社の山田様のような、お客様と思いをとことん共有する営業をしたいです
「例えば」を意識してより具体的な回答をしよう！
例えば

と、X社の面接はこんな感じで不合格だったんです…。

A君は、「抽象的イメージ」を答えているよね。でも、**面接官が聞きたかったのは「実際の仕事に即した具体的な内容」だったんだ。**相手の聞きたいことと自分の答えにギャップがあることに、**「具体的に」と言われた時点で気付いてほしかった。**

でも、「実際の仕事に即した」と言われても、どんなニーズや問題を持ったお客様と出会うかは分からないのですから、「問題解決・信頼を得る」という**営業姿勢を答えることしか今はできないと思う**のですが…。

では、私が質問を少し変えてみよう。「X社に入社後、**例えば、**どんな仕事がしたいですか？」

はい。**御社のホームページで拝見したのですが、**T社製品の独占販売権を獲得した御社の**営業の山田様のような仕事**をしたいと思います。山田様は１週間、T社の社員の方と行動を共にされ、製品への思いを共有した上で提案を行ったと知りました。私は、山田様のように、とことんお客様の立場に立つことを目指す営業でありたいなと思いました。

そう、それだよ！　それならばX社の面接官にとっても、満足度の高い回答となり、合格したと思うよ！

本当だ！　先輩社員紹介記事を読んでおかなくてはならない意味が、よく分かりました！

ちゃっかりB君

（Z社面接前夜、面接準備に取り組むB君）

（ホームページ→Z社先輩社員紹介記事→目指す職種を担当している人の記事を探して）**ふむふむ、あ〜、この人のような仕事ができたらいいな〜。**

（一夜明けてZ社面接実況）

面接官　それでは最後の質問です。**営業を志望する理由は？**　それでは、まずDさん…。

（…せっかく「どんな仕事がしたいか？」の回答を準備したけど、空振りだ〜）

D　はい。私は営業とは会社の顔となり、いかにお客様の信頼を得るかが大切な仕事だと考えています。また、営業がうまくいかなければ、どんな良い製品を作っても会社は繁栄することができません。ですから、**私は会社のさまざまな職種の中で営業が一番重要だと考えており、**それが第一の理由です。また、私の強みである笑顔が生かせると感じていることが第2の理由です。この笑顔の力を発揮したのは…。

さらに回答を膨らませて…
営業を志望する理由
＋
入社後どんな仕事がしたいかの回答
Good！

（…**質問意図は「自分にとってミスマッチでないかをしっかりと検討し、職種選択を行っているかの確認」**だから、職種研究の深さと強みのアピールを頑張るぞ！）

面接官　ではBさん。

はい。私もDさんと同じで営業が会社の顔であることに魅力を感じています。また、人脈を広げられる仕事であることにも魅力を感じています。…（営業の魅力を語り、コミュニケーション力をアピールするB君。その時、ひらめく！）

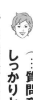

（あっ、どんな仕事をしたいかに回答を膨らませても、おかしくはない質問だぞ！　せっかく昨夜準備したんだから言わなくちゃ損だ！）…また、御社のホームページで、10億円を超える売り込みに成功した吉田様の記事を拝見し、とても憧れました。いつか私もビッグビジネスを実現したいと、ますます営業への志望を強くしております！

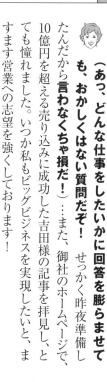

（意欲的に膨らませ、言いたいことを言えたね！　これなら結果はどうあれ、**後悔のない面接となったはずだ！**）

解説は**次のページ**へ！

志望会社の実際の仕事を例に挙げて答えよう

vol.41のポイント!

★ 「例えば」を使えば、具体的に答えやすくなる ★

「どんな仕事をしたいか?」— この質問意図は言うまでもなく、「何がしたいか?=具体的な仕事ビジョン」を持てているかのチェックとなります。回答ポイントはより具体的に答えることであり、**スムーズに回答を進めるためのキーワードは「例えば…」**です。面接前夜は会社ホームページから、例えるための仕事事例をピックアップしておきましょう。

★ 面接官の表情を読む ★

「う、う〜ん」と歯切れの悪い返事のまま、C子さんへの質問に移りました。この瞬間、A君の不合格は決定したのです。このように、**面接官が回答に対する評価を表情・仕草に表すこともある**のです。相手の表情を読み取りながら、「もっと押そう!」とか、「ここから巻き返さなくては!」と判断できる面接上級者を目指しましょう。

★ 後悔のない面接には結果がついてくる ★

面接中に結果を考えることはやめましょう。目指すは、「自分が後悔しない面接」です。そのためには、膨らませた回答を行い、自分の伝えたいことに触れていくことが大切です。自分の答えが物足りないと感じた時は、**少しくらい**無理のある膨らまし方をしてもかまいません。**言わなければ、伝わらない**からです。

こっそり採用担当者の本音

「例えば」を上手に使う人の話は聞きやすい、分かりやすい。よく理解しているという印象になる。自己PRも同様に「例えばネタ」を整理しておこう!

実践 就活講座

面接前日の最低限の確認事項

会社組織図で正式な部署名を確認

下図にあるように、会社の全体像は図で表すことができます。基本的に組織図から漏れている部署はありません。組織図を見れば、その会社の概要を知ることができるのです。同時に、すべての社員が、この組織図内のいずれかの部署に所属することになります。

そこで、**自分が目指す仕事はどの部署に当たるのか？ 部署名は具体的に何と表現されているかを確認しておきましょう**（同じ仕事であっても、会社ごとに部署のネーミングが違うことが多い）。

この確認をした後は、自分が何をしたいかを語る志望動機の中に、この部署名を織り交ぜて回答する練習をしておきましょう。これが最も面接官に分かりやすい回答となります。

明日の面接のために最低限準備しておくこと

1．配属希望部署　自分が仕事で何をしたいかの概要を部署名だけで伝えることができます。

2．一番魅力を感じた仕事紹介記事　「御社のホームページで拝見しました、○○プロジェクトのような仕事がしたいです」と例を挙げれば、分かりやすく伝えられます。

3．なぜ御社なのか？　他社と比較することで、分かりやすく伝えることができます。

少なくとも、この3点は絶対に準備して臨みましょう。

会社組織図で自分が所属したい場所を確認しよう

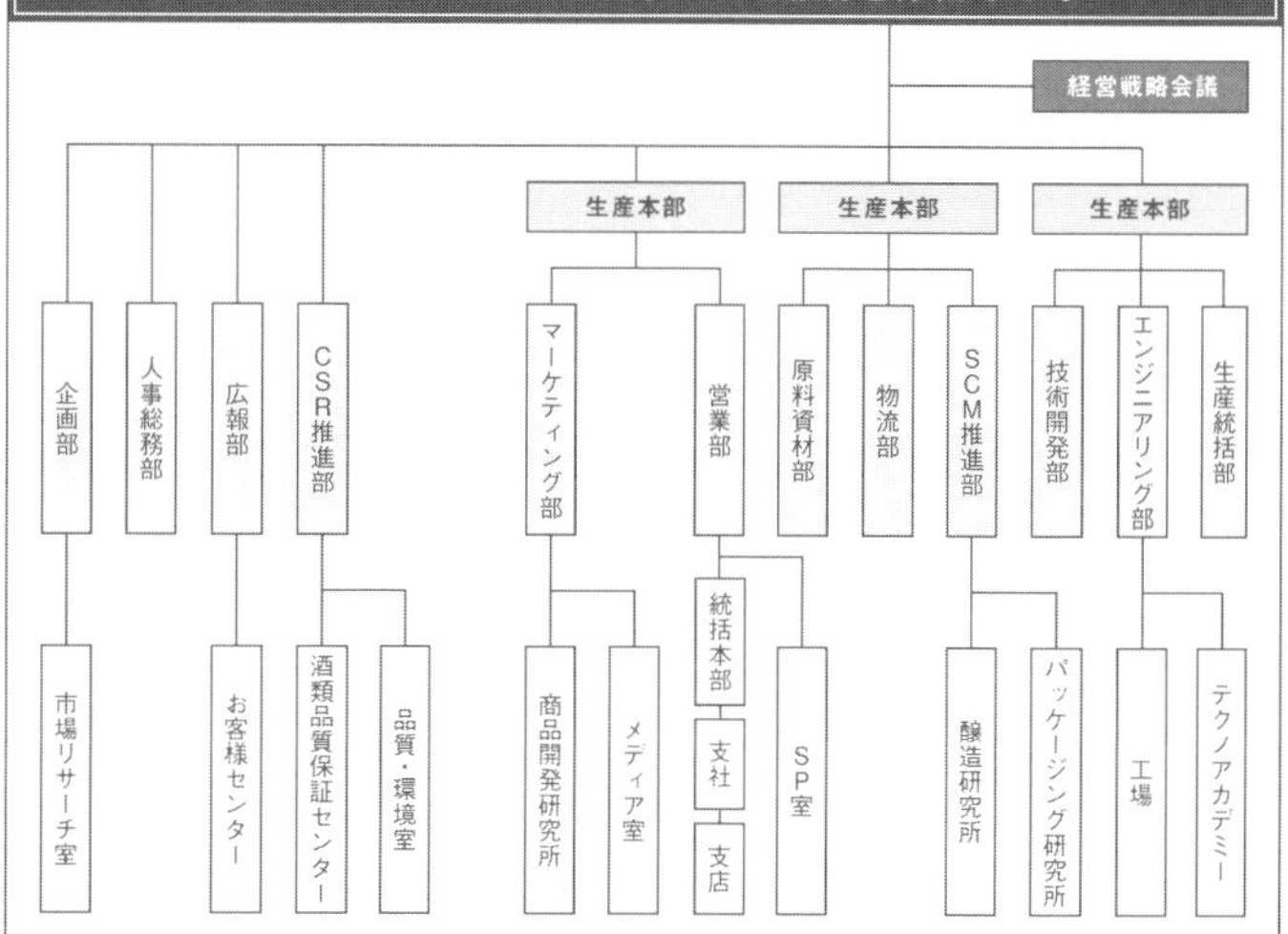

面接対策編
重要質問対策3 「5年、10年後の仕事の目標は？」

企業は「真剣ならば目標がある」「本気で目指すならば詳しく調べているはず」と考えています。ビジョンの濃さの大切さについて考えましょう。

きまじめA君

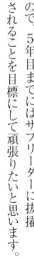

（ある情報処理サービス企業での面接）

面接官　**仕事における5年後、10年後の目標はありますか？**

はい。10年目までには開発チームのリーダーになりたいと思っていますので、5年目までにはサブリーダーに抜擢されることを目標にして頑張りたいと思います。

面接官　ふむ…、そうですか…。

（むっ…**面接官の反応が今の答えでは物足りないって感じだな**。これで終わってはマズイ！）
そ、そして、5年目にサブリーダーになるためには、まず、システムエンジニアとして一人前のスキルを身につけなくてはならないと考えております。ですから、入社してからは、とにかく技術力を高めることを目標に頑張ろうと思っています。

面接官　**システムエンジニアに必要な技術力とは何ですか？**

（そうだよな、そう突っ込んでくるよなぁ…）
ええと、**未経験ですので**技術については詳しくは分かりませんが、一つ一つの仕事に、しっかりと取り組むことを通して理解を深めていきたいと考えています。

面接官　なるほど、まだ職種に対する研究が不足しているようですね。**入社後に、もしも自分に向いていないとなったら、あなたにとって損ではありませんか？**

ご指摘の通りです…。

面接官　**就職は、あなたにとって本当に大切な選択が伴うものですから、研究を深めましょうね。**

申し訳ございません。考えが甘く、勉強不足でした。帰りましたら、早速調べて研究を深めたいと思います。至らない点をご指摘いただきありがとうございました。（頭を深々と下げるA君）

面接官

（至らなさを**素直に認め、頭を下げられる人なのだな。**次回の面接までには、しっかりと勉強してくるかもしれないな。とりあえず次回の面接に進ませてみよう）

ちゃっかりB君

（ある商社での面接）

面接官

どんな**キャリアビジョン**を持って就職活動に臨んでいますか？

私は、ゼネラリストになりたいと思っていますので、とにかくいろいろな部署で仕事をさせていただいて、いろいろな仕事を覚えていきたいと思っています。

面接官

〝いろいろ〟では漠然としていますが…。

え、え〜と、**配属部署は人事や上司の方々に選んでいただいて、**どんな部署でも一所懸命頑張ろうと思っていましたので…。

面接官

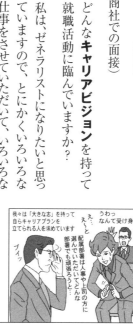

我々は大きな志を持って、自らキャリアプランを立てられる人を求めています。また、それを一歩一歩実現してゆくことが仕事の醍醐味でもあるのですが、Bさんはイメージできていない印象を受けます。

（B君、受け身の印象を与えたために、**面接官に良い評価をもらえていないことを読めているか？）**

いえ、そんなことはありません。いつかは100億円規模のビッグビジネスを成立させたいと考えています。

（逆らってどうする！　ここは**謙虚**に受け止めるんだ！）

面接官

何歳までに、という目標はありますか？　また、100億円規模のビジネスを成功させるためには、**あなた自身が5年後、10年後において、どう成長することが必要だと考えますか？**

え〜と…。（弱々しい声）

面接官

では質問を変えましょう。当社には100億円以上の契約を成立させている人材が何人もいますが、**そうした人材になるために何が必要だと考えますか？**

…（頭の中が真っ白でうつむいてしまう）

（うつむく&無言＝逃げの印象だぞ。こんなピンチの時こそ頑張らねば！　**ダメもとで何か言おう！**）

面接官

（研究不足なのが、おおらかな人柄に好感がもてるだけに残念だ。）

解説は**次のページ**へ！

未来の自分を本気でイメージしよう

vol.42のポイント！

★ 長期ビジョンで本気を示す ★

企業は「甘くはないビジネス社会」において、長期的な自己実現・成長目標といった「大きな志」を持ち、それを「本気で目指す人」を求めています。5年、10年…と、入社後、段階的に成長している自分をイメージできるまで研究しましょう。

★ キャリアステップの目標を見つけよう ★

「配属される部署・職種で一生懸命頑張ります」では受け身な印象であると同時に、ビジョンを持っていない言い訳にしか聞こえず、ダブルでマイナス印象なのです。このようなマイナス印象を与えないためにも、**志望会社や同業他社のホームページの先輩紹介記事から**、「この人のようになりたい」という**目標となる人＝キャリアステップのモデルを見つけましょう。**

★ 目標の人が持つ能力やスキルに関心を持つ ★

会社は成長の場でもあります。目標となる人は、キャリアを重ねる中で、どんな能力やスキルを高めてきたのか、どんな**努力や自己研鑽**をしてきたのかを知ることも大切です。その方々と比較して、自分に足りないものが把握できれば、キャリアプランはおのずと見えてくるものです。ホームページや会社案内に情報がない場合は、**説明会などで積極的に質問**しましょう。

こっそり…採用担当者の本音

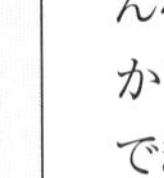

自己実現＆成長志向の人を求む。よって就活では、目標となる人をたくさん見つけてほしい！

実践 就活講座

キャリア比較で会社志望順位をつけてみよう

先輩社員を比較する

あなたのキャリアビジョンを形成するために先輩紹介記事を参考にするだけでは、まだ物足りません。会社研究の一環として、各会社のキャリアを比較する表を、「5年目・10年目社員を比較する」を参考にして作ってみましょう。

例えば、A・B社を志望している場合、**極力、年齢や入社年数の近い人同士の仕事内容・立場などを記事から読み取り記入するのです。**

その結果、どちらの会社がより早く責任ある立場に就けるか、大きな仕事に挑戦できるかが見えてきます。

志望順位をつけていく上での、アプローチ方法の一つと言えます。

5年目・10年目の社員を比較する

	5年目の社員が取り組んでいる仕事	10年目の社員が取り組んでいる仕事
A社	既に店長2年目で支店を切り回している人がいる。	スーパーバイザーとして、複数の支店を統括している。
B社	毎月の営業目標は2000万円の受注。また、3人の新人の指導係としての役割も持つ。	個人営業→法人営業のステップを踏み、現在は支店長代理として活躍。

面白い失敗ネタも準備しよう

「空気を読んで対処した先輩たち」のコメントからも分かるように、面接では、その場の空気を読むことが大切です。

そのためにも、エピソードや準備していた答えなどを思い出すことに集中しながら話すのではなく、**面接官の目や表情を見つつ、反応を伺いながら話をすることが必要です。**

また、A社の面接官には評価された話題であっても、B社の面接官の心には響かないということは、よくあることです。まじめな自己PRだけでなく、面白い失敗談的な自己紹介ネタも準備しておきましょう。

空気を読んで対処した先輩たち

内定者Aさんの面接感想

・集団面接で他の学生が留学などかっこいいアピールをしている時のことです。聞いている面接官を見ていると、いまいち反応というか、ノリが良くないんですよね。「あー、あまりこういった格好いい話は求めていないタイプの面接官なのかな」と思って、私は地道に堅実に取り組んだというアピールに切り替えました。

内定者Bさんの面接感想

・回答しながら「あ、今は短くすぐに終わって欲しそうだな」とか、「もっと話してほしそうだな」と、面接官の求めているものを察知するように努力していました。

内定者Cさんの面接感想

・面接官のアタマの後ろに「?」マークが浮かんだのを察知したことがありますよ。「あー、今、私の話は専門用語が並び過ぎて分かりにくいんだなー、簡単なたとえに置き換えて話しなおさなくっちゃ」と思いました。やっぱり、面接官の顔を見て、気持ちを感じながら話すことは大切ですね。

内定者Dさんの面接感想

・面接官は関心を持っていない時は、目を伏せ、メモを始めたりするんです。反対に関心を持ってくれた時は、目を大きく開いたり、うなずきが大きくなったり。面接官だって表情を持った人間なんですね。

面接対策編
重要質問対策4 「当社を選ぶ理由は？」

有望な内定候補者から、採用担当者が最も聞きたい質問がこれだ。どのように答えるべきかの基本を押さえましょう。

きまじめA君

岡先生、僕は明日、G社の2次面接に受かれば、次は最終です。明日に向けてアドバイスをお願いします。

最終面接前となると、必ず入社の可能性をチェックしてくるだろう。まさか、入社する気持ちが曖昧な学生を合格させ、「有望な学生です」と最終面接を担当する社長や役員に会わせられないからね。そこで想定される質問が「当社を選ぶ理由は？」だ。では、G社の素晴らしさを私に説明してみて。真剣に入社を考え、理解を深めていれば、第三者の私にも分かりやすく説明できるはずだからね。

G社には、**他社ではあまり見かけない**「社内FA制度」というのがあって、社員自らが、希望する部署や職種に年に1回応募することができるんです。

それでは、制度の概要や一般的なメリットを説明しているに過ぎないよ。**A君にとって、それがなぜ素晴らしい制度なのかを具体的に教えてほしい。**

すみません。僕にとってですよね…。私はG社では営業で応募していますが、ゆくゆくは商品企画部門に携わりたいと考えています。ですから私は「営業」→お客様の要望や反応を直に知ることのできる「お客様相談窓口」→「商品企画」というキャリアステップをイメージしていまして、そのステップを自ら選べる制度があるG社は、自分にとって素晴らしいと感じています。

その回答なら、A君がG社を選ぶ理由がよく分かったよ。でも、志望する理由がFA制度**1つでは寂しいぞ！**他の理由も挙げてみよう。

はい。私はG社が社員100人という、比較的小規模なことにも魅力を感じています。この規模に魅力を感じる理由は、私は「会社の成長を肌で感じたい」という就職観を持っていまして…（G社の素晴らしさを、**自分が働くに当たって大切にしたいこと、就職の動機などの自らの価値観を交えながら**説明するA君）。

ちゃっかりB君

（ある食品会社の集団面接を受けているB君とC子さん）

面接官　あなたが当社を選ぶ理由は？

御社の「出る杭は伸ばす」という考え方に共感したからです。

面接官　それだけ？「出る杭は伸ばす」「若手を抜擢する」など、**似たようなことを掲げる会社は多い**と思うのだけど？　**なぜ他社ではなく、当社を選んでくれた**のかな？

え～と…。（とっさに言葉が出ないB君）

面接官　思い出せたら後で聞きましょう。ではC子さん、同じ質問です。いかがですか？

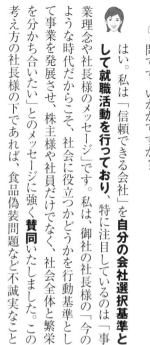

はい。私は「信頼できる会社」を**自分の会社選択基準として就職活動を行っており**、特に注目しているのは「事業理念や社長様のメッセージ」です。私は、御社の社長様の「今のような時代だからこそ、社会に役立つかどうかを行動基準として事業を発展させ、株主様や社員だけでなく、社会全体と繁栄を分かち合いたい」とのメッセージに強く**賛同**いたしました。この考え方の社長様の下であれば、食品偽装問題など不誠実なことは起こらないと信頼することができたのが、御社を**強く**志望する理由です。

御社の「出る杭は伸ばす」という考えに共感したからです
似たようなことを掲げる会社は多いと思うけど？
え～と
このままで面接を終わらせちゃダメだ ガンバレ！

面接官　なるほど、よく分かりました。…それでは今日の面接は、終…。

（このまま面接を終わらせてしまっていいのか？　B君！）

す、すみません（自ら手を挙げるB君）。申し訳ございません。私の御社を選ぶ理由を説明させてください。お願いします！

面接官　ふむ…では、どうぞ。

確かに「出る杭は伸ばす」は他社でも掲げておられます。しかし、御社ホームページで、26歳で製造工程改善チームのリーダーに抜擢された木下様の記事を読んだのですが、こんなに若くして重要な仕事に抜擢された方の紹介記事は、**他社には載っておりませんでした**。私は、20代のうちに大きなプロジェクトを担当したいと考えているので、このようなチャンスにあふれている御社を**特に志望しました！**

（**よく自分から手を挙げたね**。えらいぞB君。これぞ、**後悔のない面接**だ！）

解説は**次のページへ！**

自分の会社選択基準を示すことが大切

vol.43のポイント!

★ 自分の選択基準を回答の中で示そう ★

あなたの会社選択基準を示し、その基準と志望会社が合致していることを伝えましょう。面接官は選択基準を通して志望者の価値観やビジョンの方向性を確認し、自社に向いているかを判断します。よって、直感的に志望会社を選んでいると感じる人は、どんな人かを判断できないために不合格とします。また、基準のない志望は、すぐに変わってしまう(=結果として辞めてしまう)と考えるのも不合格とする理由です。

★ 自分にとってのメリットを説明する ★

選択ポイントを挙げる際に注意しなくてはならないのは、単に選択ポイントの概略説明だけで終わらないこと。「仕事に関する資格をたくさん取得したいから、御社の資格支援制度にメリットを感じている」など、**「なぜ自分がメリットを感じているか?」**についての説明を加え、説得力のある内容にすることが大切です。

★ 志望を強調する一言を取り入れる ★

志望動機を語る際には、強く気持ちを込める必要があります。そこで、「他社にはない・御社だけに」「強く」「特に」「是非」「信頼・確信できたので」「賛同・共感しています」と、強調する言葉を使いつつ、**声に熱意をこめて説明することを意識しましょう**。

こっそり…採用担当者の本音

自らの基準や活用する考えを持って選んでくれる人の中から、共に働く人を選びたい!

実践 就活講座

人気企業に群がると、就活は苦しくなるだけ

実力の割に人気のない企業を発掘しよう

多くのライバルと競い合う中では、少しでも入社しやすい会社を見つけたいというのが本音だと思います。

就活も受験と同じで、競争率が難易度に影響を及ぼします。つまり、優良企業でありながら、知名度が低いために、受験希望者が少ない会社は、その実力に比較して、入社できる可能性が高いと言えます。

では、応募者の多い、少ないはどのようにして判断すればいいのでしょうか？

例えば、説明会の参加人数や予約状況などから類推することができます。

また、合同企業説明会で、企業ブースに学生が殺到しているか、そうでないかからも類推できるでしょう。

合同企業説明会が活発に行われる時期では、このような実力の割には人気の伴っていない企業の発掘に力を入れてみてはどうでしょうか？

また、マイナビに掲載されている説明会日程をもとに、他社よりも多くの説明会を開催している中小企業にも注目してみましょう。回数が多いということは、知名度が低く、人が集まりづらいと予想することもできる反面、業績が良く、人材を積極的に採用できる経営環境にあったり、成長期にあって積極的な展開を行おうとしているとも想像できます。

このように、採用活動の状況をもとに推測を行いながら有望企業を発掘する作業も、就活の醍醐味なのです。

自分の言葉に自分でうなずこう

面接において、自然な姿で話せる人に共通している姿勢に、「うなずき」があります。

「まじめな場では動いてはいけない」という先入観があるためか、**首も動かさずに**話す人が多いのですが、相手にとっては**不自然な印象**になりますし、**何よりも情感を込めて伝えることができません**。そのため、二重にマイナスとなってしまうのです。

自然な会話を行うためには「リズム」が、情感を込めるには、「動き」が必要となります。

ですから、自分の言葉にうなずいてほしい部分を考えつつ、**まずは自分がうなずきながら話しましょう**。それに合わせて（つられて）、相手もうなずいてくれると、このうなずきの交換がリズムとなり、さらに相手とのコミュニケーションが深まります。

また、声にも強弱が加わり、より情感が相手に伝わるようになります。

面接対策編

重要質問対策5「これまでの就職活動の結果は？」

最終選考に近づくほど、採用担当者は他社の選考状況に関心を深めるもの。そんな心理を理解した上で対応しましょう。

きまじめA君

（ある銀行での面接）

面接官　これまでの就職活動の結果は？

はい。Y旅行社さんが、次回3次面接という状況で、他ではLデパートさんが2次面接の結果待ちで、Mシステムさんは次が最終面接という状況です。

面接官　活動は多岐の業種にわたっているのですね。

た、確かに志望業種が絞れていないのでは？　と、疑問を持たれても仕方がありません。しかし、**自分の可能性を狭めたくないとの考えから、**幅広く活動してきました。その中**で選考が順調に進んでいる企業は、途中で選考辞退するのも惜しいものですから**活動を続けています。

（この本音は企業側も分かってくれるはずだ）

やりたいことが明確か？
バラバラですね…
Y旅行社
Lデパート
Mシステム
御社
あっ忘れてた
大丈夫！ここから挽回しよう！

面接官　では、第一志望業種は？

もちろん金融業で、中でも銀行です。銀行はこれからどんどん受けていく予定です。

面接官　**なるほど、でもインバウンドのテーマもあるY旅行社さんにも魅力を感じていませんか？**

（ドキッ〜！　しかし、表情は必死に抑えて…）いえ、私の就職のテーマは日本経済の再生であり、そのためには銀行で働かなければならないと強く考えており**ます！**

（**語尾を強くはっきり**と答えるA君）

面接官　日本経済の再生がテーマであれば、半導体などのメーカーも視野に入ってきませんか？

いえ、経済で常に大切なことは、消費を通して企業へ、さらに企業の売上向上で所得へと、お金がスムーズに循環することだと思います。この経済の血液であるお金の循環の中心に位置する銀行でこそ、日本経済に貢献できると考えており**ます！**

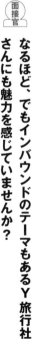

（**面接官の揺さぶりにも負けず、言葉をはっきりと**答えているところがいいぞ！　成長したな〜A君）

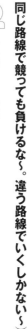

面接官：（おそらくY社が第一志望だと思うが、揺さぶりに耐えた点で魅力があるから様子を見てみるか…）

ちゃっかりB君

（ある食品会社での面接）

面接官：これまでの就職活動の結果は？

D：現在、2社最終の結果待ちで、4社は次が最終です。

面接官：その2社と4社は、それぞれ、どちらの会社ですか？

（D君の受けている会社について根掘り葉掘り聞く面接官。**質問されたことのみ**、素直に答えるD君）

B：（うわ～、なんでこんなにできる奴が俺の隣なんだ～。見栄をはろうかな？　でも、D君は見るからにデキそうだし、**同じ路線で競っても負けるな～。違う路線でいくしかない～**）

面接官：では、Bさんは？

B：はい！　私は残念ながらDさんのように順調ではなく、**30社ほど企業訪問して**10社ほど面接を受けましたが、いずれも2次か1次で落ちてしまっています！（語尾まで元気）

面接官：ふむ（**活発には活動しているのだな**）。…しかし、苦労されている割には明るいね～。

B：はい。「苦しい時ほど明るく元気に！」が私のモットーです。ですから、私は常に順調と誤解されることが多く、人からよく相談を受けます。先日も、就活仲間には「きちんとメモしよう」とか、「何がしたいかを明確にすることが大切なのでは？」なんてアドバイスをしたばかりです。本当は、自分のことでいっぱいいっぱいなんすけど、ほっとけなくって！

面接官：ハハハ、なるほど、それは君の人徳あっての悩みだね～。

B：（おっ、**面接官が笑った！　面接室の空気が柔らかくなった**。なんだかノレそう！）

B：悩みではありますけれど、それ以上に人から頼りにされるのってうれしいです。ですから、どんなにノルマで苦労していても、お客様には絶対に暗い顔を見せない営業マンになりたいっす…いや、なります!!

面接官：（調子のいいタイプだが、厳しい状況の中で**明るい振るまいができる**のも大切なことだ！　これから成長していく我が社には、こんなタイプも必要かもしれないな！）

解説は**次のページ**へ！

vol.44のポイント!

他社の選考結果が悪くとも、弱気にならない

★ ライバル会社の動向が気になるのが企業 ★

面接の進行が他社に遅れてしまうと、「ライバルに内定者獲得競争で負けてしまう」という心配を企業は抱えています。あなたに期待するからこそ、今現在、どの会社（＝皆さんを採用する上でのライバル会社）の選考が進んでいるのかが気になるわけです。この質問は期待されていると前向きにとらえると同時に、選考が進む度に何度も行われると想定しましょう。

★ 他社の結果で合否は判断しない ★

「他社が不合格→魅力が乏しい→選考するまでもない」と連想されて落とされてしまうのでは？　と不安に感じるかもしれません。しかし、**採用担当者は自分の目で判断するために面接を行っています**。加えて、タイプも十人十色。各社が同じ判断基準ではないのです。それまでの結果を引きずらず、現在の面接にベストを尽くしましょう。

★ 揺さぶりに負けない ★

採用担当者が、一種の揺さぶりをかけてくるのも面接です。その揺さぶりを乗り越えることが面接には必要なのです。そのために大切なのは、黙り込まず、明確で力強い言葉で回答し続けることです。ただし、**誤解を避けるために主張を押すべき時と、謙虚に引くべき時の判断は常に行いましょう**。

こっそり採用担当者の本音

他社の選考結果で判断はしない。いかなる状況下でも前向きな意欲に満ちている人を採用したい！

実践 就活講座

合格に近い不合格者であることをアピール

結果は伴わなくとも頑張っていることをアピール

下のチェック項目を参考にして、これまでのあなたの活動を整理しておきましょう。

たとえ、面接の結果が不合格続きであっても、**取り組むべきことに取り組み（志望業種の絞り込み）、持つべき軸を持ち（会社選択基準）、常に反省を行いながら頑張っている姿を示すことが大切です**。

就活に手を抜いている、よく考えもしないで、ただ会社説明会に参加し、選考を受けているだけ…という誤解を受けないようにしましょう。

「全く内容のない就活だから落ちているのも仕方がない」と、「やるべきことをやっているのに、何かが少し足りなくて落ちているようだ」という印象では、大きな差があるのです。

採用担当者（＝企業）は、あなたの就活にしっかりとした軸があれば、あなたを否定することはありません。

話せているのに受からない理由は？

あなたの話は長過ぎるのかもしれません。特に面接は会話のキャッチボールが大切ですので、一人で話したいことを一方的に話していては、「話せるが、コミュニケーション能力はない」という決定的なマイナス評価を受けてしまいます。

そこで、アイコンタクトと相手のうなずき具合いに注意を払い、「うん、もう充分だよ」という面接官の表情を見落とさないように心掛けてみましょう。

チェック項目
「就活は、いつから始めたか？」
就活を先送りにしてのんびりしていたわけではなく、早い段階から準備していたことを、しっかりと伝えましょう。就活への取り組みが遅れた人は、スタートが遅れたことを、言い訳せず、素直に反省していると伝えましょう。
「どんな業種に興味を持ったか？」
業種研究段階では、どのような業種に興味を持ち、どのような観点で絞り込んだのかを説明できるようにしておきましょう。この説明を通して、自分なりの軸を持って活動していることを示しましょう。
「第一～第三志望業種の共通点は？」
志望度の高い業種の、自分なりの関連性を示し、「やりたいこと」というテーマを持っていることを示しましょう。
「訪問会社を選択するに当たっての、あなたが重視する基準は？」
どこでも良い、ではなく、自分が共感・賛同するテーマを示しましょう。各社が、統一テーマで選ばれていることが、最も望ましいのです。
「現時点での、志望業種に属する企業の選考状況」
状況を正直に説明しましょう。結果が伴っていない場合は、就活全体を振り返り、自分には何が足りないのかを反省し、改善しようと努力していることを伝えましょう。

面接対策編

重要質問対策6 「当社は第一志望ですか?」

内定に直結するストレートな質問にはストレートに返す必要がありますが、それだけでは足りません。返答の言葉に何を加えるかを考えましょう。

きまじめA君

(Y旅行社の面接)

面接官　最近の時事で関心があることは?

はい。私が関心を持っているのは「欧米の金融政策がどうなるか?」です。これは円安・円高という為替変動を通して、日本にも大きな影響を及ぼしているだけに、就職活動中ということもありましてとても気になります。

面接官　では、日本の経済の問題点はどんなところにあると思う?

はい、日本の富を稼ぐ中心はGDPの2割を占める製造業です。これに対して観光業は2%にすぎません。この偏りが問題点だと思います。また、観光白書によれば、G7の観光業は4%ですので、観光分野が成長できる余地は、とても大きいと考えており、御社を志望している理由でもあります。

当社は第一志望ですか?
はい もちろんです!
言葉をつなげて真実味を高めなきゃ
ホイ
ホイ

面接官　なるほど。よく勉強していますね。

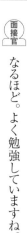

あ、ありがとうございます!(**大きくニッコリ**)

(**褒められたのだからニッコリが自然な表情だ!** いいぞA君、表情でもコミュニケーションが取れているぞ!)

面接官　**ところで、当社は第一志望かな?**

(来たぞ! この対応は重要だぞ!)

はい。もちろんです。

(それだけ? 言葉を加えて**真実味を高めなきゃ!**)

お、御社は、海外拠点数が同業の中でもトップクラスであり、海外からの観光客を倍増させるという私の目標を実現できる会社だからです。また、説明会後の懇談会でお話しさせていただいた小林様の「うちはA君に合っていると思うよ」という言葉に背中を押していただきました。**ぜひ、入社させてください**。よろしくお願いいたします。

（「ぜひ、入社させてください」と**自ら申し入れた**のがGOODだ。**積極的な意思表示**ができているぞ！）

ちゃっかりB君

（1週間前の2次面接）

面接官：**これまで訪問された会社は？**

はい。D商社さん、E商社さん、F商社さんです。

（今日の3次面接。いくつかの質問の後…）

面接官：ところで、前回の面接時にお聞きした時の状況では、D、E、F商社さんを訪問されているとのことでしたが、**それぞれの選考状況はどうなりましたか？**

せ、選考の状況ですか？

面接官：そうです。

は、はい。D、E商社さんは選考が続いていますが、F商社は落ちました。

面接官：**D、E商社さんは、どんな点を評価して志望されているのですか？**（＝当社を選ぶ理由を裏返した質問）

はい。どちらの会社も御社と同じで食品流通に強い点に興味を持ちました。そして、D商社さんは量販店に強く、E商社さんは外食チェーンに強いことが志望している理由です。

面接官：なるほど。**ところで、当社は第一志望ですか？**

もちろんです。

面接官：しかし、D、E商社共に、当社より規模は上ですよね。確か「大きな仕事をしたい」とおっしゃっていましたので、そうであれば規模の大きなD、E商社さんのほうが良いのでは？

（この**揺さぶり**にどう答えるかがポイントだ！）

い、いえ、**私は御社が一番です**。というのも、説明会で一番熱いものを感じたのが御社でして…。

（それでは説得力不足だ！　ここでは規模が小さいことを選ぶ理由にすればいいんだ！）

それに、私は自分の力で新たな取り引き先を増やしていきたいと考えています。規模では劣るものの、社員一人当たりの売上高が高い御社に入社し、先輩を見習いながら働くことが一番だと考えています。**ぜひ、御社の下で学ばせてください！**

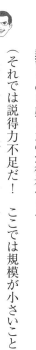

（会社の特徴をきちんと調べていたから助かったね！　就活の基本を大切にできているぞ！）

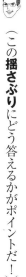

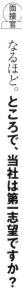

解説は次のページへ！

単にYESではなく、真実味を高めることを意識する

★ 第一志望の真実味を高める ★

「第一志望ですか?」―この質問は「あなたは内定者候補ですよ」との企業からのメッセージであると同時に、**回答を通して本音を探ろうとする重要な質問**です。採用担当者としては、最終面接を入社意思の固い受験者で固めなくてはなりませんので、回答が曖昧な人を合格にはしません。単にYESではなく、いかに回答の真実味を高めるかを意識しましょう。

★ 自分から申し出て、面接官を安心させよう ★

「第一志望ですか?」との質問に対する返事のやりとりでは、腹の探り合い的な雰囲気になりがちです。毎年のように生じる内定辞退の経験から「本当だろうか?」と**疑ってかかる性質が面接官にはある**からです。そんな心理を理解し、あなたから「ぜひ、入社させてください。お願い致します」と、面接官を安心させる一言を加えてみましょう。

★ 選考中の会社との比較理由を準備する ★

面接官にとってのライバルは、皆さんが選考を受けている他社の採用担当者です。それゆえ面接官を最も安心させる回答は、**選考の進んでいる他社と比較した上で、その会社を選ぶ理由を明確に語ること**です。面接を受ける会社を中心に置き、「(選考中の)他社ではなく御社が一番」となる理由をそれぞれの会社別に準備しておきましょう。

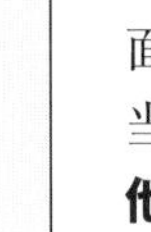

こっそり…採用担当者の本音

入社意思を探る立場からすれば、自ら入社意思を明言してくれると、分かりやすいので採用しやすいぞ!

実践 就活講座

企業は選考・内定辞退を恐れている！

第一志望にこだわるわけ

なぜ面接官は「第一志望であるか否か？」にこだわるのでしょうか？　それは、あなたが就活で苦労しているように、企業の採用担当者も優秀な内定者確保で苦労しているからです。

また、効率よく面接スケジュールを進行させてゆくために、受験者の管理を行っているのですが、当日の面接を学生にドタキャンされてしまっては、スケジュールが管理できなくなります。

同時に、面接を行うためには、現場の部長や課長に面接官としての予定を確保してもらっていますので、スケジュールの混乱だけでなく、同僚に迷惑をかけることにもなるのです。

それだけに、第一志望であるか？と何度も念を押したくなるのです。**この企業側の心理を理解すれば、第一志望であると印象付けることが、いかに重要であるかを理解できるはずです**。

同時に、選考・内定いずれの辞退にしても、相手の立場を考え、直前選考辞退・内定承諾後から時間が経っての辞退は、極力避ける必要があります。

面接ノートを活かそう

「当社は第一志望ですか？」と質問されたということは、**「最終面接が近いよ、あなたには期待しているよ」というサインを面接官があなたに送っている**と考えましょう。

ゴールが間近に迫ってきているわけですから、今まで以上に面接の精度を高め、より確実な合格を目指しましょう。

ここで活用してほしいのが、これまでのさまざまな面接で**「質問されたこと」**と、それに対する**「自分の回答」**、さらに**「どんな質問が入り、どう答えたか」**を克明に記入した面接ノートです。

これを読み直せば、自分が苦手とする質問も思い出すことができます。**苦手な質問は、苦手なままで放置してはいけません**。次の面接で再び質問される可能性が高いのです。

苦手と分かっていながら、無策でいたために不合格…これでは後悔するばかりです。就職課などで、面接ノートを見せながらアドバイスをもらい、少なくとも、これまでに経験した質問に対する答えの充実は図っておきましょう。

面接対策編
重要質問対策7「最後に何か言いたいことは？」

面接官が一発逆転のチャンスをくれる時の質問とは？また、就活で必ず味わう不合格への対処も考えましょう。

きまじめA君

岡先生…。

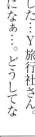

どうしたんだい？　そんな落ち込んだ声を出して。

落ちちゃいました…Y旅行社さん。自信あったのになぁ…。どうしてなんでしょう？

残念ながら、**落ちた理由は内情を知っている採用担当者にしか分からないもの**なんだ。例えば、A君と同じタイプの人が多かったために、A君は合格水準ではあるが、別のタイプを優先し進ませるという判断で落とすこともあるからね。**必ずしもA君に問題があった、能力が足りなかったというわけではない**んだよ。

は～。期待が大きかっただけに、なんだかがっくりきちゃって…。

比較的順調に進んできたA君は、**こんな時こそ正念場だぞ！**　最終選考間際に、自信のある1社を落としてしまったために、そこからリズムを崩して就活がガタガタになるケースは多いんだ。

えっ…。

そうならないためにも、**引きずらないことが大切**だ。どんなに頑張っても、不合格という事実を変えることはできない。変えられない過去にとらわれるのではなく、これからの選考に力を入れることを考えよう。

分かりました！　引きずらないよう頑張ってみます！…とはいうものの、は～、やっぱり気持ちが入りません、というか、抜けていってしまいます…。

そうだね、それが人間というものだよ。でも、**不合格のショックから立ち直る、気持ちを切り替える**ことも、就活で必要な能力だ。先輩達も乗り越えてきたんだ！　A君も頑張れ！

ちゃっかりB君

（ある商社の4次面接）

面接官　（〈3次面接までの評価ファイルを読みながら…〉ちょっと軽い印象があり、か。これは、難しい質問にも答えられるかを見極めないとな）

（B君との面接）

面接官　大学生活の中で頑張ったことを教えてくれますか？

はい。特に頑張ったのは入学以来続けているアルバイトです。このアルバイトでは…。

面接官　アルバイトを頑張られたのですね。アルバイト以外には何かありますか？

は、はいっ！　勉強も…。

面接官　大学での成績はいかがでしょうか？

え、え〜と、全体的にはほどほどですが、ゼミは面白くて特に頑張りまして…。

面接官　Bさんは、苦手な分野に努力することはできますか？

（苦手から逃げる弱点を見抜かれたと判断したB君）すみません！　今日以降はゼミ以外の勉強にも頑張ります！

面接官　うん、今日からの実践が大切だからね。では、次の質問です。Bさんは大きなビジネスを実現したいとのことですが、地味な仕事にも誠実に取り組めますか？

はい、地味な仕事も頑張ります！（汗）

面接官　では、地味な仕事のどんなところに価値を見出しますか？

やはり、お客様に喜んでいただくことです。

面接官　なるほど、それは大事なことですね。最後に言い足りないことなどあればお聞きしますがいかがでしょうか。

い、いいえ…、何もありません。（汗タラタラ）

（今日の面接はダメだと勝手に判断したB君）

面接官　そうですか…B君、今日は面接で答えづらい質問を多くしてしまいすみません。難しいとは思いますが、もっとB君自身について掘り下げた答えを聞きたかったです。

（た、確かに〜自分に足りない点だ…）今日は、就活以上に大切なことを教えていただきました。ありがとうございました。

解説は次のページへ！

vol.46のポイント!

最後まで泥臭く頑張れる人材になる

★ 自分からは絶対に諦めない ★

面接官はどの時点でも面接を終わらせることができます。その面接官が**質問を続けているということは、「まだ終わっていない」というサイン**なのです。つまり、「最後に何か言いたいことは」=「最後にもっと君のことを教えて欲しいので、自由に語ってください」とのメッセージであるととらえ、状況が悪い時ほど仕事や会社への思い、自分自身の学生生活への思いを伝えることにエネルギーを注ぎましょう。

★ 不合格は既に過去のこと ★

不合格…ショックなことではありますが、既に過去のことです。短期決戦の就活では、引きずらず、切り替え、常にこれからの面接に覇気を込めて取り組むことが大切です。この切り替えはなかなか自然にはできないだけに、**「切り替える!」という意思を明確に持って、未来のチャンス(=次の面接)に目を向け、集中することを心掛けましょう**。

★ Web面接と対面面接は別物 ★

初期の面接をWeb形式で実施しても、最終前や最終面接は対面面接となるでしょう。対面面接は、面接室の重い空気がのしかかり、緊張圧迫感は倍増します。また、お辞儀等の立ち振る舞いは、Webと対面では別物です。対面面接に対応できるように就活初期から準備しましょう。

こっそり 採用担当者の本音

難局が繰り返し訪れるビジネス世界では、泥臭く、しがみつくように頑張れる土台を持った人が最も期待できる人!

実践 就活講座

不合格決定までにやれることはまだある

退室間際まで諦めない

頑張ったのだけど、どうにも歯車が合わない、ということもあります。それも人間と人間のコミュニケーションの一つです。

しかし、志望順位の高い企業の場合、このように割り切ることは難しいでしょう。「あがき」でもいいので、**最後に何か形勢を逆転できそうなアクションを起こしましょう。**

例えば、退室時の最後のお辞儀の時に、「私は、御社の○○という事業姿勢に心から共感しています。**売り上げを伸ばしてみせますので、ぜひ、よろしくお願い致します！**」と「気合の宣言」を加えてみましょう。

座っている時と比べて、立っている状態なので、言葉に力も込めやすくなります。また、深々としたお辞儀という、大きなアクションも加えられます。

採用担当者のハートをつかむためにも、声やアクションで必死さや本気度を強く印象づける最後の努力をしましょう。

自らワンプッシュしよう

全ての面接で、都合よく「最後に何か言いたいことは？」と質問してもらえるわけではありません。

そこで、ワンプッシュというキーワードを思い出してください。自宅に速やかに戻り、**言い足りなかったこと、言い間違えて誤解されたかもしれないと不安に感じていることに対しての訂正や説明を、極力、すぐにメールで送りましょう。**

もしも、遠方からの受験で、自宅に戻るのが遅くなる時は、携帯メールでもよいので送信しましょう。

不合格の決定が下された後では、このメールは役立ちません。メールの中身が大切なのは言うまでもありませんが、時間との勝負でもあるのです。

御社への気持ちをうまく
伝えきれませんでしたが
御社で頑張りたい気持ちは
本物です！
よろしくお願いします!!

面接対策編

面接対策／最終面接実況編

就活はハッピーエンドが約束されたドラマではありません。現実に向き合って進んでいくことが必要です。

きまじめA君

岡先生、明日、最終なんです。何でもいいから決まってほしい…。

言うなれば今は、これまでの努力が**内定に結びつくか、水泡に帰すか**の瀬戸際にいるわけだ。世の中に絶対はないが、少しでも絶対に近づけるよう、**やれることをやっておこう。**

具体的には何をすれば？

以下の3つは絶対に取り組もう。

・会社ホームページを再度確認し、志望ポイントや他社との違いを意識し、下線を引きながら読む。

・志望会社で何を実現したいかをプロジェクトや先輩紹介記事等で再確認する。

・エントリーシートを読み直しながら、質問を想定する。

加えて、これまでの面接以上に、「御社に入社したい」気持ちを積極的かつ明確に伝える意識を持とう。決して**「これまでの面接で言ってあるので、分かってもらえているはずだ」的な意識で臨んではダメだ！**

「御社に入社したい」気持ちを積極的かつ明確に伝える
彼なら大丈夫そうだな

分かりました、特に気をつけます。

ところで、どんな会社を受けるんだい？

はい。住宅メーカーです。

ん？　住宅関連を受けているなんて初耳だぞ!?

以前、合同企業説明会へ参加した際、ちょっとお話を伺っただけなのですが、その後、**トントン拍子に選考が進みまして～。**

実際に働いている人のお話とかを聞いてみた？

いえ、さすがに今は説明会や面接に追われて忙しくて…。でも、近所の家とかを興味を持って見始めました。

…そ、それがA君が**仕事として本当に取り組みたいこ**

となら問題はないけどね…。と、とにかく、今夜はやるべきことをやって、明日は頑張ろう！

ちゃっかりB君

（D社最終面接実況）

社長　ところで当社は第一志望ですか？　もしも第一志望で、君が内々定を受諾してくれるのならば、この場で結果を決めようと思うのだが。**（反応を注視する社長）**

は、はい…。（躊躇するB君）

社長　確かE社を受けていたよね。あそこは学生に人気だけど、B君の第一志望はE社？

い、いえ！　御社が第一志望ですが、少しE社のことも気になっており、決めかねております。

社長　どのへんが気になっているの？（優しく問いかける社長）

E社さんは規模が大きな分、安定的であるのが気になっている部分です。

社長　なるほど。Bさんはまだ頭の中を整理する必要がありそうだね。では、面接はこれまで。ありがとう。

本当に当社にきてくれますか？
え～と
他の会社もあるしどうすっかなぁ…
今はこの会社のことだけを考えるんだ！

（D社最終面接を終えて）

…というような面接でして、落ちちゃったようです…。

な、なぜ、「受諾してくれるなら」とまで社長が言ってくれたのに、E社が気になっていることなど話したんだい？　社長がどう答えてほしかったか、分かるよね？

で、でも、正直、E社のほうが少し気になっていたので…。

確かに正直なことは大切だが、今は目の前の選考に全力を注ぐべきで、その場では「御社をE社以上に強く志望しております」と言うべきだった。

それでは、**嘘をつけってことっすか!?**

いや、内定を1社も取れていない時点では、「E社に入社したい…。**でも今、現実的なチャンスは、このD社のみなのだから、D社のことだけを考える**」という気持ちになるべき、と言いたいんだ。目の前のチャンスをつかまず、受かるかどうか分からないE社のことを考えるなんて、甘い！　甘いぞB君！

解説は**次のページ**へ！

面接を受けている会社が絶対に第一志望

vol.47のポイント!

★ 最終面接の目標は第一志望だと伝えること ★

最終面接は、単なる「意思確認の場」ではありません。自己PRも志望動機も再度質問され、あなたの人間性や考え方、仕事への認識がこれまでの面接と同様に厳しく審査されます。加えて、**それ以上に厳しく確認されるのが「入社意思」です**。最終面接では、「御社に入社したい」という気持ちを、**「絶対に明確に伝える」ことを必須目標**として臨みましょう。

★ 面接室では天秤に掛けるな! ★

第一志望の内定獲得を目指す前に、**第一志望グループから一つ内定を獲得する!**　これが就活の第一目標です。最終面接中はその会社のことのみを考え、この会社の内定獲得に全力を注ぐ!　という意識を明確に持ちましょう。

★ トントン拍子の選考に気を緩めるな! ★

企業によっては途中段階の選考基準は甘く設定し、最終面接で一気に厳しく選考をするという方針の会社もあります。そのため、どんなに選考が順調に進もうとも、**忙しいを言い訳にして、仕事研究や自分が本当に取り組みたいことなのか?　の突き詰めを疎かにしてはいけません**。

こっそり…

採用担当者の本音

最終面接を担当する社長・役員は、今までの面接官以上に厳しい基準で選考を行うのだ!　経営者は甘くないぞ!

実践 就活講座

最終面接突破のコツをつかもう

節目の10秒に全力を注ごう

最終面接にたどり着いたあなたには、面接を突破できる実力があるのです。なぜなら、それまでの面接官や採用担当者、かかわった複数の人たちが合格させて良いと判断したからこそ、最終面接の場に立っているからです。自信を持ちましょう。最終面接であることを意識しつつも、「これまでの実力を発揮すればいいんだ」と、自分を安心させましょう。

その上で、入室する瞬間からの10秒、面接官との会話開始10秒、各質問に回答を始める10秒、突っ込みに対する回答開始10秒…と、節目・節目の10秒に、特に注意しましょう。**実力のあるあなたは、最初でつまずきさえしなければ、大丈夫なのです。**「心・脳・目・喉・背中・お腹・手・足」に力を込めて、分かってもらおうではなく、自分の熱意や良さを**分からせる！**という攻めの意識で頑張りましょう！

相手が社長だからこその質問をしてみる

最終面接の醍醐味は、普段は会えない会社のトップ層、社長や役員と会えることです。

そこで、雲の上の経営者達だからこそ、聞いてみたい質問を準備しておきましょう。

例えば、「HPに記載されていた社長様のメッセージで、この点は、具体的にはどのような事業活動につながっていくのでしょうか？」「業種全体の売り上げが前年割れしているのですが、今は、どのようなことに取り組むべきとお考えでしょうか？」「企業規模の拡大を目指すのと、現在の規模を維持しながら、より効率化を目指すのとでは、どちらが良いのでしょうか？」など。

つまり、こういった視点の高い質問によって、会社研究度や理解度をアピールするのです（HPや説明会で既に説明済みなこと、すぐに分かりそうなことを質問すると逆効果です）。

ただし、**質問攻めはダメ。一つの質問に絞って行いましょう**（面接官が、どんどんいいよ、と言ってくれた時は別）。

そして、きちんと感謝を示し、「私のような学生に対し、きちんとお答えいただけたことだけで、御社にお世話になることを決める十分な理由となります」と伝え、内定を快諾しましょう。

就活コラム

Web面接に特化した対策って必要?

Web面接のために特別な対策は必要なのでしょうか? 対面の面接と比較して、何か違いはあるのでしょうか?

Web面接では光が重要

PCのWebカメラを起動させてスクリーンに映った自分を確認すると分かるのですが、顔を照らす光量によって映し出される表情の印象がまったく違います。好天の昼間ならば正面のカーテンを開ける、曇天もしくは夕方以降ならば、顔を照らすための卓上LED蛍光灯等を用意しておくと良いでしょう。

生活音対策も必要

Web面接を受験する場合は事前に家族とスケジュールを共有し、掃除やペットの鳴き声などの生活音が極力入らないように工夫する必要があります。

カメラに映りこむ背景にも注意を

映される壁のポスター、カーテンの柄等、これらはあなたの個人情報です。背景をぼかす機能を備えたWeb会議ソフトもありますが、すべての会社が採用しているソフトに備わっているとは限りません。事前に、Web面接時の着席位置やカメラの向きを決めておくのが無難です。

一度は必ず練習を

対面面接では着席位置や面接官との距離を会社側が決めてくれますが、Web面接では自分がカメラの高さ、距離等を調整する必要があります。就活仲間とWeb模擬面接を通してアドバイスしあいましょう。まれに、音声の遅延が気になるケースもあるようです。併せて通信速度に問題が無いかも確認しましょう。

Web面接ゆえに工夫したいことは?

ノートPCならば机に直接置くのではなく、画面が目線の高さになるよう更に台を置き載せましょう。こうして生まれた空間には自己PR用に準備した資料を複数置くことができます。対面では面接室に持ち込みにくいアピール素材を、カメラや画面共有機能を介してたくさん紹介できる点がWeb面接の利点です。

Webと対面、難しいのは?

難しいのは対面面接です。面接室の独特の緊張圧迫感はWeb面接では味わえません。つまり、Web面接の経験だけでは、対面には対応できないということです。面接対策は、対面に重点を置きましょう。

Part. 06
就活リカバリー編

不合格状況が続いた場合の改善方法や、面接の実践的練習方法を紹介していきます。
この章を事前に読むことで、より就活力をUPできます。

内定出る人出ない人 vol.48

就活リカバリー編

不合格スパイラルからの脱出

「順調だった就活が、一つの不合格からボロボロに…」―これは不運ではなく、きちんと理由があります。その原因と対処法を学びましょう。

きまじめA君

早速だがC子さん、A君、最終面接の結果はどうだったの？

（小さな声で）内々定を頂きました。

えぇっと、僕は…、まぁ、落ちました…ははは（どんよりとしたA君）。C子さんと違って、僕はぜんぜんダメです。それに、C子さんの内定を心から祝福する余裕もありませんし…なんか僕、そんな自分が嫌です…。

以前から言っているように、人は人、自分は自分だ。焦らず、じっくりと就活を行う気持ちを整え、そして、友人の内定を心から祝福できる自分を取り戻そう。**心の状態は、表情や全体の雰囲気にも影響を及ぼすだけに、とても大切だぞ。**

最近ダメなんです…
やっぱりね…最近A君の就活が流されてきてるもの

そのせいなんでしょうか？ 実は、最近の選考がまるでダメなんです。1次面接すら突破できなくなってしまいました…。

ふむ。実は、そうなるんじゃないかと危惧（きぐ）はしていたんだ。

そ、そうなんですか？

A君の**就活が、流されてきている**ように感じていてね。最近は面接を〝受けること〟が就活の目的となっていないかい？ 就活とは、**「自分に本当に合っている仕事か、やりたい仕事かをじっくり見極めて、そして自分なりに納得を深めた上で挑戦する」ことが活動の本質**だということを忘れてはいけない。面接に受かるためのノウハウを駆使することが目的になれば、しょせん、その内容も薄っぺらなものでしかないから、すぐに面接官に見透かされてしまうよ。

最近の僕の就活は薄っぺらい…ですか？

最近はそう感じるね。特に前回の住宅メーカーなんて、たいした研究もせずに完全にイメージだけで選考に臨んでいただろう？ **イメージでやっていける仕事なんてないんだぞ！**

はい…。あっ、だから「実際に働いている人の話を聞いたの？」って、前回（vol.47参照）質問されたんですね。厳しいご指摘、ありがとうございます！　今日から仕切り直して取り組みます！

ちゃっかりB君

岡先生～、俺も、俺もダメです～。

ダメという言葉を簡単に使うのはやめなさい。就活の本番は今からだと思って気合いを入れ直さないと！

え～、本番はとっくに始まってるっすよ～。

いや、**就活が甘くないことを身をもって知った今こそが、本当の意味での就活なのだ！**

まぁ、言いたいことは分かるんすけどね…、でも、ガソリンが切れてきたっていうか…。あ！　頑張るために、1週間ほど休んで充電するってどうすか？

いいよ、と言ってあげたいところだが、**選考真っ只中の1週間はもったいない**。充電は1日で済ませて、そして再び、**歯を食いしばって頑張ろう！　ここが踏ん張りどころだ。**

あとちょっとの所まで来ているのだから、ファイトッ！

ふ～。

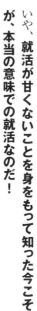

ふ～とため息をつく前に、もう一度、足元を固めよう。B君は、今はどんな目的を持って説明会に出ているの？

面接への切符が欲しいからっすよ～。

ほら、それだ。そんなふうに説明会をおろそかにしているから落ちるようになってしまったんだ。**説明会は、仕事や会社を理解する上での最高の機会**なんだよ。ここで理解を深め、**自分なりに納得を深めた結果として面接があるんだ**。理解や納得の機会をおろそかにして、面接を受けることを就活の目的とする限り、落とされているのではなく、自滅していると言えるよ。

え～、でも、具体的にはどうすればいいんすか？

これからは、**説明会中に志望動機を作ってしまうくらいの真剣さで参加しよう**。そして、**疑問な点があれば、その説明会が終わった後にその場で質問しよう**。簡単に帰ってはダメだ。説明会こそが面接の結果を左右する重要な機会と捉え、そう、言うなれば、説明会に食らい付こう！

説明会での取り組み姿勢が面接につながっていくとすれば、面接は、説明会から始まってるってことなんすね。

その通り！

解説は**次のページ**へ！

vol.48のポイント!

面接を受ける以上に、説明会での理解と納得を重視

★ 面接のために、説明会こそ大切に ★

「学校も忙しくて時間がない」「知識のない新たな業種への挑戦をせざるを得ない」という悩みを抱えるリカバリー時期こそ、**志望を深め、志望ネタを集められる説明会を大切にしましょう**。「入社して何に取り組みたいか?」「なぜ御社を志望するか?」及び「志望職種に伴う困難さの理解」の3点は、説明会中にまとめあげてしまいましょう。

★ ハードルが高くなるからこそ、基本を確認 ★

受かっていた面接が受からなくなる…これは必然です。なぜなら企業は、内定者をある程度確保できた段階からは、**残りの内定枠の合格基準を徐々に上げるからです**。また、リカバリー時期の未内定者は焦りと不合格のショックで、就活の質が無意識のうちに下がってしまうこともあり、これが「受からなくなる」ことに拍車をかける要因となっています。焦りに襲われている時こそ、基本を大切に取り組みましょう。

★ 内定を得た友人を大切に ★

「内定を獲得できる就活感覚を分けてもらう」という意味で、内定を得た友人とのコミュニケーションはとても大切です。基本的な資質と能力において、あなたと友人に大きな差はないのです。内定を得た友人を避けるなど、就活生の仲間から孤立しがちになってはいけません。

こっそり 採用担当者の本音

不安や疲れを隠して、フレッシュな笑顔を貫ける人には、精神的強さを感じ、期待する!

実践 就活講座

エントリー時に、就活反省を添えてみよう

リカバリー就活では、エントリーも選考段階

ほぼ採用予定数に達した企業は、残り数人の選考に当たっては、より少数厳選を意識した採用活動を行います。

従って、説明会エントリー段階を1次選考と位置付ける企業がほとんどですので、就活初期のエントリー時と違い、すべての質問にベストを尽くして記入を行わねばなりません。

下の「説明会エントリー時の質問内容例」内のアドバイスを参考にしながら取り組みましょう。

また、文字数指定を守ると同時に、指定文字数ギリギリまで記入し、会社に対する知識が豊富であること、アピール意欲が満ちていることを印象付けるよう努力しましょう。

就活反省自己紹介を作る

「就活が不調なのは、自分に責任があり、一番の問題は○○が足りていないから。この問題解決のために、今は○○に力を入れることを心掛けよう」と反省する時間を持ちましょう。

これは自分を責めるために行うのではありません。客観的に自分を見つめ、この反省を元に、「就活反省自己紹介」を作るためです。そして、この自己紹介でエントリーしてみましょう。

理由は、企業は、「仕事がうまく進まない場合は、反省し、自分で原因を見つけ、対処できる人」を求めているからです。

この内容は、このリカバリー時期に最もふさわしい自己紹介と言えるのです。

説明会エントリー時の質問内容例

(1) 希望職種をお答えください。

☐ 企画営業　☐ 研究開発　☐ 研究事務
☐ 品質管理　☐ ITセンター

(2) 学生時代一番うれしかったことを教えてください。(500文字以内)

※内定を得た友人に、このテーマならば、どんなことを書くか、内容と理由を質問してみよう。

(3) 弊社のどのような部分に興味を持ちましたか？(200文字以内)

※誰も触れないと思うような細かなポイントまで探した上で書いてみよう。

(4) 【理系学生限定】大学での研究内容を教えてください。(500文字以内)

※文字数が多いのはそれだけ重要視しているから。専門用語に頼らず、一般的な分かりやすい説明を意識して書いてみよう。

内定
出る人
出ない人
vol.49

就活リカバリー編
A君編「慎重派こそのチャレンジ」

内定を得られるだけの素質が十分あるにもかかわらず、〝慎重派〟であるが故に内定に一歩届かないということもあります。その対処法とは？

きまじめA君

先週は、B君と一緒に**内定を獲得した友人に話を聞きまくりました**。アドバイスだけでなく、「応援するよ」という力強い言葉を掛けてもらえて、何だか元気が出てきました！

うん、前回とは違って、声も顔もイキイキとしたものを感じるよ。

就活あっての自分ではなく、**自分あってこその就活**だと気づいたんです。まず自分が自分を信じてあげなければ、企業も魅力を感じてくれないですよね。つらい時こそ、**イキイキとした印象**で面接に臨めるよう、カラ元気でも頑張るように心掛けています（笑）。…でも、これからを考えると、ふと、夜中に不安になることがあるんです…。

良い風が吹きそうな場所へ移動して流れを変える！

それは私だって同じだし、面接官だって同じだと思うよ。誰しも、眠れないほどの不安を抱えることがあるんだよ。そんな時、**自分だけが徹底的に運から見放された不幸者ではないかと思える時もあるが、私の経験上、そんなふうに思うのは一時期だけのことだ**。

一時期だけの悩みで終わらせるにはどうすれば？

大切なのは、自らを変化させていく意識と行動だ。良い風が吹いていると感じる時は、その風を受け続けられるように謙虚に努力を続け、**反対に悪い風が吹いている時は、違う風が吹いている場所に移動するんだ**。

なるほど。自分で何とかできるわけですね。

A君の心は「違う場所＝良い風が吹きそうな場所」へ移動できたように思うよ。

はい！　確かに実感しています。悩んでばかりで行動しなかったら、友人の応援も得られなかったし、カラ元気すら出せなかったと思います。

そうだね。それで、**内定した友人の話を聞いて、何か得**

るものがあったかい？

はい。まず、僕がしっかりと興味を持って研究している業種や会社については、案外、内定を得ている友人と同じレベルのことを言えているんだと自信を持つことができました。でも、同じ内容でも、友人の方が**ためらいがない**というか、**自信があるように**感じました。それで、「何でそんなに自信を持って言えるの？」って質問したら、笑って**「自信なんてないよ。ただ、自分はそう感じたし、思ったんだからそう言うしかないじゃん」**と、軽く言われたのがショックでした。僕はいろいろと気を遣って答えているのに…。

なるほど。ある意味、A君は損をしているタイプかもしれないね。

え…？

「理解の深さ」は変わらないのに、結果に差がある…**それは与えている印象の違いが原因**ではないだろうか？ つまり、**友人の方が、自信があって潔いような印象を与えるから採用担当者も安心できる**。それに比べて、A君は慎重に言葉を選び過ぎていて、それが**どこか煮え切らない印象になってしまう…**。**「採用する上での安心感」という点で、決め手にかける印象になってしまっているのではないだろうか？**

では、僕はどうするべきなのでしょうか…？

先ほども言ったように、**これまでの自分の繰り返しでは面接室の風は変わらないだろうから、**変えていく意識を持とう。まずは、次の面接で友人の「言うしかないじゃん」といった姿勢を見習って、**思うまま、迷いなく答えてみることを実践してみてはどうだろうか？**

デキる人のコピーをする重要性は理解していますが、不器用な僕が、まねだけでうまくいくんでしょうか…？

A君ならば、単に友人のまねでは終わらないと思うよ。なぜなら、常に物事を吟味して深く考えられるA君ならば、**自分と友人の良いところをミックスさせること**が可能だと期待できるからだ！ それは必ず言葉の端々に表れるから、自信と潔さに加えて、「深さ」を面接官は感じてくれるだろう。これぞ、変化だ！ 成長だ！ きっと吹く風も変わるはずだぞ！

試行錯誤と実践が大事ということですね！ ありがとうございます。**いろいろと試してみます！**

A君は、考える試行錯誤は十分にできているから、行動・振る舞いの試行錯誤に重点を置こうね！

解説は**次のページ**へ！

躊躇をねじ伏せれば、面接室の風が変化する

vol.49のポイント!

★ 慎重派の人の最大の敵は“躊躇” ★

面接が不合格という状況が永遠に続く…そんな確定した未来なんてありません。状況というものは、**きっかけ一つで簡単に変わるもの**なのです。そこで、**きっかけをただ待つのではなく、自ら作る意識と姿勢**を持ちましょう。そのためには、今の自分に変化をつける必要があります。**実際の面接場面では躊躇していること、やりきれていないこと**がいくつかあるはず。それらをとにかく**やってみる!**のです。

★ 焦る時期こそ就活予定を充実させよう ★

面接待ちなどエントリー中の企業がなくなってくると、余計な焦りがわいてきます。また、選考スケジュールに追われる中で、説明会参加予約を行うのはとても面倒に感じるはずです。しかし、**予定がありさえすれば、就活は終わらないのです**。まず2週間程度先までの説明会参加予定をしっかりと組み直しましょう。

★ 内定者とあなたには、まだ何も差はない ★

内定者をみて焦る必要はありません。**内定のタイミングが多少ずれたとしても、社会人としてのスタートにおいては何ら差がついたわけではないのです**。内定者と比較することなく、昨日までの自分の就活を反省し、基本を大切にした、より良い活動をすることに全力を尽くしましょう。

こっそり… 採用担当者の本音

就活で苦労した学生ほど優秀な社員に育っている! ゆえに、困難に直面している君たちには大いに期待しているぞ! 就活を通して多くのことを学んでほしい!

実践 就活講座

着席までの間にアピールする意識を持とう

面接への対応力を一気に向上させるのは大変ですので、まずは基本ともいえる次のことに注意して、入室から質問が始まる前までの局面を頑張りましょう。

・ノックの音　ノックの回数は2回。クリアな音が出せるように、何度か練習しておきましょう。

・ドア　丁寧に静かに開け閉めする意識が見えると好感が持てます。面接官に背中を見せてもいいので、慌てずに両手を使って閉め、そして向き直します。

・入室時の目線　面接官にしっかりと目線を合わせてからあいさつします。目線を合わせてくるかは、面接時の態度として重視されています。

・入室時のあいさつの声　はっきりと通る声は印象が良い。部屋の大きさ、相手との距離を考え、ちょうど良い声を出す必要があります。

・表情と堂々とした態度　笑顔を浮かべて挨拶する余裕がある人には、コミュニケーション能力がありそうとの好印象を与えられます（まじめ一本の顔は、コミュニケーションにおいて不器用な印象に）。また、背筋は伸ばしても手の指先までは意識が届いていない人が多いので、要注意です。

・お辞儀　相手を見定めて、きちんと行っているかは重要チェックポイント。面接官が2人いれば2人それぞれに行いましょう。

・歩く時の目線、スムーズさ　堂々と歩くことを心掛けましょう。妙に慎重に、ゆっくり歩いている人がいますが、仕事のスピード感に欠けそうとの印象を持たれかねません。

・立ち姿勢　壁を見ながら、しっかり立っていても意味はありません。アイコンタクトを常に意識しよう。

・目力　目がおびえているとの印象はマイナス評価です。しっかりと、目に力を込めて、面接から逃げない意識を持つことが大切です。

・座り姿勢　椅子の背もたれは使わないのが鉄則。事前に誰かに座り姿勢を見てもらい、アドバイスを受けておきましょう。

・返事　面接官の質問に対して間髪入れずに「はい」と反応があるだけで、コミュニケーション面で安心感が持てる人という評価を得られます。また、仕事もテキパキできそうとの印象になるので、とにかく間髪入れず「はい」の反応を心掛けましょう。

就活リカバリー編 B君編「明るいタイプの武器とは？」

元気さ・明るさが長所の人が元気さを失ってしまっては、何も残りません。元気で明るい人だからこそできることとは？

ちゃっかりB君

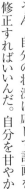

岡先生。俺、一日でも早く内定を取ろうと思っていたんすけど、方向転換して**期限を決めないことにしました**。そしたらかなり気が楽になって、心の疲れが取れたっていうか…。

うん、自分の状況に応じて計画を修正すればいいんだ。自分を甘やかしてはいけないが、追い詰め過ぎるのも考えものだからね。**何よりも前向きな気持ちを保ちながら**取り組むことが大切なんだ。

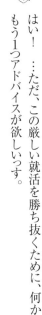

はい！　…ただ、この厳しい就活を勝ち抜くために、何かもう1つアドバイスが欲しいっす。

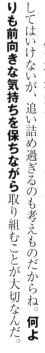

よし！　実は、**これからの時期にこそ伝えたいアドバイス**があるんだ。そのアドバイスの前に、まず1つ質問だ！　今後、**周囲に内定者が増えるにつれ、未内定就活生が共通して持つ気持ちとは？**

明るく元気！
それだけで周りより輝いて見えるっしょ

え〜と、不吉ですが、このままどこからも内定をもらえていないのでは？という不安や焦りっすかね。

そうだね。では、**その未内定就活生に共通してくるであろう雰囲気（＝印象）は？**

疲れている、落ち込んでいる、自信喪失、不安、暗い…。

となると、**その就活生の中で輝くために必要なのは？**

「明るさと元気」だと思います！

それだ！　これからは、B君の**いつも通りの元気さや明るさを維持するだけで**、よりプラスの印象になりやすいということを、しっかりと意識しておこう。

そういえば俺、明るいのが取り柄だったはずなのに、最近落ち込み気味でした。自分の長所を生かせていなかったんすね〜。今後の説明会受付でのあいさつなどでは、「明るく元気」を心掛けるっす。

加えて、もう一つ意識して行ってほしいのが、**「電話」**だ！　説明会の問い合わせや予約を、どんどん電話で行ってみよう（もちろん電話での問い合わせが可能な企業のみ。それ以外は迷惑になってしまうぞ）。

電話っすか？　う～ん、説明会の予約は１００％インターネットを使ってたな～。

電話は声が勝負だ！　姿勢を正して、明るく元気な声で採用担当者と話すのだ！　そして何十社もかけてみよう！

しかし、それが面接にどうプラスになるんすか？

実は、これはある会社のＯＪＴ（現場トレーニング）の応用なんだ。**電話はお互いの顔が見えないだけに「相手との呼吸を合わせる感覚」「頭の回転の速さ」「声で表現する能力」を鍛えることができるのだ！**　面接の即効トレーニングとして、電話する日を作って**「次はこうしてみよう」と考えながら**、納得できるまでかけ続けてみよう！

元気・明るさは俺の長所っすから、使いまくるっす。

ただ、大ざっぱなＢ君だけに心掛けてほしい就活の基本がある。

な、なんでしょうか？

頑張れるのは面接室だけじゃないことをしっかりと認識することだ。特に**帰宅後の努力**を行ってほしい。例えば、**説明会の感想とお礼をメールする、社員訪問のお願いをする、面接で言い足りなかったことをメールする**だ。こういう細かな努力を、不利な状況だからこそ積み重ねてほしい。

以前にアドバイスされましたが、最近はやってませんでした…。１００％で頑張っているようで、抜けがあるんすね～。落ちている自分を嘆いている場合じゃないっすね。

特に、説明会に参加し、入社したいと思った企業には、参加後すぐに、社員訪問依頼を絶対に行うこと。

なるほど～。志望動機の充実と、会社への興味のアピールをダブルで行えるんすからね～。面接前にこれだけ頑張っておけば、現状と比べて、良い位置から面接を始められますよね。絶対にやります！

その意気だ！　その元気さこそがＢ君の魅力だ！　説明会や採用担当者への依頼の電話で、どんどんＢ君の魅力をふりまこうじゃないか。これも就活のアピール方法の一つなんだぞ。

解説は**次のページ**へ！

みんなが意気消沈しているからこそ、元気に！

★ 明るさ、元気の価値が高まる時期 ★

内定を獲得し就活を終える学生が増えるにつれ、未内定者の説明会参加時の雰囲気が重く、暗くなります。自信喪失や就活への不安などが、表情や雰囲気に自然と表れてしまっているのです。**「みんなが暗いから自分も」なのか？　「みんながそんな時だからこそ、自分は明るく」なのか？**この意識の違いが就活の結果を大きく左右するのです。

★ 社員訪問依頼を重視する ★

結果が思わしくない焦りから目先の活動に流されるままの就活生が増える就活終盤こそ、会社や仕事を研究するために、現場で働いている人の話を聞くべきです。OB・OG訪問をしてこなかった人は、特に取り組みたいところです。就活の質を高めるための最高の取り組みである社員訪問を積極的に行い、就活の流れを変えましょう!

★ Web面接のプレゼンで勝負 ★

対面面接が苦手な人はWeb面接こそ大切にすべきです。「私の自己分析結果」と題したものを作成し（P10～13を活用）、「準備したプレゼン資料を紹介させて下さい」とお願いしましょう。「面接のために作りこむ努力をする人→仕事にまじめに取り組むと期待できる人」との第一印象を残すことが目的です。（P41も参考に）

こっそり採用担当者の本音

逆境に強い人を求めていることを忘れないでほしい。リカバリー時期こそ、内面のタフさを示せる、本当の意味でのアピールチャンスだ。内定時期は最後のほうだとしても、一番期待される内定者を目指そう！

実践 就活講座

リカバリー期は電話を重視しよう

募集要項で電話番号を確認

募集要項の連絡先に、採用課直通の電話番号が記載されている場合は、「電話による問い合わせＯＫ」ということです。リカバリー期は、積極的に電話で問い合わせましょう。理由は、回答を得るまでの時間節約と、電話で採用担当者とのコミュニケーション力を鍛えるためです。

「時間をかけて会社まで往復して落とされるくらいなら、電話で落とされたほうが時間の節約になる」くらいに考え、積極的に採用担当者と電話で話しましょう。勇気を出して電話を１００社かければ、１００回のコミュニケーション練習ができるのです！

座り方、聞き方でアピール

あなたが、どうしても話すのが苦手ならば、座り方と聞き方でのアピールを目指しましょう。

座り方　例えば面接官１人に対して学生５人の集団面接の場合、面接官の真正面に座れるのは１人だけです。残りの４人の正面には壁しかないわけです。よって、真ん中から端の席にいくにつれ、体の角度を変え、面接官に体を向けて座る必要があります。

聞き方　面接官の説明や質問に、一つ一つ、うなずきましょう。これにより、あなたの脳は、より面接官の説明や質問を認識できるようになります。また、この聞きながらのうなずきが、回答へのリズムを作っていきます。リズムがあるほうが、人間の脳は働きやすいのです。

企業の問い合わせ先は募集要項で確認

問い合わせ先	〒○○○−○○○○ ○○○○○○○○○○○○○○○ ○○○○○○○○○○○○○○○ ○○○○○○○○○○○○○○○ ○○○○○○○○○○○○○○○ 管理部　採用課直通 TEL:03-0000-0000 採用担当:山田、太田
URL	http://○○○○○○○○○○○○

面接官に向かって座る角度を変える

就活リカバリー編 面接突破トレーニング「脱・暗記を目指す」

面接では、問いかけに対する素早い反応や暗記から脱した対応がプラスの印象につながります。それができるようになるための練習方法を紹介します。

きまじめA君 ちゃっかりB君

就活に苦労しているA君に、ここで改めて、面接対策のための基本練習をしてもらおうと思う。**考えるのではなく、浮かんだことを答えるための練習だ！**

はい。お願いします。

ではB君、手伝ってくれるかな？　この紙に書いてある質問をランダムにA君にぶつけてほしい。そして回答者となるA君の**ルールは1つ。1分間以上は、必ず話し続けること。**

俺が面接官役ってことっすね。

回答は、たった1分でいいんですか？

うん。その代わり、B君はA君が1分話せたら次の質問と、次から次にランダムに質問を繰り出すように。では、始めよう！

〈……ここからは友人と行ってみよう……〉

〈B君に手渡したメモ〉

<自己PR系>

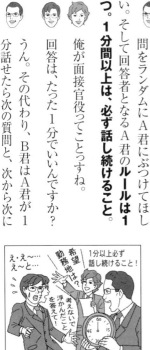

・あなたの長所もしくは強みは？　・大学生活で頑張ったことは？　・あなたのモットーは？　・大学生活で一番つらかったことは？　・ゼミ、研究室（もしくは学部）は？　なぜ、それを選んだの？　・高校時代と比較して成長できたことは？　・大学生活の出会いの中で、あなたの成長に最も影響を与えた人はどんな人？

<志望動機系>

・希望勤務地は？　・あなたが入社して取り組みたいことは？　その仕事は社会にどう役立つの？　・企業を選ぶ時、何にこだわりますか？　・仕事を通して、どんな成長を果たせると思いますか？　・なぜ就職するのですか？　・志望業界の魅力は？　・10年後、どんな仕事にチャレンジしたいですか？　・志望する職種で生かせるあなたの強み、長所は？　・志望職種の一番大変な点は？

では、「希望勤務地は？」

え、え〜…いきなり勤務地？

面接官相手に、「え、え〜」なんて言えないぞ。

すみません…。はい。私が希望する勤務地は、特にありません。若いうちは、全国どこへでも行くつもりでおります。理由は、さまざまな地域で働いたほうがお客様や社員とのつながりも広がり、将来、その人脈を生かせると考えるからです。

まだ1分たっていないよ。

1分って意外と長いですね。え〜と…勤務地ネタで1分って無理じゃないですか？

ネタが足りない時は、答えを膨らませよう！　膨らませるためのヒントは、自分の答えたことの中から見つけるんだ。

そ、それならば、「将来」が膨らませるためのキーワードとなりそうですね。…私は5年、10年と働き、人脈を広げ、そして力をつけることができましたら、取り組みたい仕事があります。それは…（**1分以上話を続ければ、内容に関係なくOK**）

では、次の質問〜。「大学生活で頑張ったことは？」

はい。私が頑張りましたのは、**え〜え〜**、勉強です。

ちょっと待った！　**なぜ、「え〜え〜」と間が入ったの？**

勉強にしようか、資格取得にしようか、迷ったからです。

この練習の目的である**「頭に浮かんだことを、そのまま話す」、これを守ってみよう。**

はい。私が頑張りましたのは、勉強です。この勉強では…。

それでは、企業を選ぶ時、何にこだわりますか？

はい。私がこだわりますのは…。

その調子で何度も繰り返し練習しよう。**反応が早い印象を与えるために、とにかく「はい」とすぐ答えることを機械的に行うこと**。それだけでも、面接官に好印象を与えることができるぞ。この練習を繰り返せば、言葉が**浮かぶスピードも上がるし、浮かんだことを同時進行で言葉にしていくことにも慣れてくる**。そもそも、君たちは友達との普段の**日常会話では「思い浮かんだことで1分間話すこと」などできている**のだから、あとは練習あるのみだ!!

はい！

解説は**次のページ**へ！

vol.51のポイント!

暗記に頼る意識をなくそう

★ 就活仲間と練習しよう ★

面接や人との会話においては、「呼吸やリズム」を合わせることが重要です。必ず**人を相手に練習を行いましょう**。また、面接を経験した皆さんは、できる、できないは別にして、「こう対応できる自分になれたらな～」というう成功イメージを持っているはずです。まずは、このイメージの自分を目指して頑張りましょう。

★ とにかく「はい」 ★

質問を聞いたら、とにかく機械的に「はい」と返事をしましょう。例えば、面接官から「1+1=3ですか」と質問されたとしても、まず「はい」。そして「いいえ、1+1=2です」と答えればいいのです。つまり、「はい」は問いかけに対する答えの一部ではなく、「質問を聞き取りました」と、相手に伝えるための返事だと理解しましょう。

★ 浮かんだことを言葉にする ★

「頭に浮かんだ内容」を言葉にすることを意識して、暗記による受け答えゼロを目指して練習してください。そして、**最低1分以上は話し続けることを繰り返し、二言、三言で終わらない感覚を身に付けましょう**。この練習を繰り返すと、言うべきことが真っ先に頭に浮かび、言葉にできるようになります

こっそり採用担当者の本音

私たちは、あなたとスムーズに話したいのだ！　頭の中で作った文章を聞きたいのではないし、文章を頭の中で作る時間のために2、3秒といえども待たされたくない。

実践 就活講座

あなたの言葉には、伝わってくるものがあるか

とことん人に見てもらおう

面接であなたが話す目的は、「よどみなく上手に話せる能力」を示すことではなく、「自分の個性や志望熱意を相手に伝えること」です。ですから、反応のない鏡を相手にいくら練習しても、うまく言えたかどうかの練習しかできず、全く無意味です。

面接の練習では、人を相手に練習する必要があります。下の「練習相手に評価してもらう項目」を確認し、アドバイスをもらいながら面接向上を目指しましょう。

難しい話よりも実感を中心にしたネタに

人が肩の力を抜いて、「いつもの自分らしく話せるネタ」は、知識ではなく実感です。

「このラーメンの材料は、小麦粉と、えーと、なんだっけ」（知識）、「うわ〜、おいしいですね！　つるっとしてて、でも歯応えがあって…」（実感）

このように、実感とは自然に言葉が出てくると同時に、表現豊かに話すことができるのです。

よって、自己ＰＲや志望動機でも、実感を中心に話してみましょう。例えば、あなたは、下段「実感ネタでの面接例」のように、今、自分の自己ＰＲに疑問を感じているのではないでしょうか？　ならば、その実感にも触れつつ、自己ＰＲを行ってみましょう。そして、実感ネタでペースをつかみ、「伝える面接」の練習成果を発揮してください。

練習相手に評価してもらう項目

1. 言葉の端々から気持ちが伝わってきたか？
2. 話の内容からシーンが浮かんだか？
3. アピールになるな、と感じた点
4. どの部分に、どんな質問をしたいと思ったか？
5. 若々しさや、普段のあなたの良い表情が話している間に表れていたか？
6. 無言で座っている姿勢に、美しさを感じるか？
7. アイコンタクトは自然であり、かつ、目力を感じたか？

実感ネタでの面接例

面接官「自己PRをお願い致します」
あなた「はい。**最近は、面接で落ちまくり、これが自己PRになっているのだろうか？　と疑問に思うこともあるのですが**（実感）、私の最大の長所は〜〜**いかがでしょうか？**」
（評価を聞いてみたい、という実感）
面接官「なるほど、言いたいことは分かるのだけど、もう一つ、押しがほしいね。例えば、チーム活動で何かしたことはないの？」
あなた「はい。それなら高校時代の部活のことでもよろしいですか？」
面接官：「どうぞ」

例のように実感から入り、面接というよりは相談、アドバイスをもらう場という雰囲気を作り上げ、見事、内定をゲットした先輩もいるのだ。

就活リカバリー編
面接突破トレーニング「突っこみ対応力をUP」

面接の評価は、最初の回答に対する、突っこみの部分から始まります。突っこみ対応力を鍛えましょう。

きまじめA君 ちゃっかりB君

今回のトレーニングは、まずはA君と私で行おう。A君、「大学生活で一番つらかったことは？」。

はい。私の大学生活で一番つらかったことは、家庭教師のアルバイトで、担当した生徒の成績が上がらず、途方に暮れた時のことです。1カ月たっても、全く成果が上がらなかったので、そこで私は、教えるよりも学校の話題や趣味の話を聞くことを取り入れました。

「**なぜ**、そうしたのですか？」

はい。この生徒の現状を家庭教師派遣会社の担当者に相談して、まず勉強以前のコミュニケーションを充実させ、信頼関係を築くようにとアドバイスされたからです。

A君の意見に対し B君はどう思う？
これの 繰り返し！
B君の意見に対し A君はどう思う？
カコン
カコン
カコン
カコン

「**なぜ**、相談したのですか？」

はい。アルバイトと言えどもお金をいただくわけですから、効果を上げねばならないと考えたからです。

「それで、**どうなりました？**」

1週間ほどたつと、生徒が親しみを持って接してくれるようになったことを感じられるようになり、教えやすくなりました。

「**なぜ**、コミュニケーションが成立すると、教えやすくなるのですか？」…と、このように、**面接官役は「なぜ？どうして？」とひたすら問い掛けよう**。これにより、質問＝突っこみに対する対応力を磨くことができる。では、A君が面接官、B君が受験者でやってみよう。

（ランダムな質問で始まり、1分以上の答えを行い、その回答内容に「なぜ？　どうして？」と問いの掛け合いを続ける）

…では、今後は私が面接官役となり**3人で行おう**。この練習の目的は、**聞きながら考え、すぐに回答の方向性を決定し、更に話しながら回答を膨らませることが目的**だ。

GDの練習にもつながるぞ。まずB君、「あなたは仕事を通して、どんな成長を果たせると思いますか？」。

はい。私は営業を志望しておりますので、仕事を通して伸ばせるのはコミュニケーション能力だと思います。あ、あ、すみません。やっぱり「提案力」にしたいので**言い直していいっすか？**

ダメ。面接はゲームのようにリセットできないのだから、**言い始めたことを言い続ける中で、より言いたいことにつなげていく練習**も大事だ。

分かりました。私は営業を志望しておりますので、仕事を通して伸ばせるのはコミュニケーション能力だと思います。理由はいろいろなタイプのお客様と接することができるからです。**あと、**もっと伸ばせるのは提案力だと思います。営業はお客様に提案する姿勢を持って接するのが大切だと聞きました。提案するというのは難しいことだと思いますが、それができないと営業成績を伸ばせないと思います。…**あ、あれ～、質問から離れた、「営業に必要なもの」という回答で終わってしまった…。**

面接の答えは作文とは違うんだ。**きれいな文章のようにまとまった内容にならなくても大丈夫なんだ！** 今の答えでも十分に答えになっているから、自信を持って！ 「ではA君、今、B君が営業には提案姿勢が大切と教えてくれたのだけど、**あなたはどう思いますか？**」

はい。私もB君の意見に賛成です。提案姿勢の他では、仕事はすればするほどアイデアが浮かぶものだと思いますので、その浮かんだアイデアをどんどん発言する姿勢も大切だと思います。そういう意味では、発言能力も大切だと思います。

潔く自分の意見を発言する姿勢がいいぞ！ 内容以上に、その姿勢が大切だ！ では、B君、**今のA君の意見に対して、どう思う？**

はい。仕事をすればアイデアが浮かんでくるという考えに、私も賛成です。仕事って経験につながり、その経験が新たな視点を提供してくれるんです。例えば、アルバイトでの経験なのですが…。

一方が出した意見に対して、もう一方に意見を求める。この練習を繰り返し行おう。「間違えていないかな～」なんて心配せず、「ハキハキ発言」を意識しよう。

解説は**次のページ**へ！

面接官は、バラバラな内容でも読み取ってくれる

vol.52のポイント!

★「なぜ」で掘り下げる★

「なぜ?」と繰り返し質問されると、自然と回答を深めていくことができます。また、**面接官役も、「なぜ」の突っ込みを通して、回答のポイントとなる部分を捉える感覚を養うことができ、面接官に対する想定力をレベルUPできます。**この練習の後に、あなたのESを読み直し、自分で「なぜ?」と突っ込みを入れてみましょう。

★シナリオのない状況を作る★

3人組での練習を行いましょう。面接官役は、一方が話した内容に対して、「どう思う?」「あなたならば?」というように、もう一方に次々と質問を振っていきましょう。これによって、**否応なく、その場で考えて浮かんだことを言葉にするしかない状況を作れるのです。**役割を変えながら繰り返し行いましょう。また、この練習によってGDに対応する力を磨くこともできます。

★話す流れの中で修正する★

話している途中で、もっとピッタリの答えが浮かんだならば、最初に戻って言い直すのではなく、話を続けながらもっと話したいことにつなげていく練習をしましょう。面接で必要なのは、最初から整った内容できれいに話す能力ではなく、浮かんだことに沿いながら、引っかかりながらも話を続ける能力です。

こっそり採用担当者の本音

どんな方向に回答が行こうとも、何が言いたいかを読み取ってくれるのが面接官だ!

実践 就活講座

求人企業の仕事に自分を合わせていこう

就職のメリットは大きい！

「就職活動をしているうちに、本当に就職したいのか、何がやりたいのか分からなくなってしまった」…こんな迷いが生じたとしても、自分を責める必要はありません。誰しも不調な時は、否定的、ネガティブな考えを持ってしまうものです。

また、志望企業が全滅した状況ならば、当然「何がしたいのか？」は分からない状態になるのが普通です。

こんなに苦しいと、就活をやめたくなる人もいるでしょう。しかし、**あなたは就職することによって、人脈・スキル・社会知識と多くのものをつかむことができます**。就活のつらさ以上にメリットがありますので、内定を目指し頑張り続けましょう。

次に、やりたいことですが、どの業種・職種の仕事であろうとも、それは世の中に必要とされる仕事です。**あなたが、意義を見出す努力をすれば、必ず社会&自分にとっての両方の意義を見出せます**。

つまり、今まで志望していた仕事とどんなにイメージの違った仕事だとしても、あなたはその仕事を自分がやるべき価値のある仕事にすることができるのです。

何がやりたいか分からない状態ならば、例えば、明日の合同企業説明会で出会った会社のすべての仕事をやりたい仕事にしてください。

リカバリー期は、志望に合った仕事を探すよりも、応募できる仕事に志望を合わせていくことも必要です。

遠征就活を行ってみる

一人当たりの就職チャンスが日本全国均等でないことは、各都道府県の求人倍率の数値が違うことからも明らかです。

もしも、地元就職を目指す中で活動に限界を感じたならば、他の地域での就職も選択肢に入れてみましょう。

自分の地元でなければならない理由を客観視し、今、この時点の就職から地元を選ばなければならないのかを再検討してみましょう。

そして、説明会開催数や合説への参加企業が多い都市部で活動を行ってみましょう。別の魅力を持った企業との出会い、受験チャンスの増加など、意識の変化で就活の気分一新も図れるでしょう。

自分の可能性を最大限に試してみるためにも、一度、遠征就活を行ってみてはどうでしょうか？

内定 出る人 出ない人 vol.53

就活リカバリー編 面接突破トレーニング 「魅せる力を鍛えよう」

面接官は質問に対する回答内容だけを問題にしているのではありません。回答内容だけではアピールできないことを理解し、対応力をUPさせましょう。

きまじめA君

A君、**なぜ面接官はESよりも面接を重視すると思う？**

やっぱり、**人物重視**だからじゃないでしょうか？　**実際に会ってみないと分からないことが多い**からだと思います。

その通り。つまり、企業にとっては**ESよりも面接のほうが得られる情報量が多い**から、面接を重視するんだ。

は、はい…というか、その程度のことは既に分かっていたというか…。

本当にそうかな？　では、質問しよう。A君は、**面接できちんとした答えを「聞かせる」ことを、ついつい重視していないかな？**

うーん。そう言われると、質問にきちんと答えて、その回答を聞いてもらって合否を判断してもらうというイメージで臨んでいます…、え？　もしかして、これってダメなんですか？

ダメではないが、**面接官の「耳」に重点を置いてアピールしている限り、面接という状況を生かし切れないんだ！**

〝生かしきれてない〟という意味が、いまいち飲み込めません…。

「企業がより多くの情報を得られる」ということは、「学生はより多くの情報を伝えることができるチャンス」ということだ。つまり、「聞かせる」だけで、ESから得られる情報と変わらないものを提供していては、もったいないという意味だね。これからの面接では、面接官の「耳」だけでなく、**「目」も意識してのアピールを目指そう！**　つまり、**「見せる&聞かせる」で、「魅せる（魅了する）」面接**としなくてはならないということだ。

おお～、なんだかすごい感じがしてきました！　では「魅せる面接」とは、具体的にどうすればいいんですか？

ちゃっかりB君

へへん！「**魅せる**」というキーワードで、俺、ひらめいちゃいました。ずばり、大事なのは**ボディーランゲージ**っすね！　それに、座っている姿勢や褒められた時の**笑顔の表情**とかも大事だと思うっす。例えば、うつむき加減だと自信がなさそうに**「見える」**けれど、しっかり顔を上げて胸を張ってアイコンタクトをすれば、自信に満ちた学生に「**見せられる**」と思うっす。

B君のほうに魅力を感じるぞ
聞かせる声への意識
＋
ボディーランゲージ
静止

その通り！　だから、「はい。私の長所は積極性です。この積極性を…」の、**「この」と言っている辺りからは、**両手を上げ、動かし、**両手の表現（＝ボディーランゲージ）を見せることも**必ず意識してほしい。これができていない人は、「見せる＝面接官の目にアピールする」ことを意識できていない証拠だ！　では、2人で練習だ！

（ボディーランゲージの練習を行う2人ーしばらくしてー）

静止画を眺めていると飽きてしまうものだが、**動画ならば飽きにくいよね**。故に面接官も、口だけ動かしている人を見ているよりも、**両手に動きのある人を見ている方が、一緒に面接室にいて楽しいはずだ！　ボディランゲージを加えて話す2人を見ていて、C子さんはどんな印象を持った？**

はい。2人のアピールにリズムが出てきて、とても聞きやすくなったという印象があります。

なるほど、確かに言葉に強弱をつけやすくなって、話しやすくもあります。でも、**照れながらやっているうちはダメ**ですね。自然に手が動くようになるまで練習を繰り返します。

「見せる」は分かってきたんすが、では「聞かせる」とは？

魅せるための最終段階は、意識的に聞かせる声を作ることだ。「魅せる＝聞かせる&見せる」だからね。まず、**「聞こえにくい声」とか、「隣の人と比較すると弱々しい印象の声」など、声で損している人がいることを知っておこう。**

それ、面接で感じるっす。でも、声は生まれつきだし…。

いや、意識次第で人はいろいろな声を出せるものなんだ！　例えば、**口を開く大きさや、お腹への力の入れ具合を変えるだけで、声には変化をつけられるんだ。**一度、自分の声をいろいろ試してみて、面接用のより良い自分の声を、面接官役の友人に判断してもらおう。

A君、B君、じゃあ、私が聞いてあげる。まずA君から自己PRをしてみて…それじゃダメ！　もっと**強い目と声**でアピールして！

（※P135も参考に）

解説は**次のページ**へ！

面接は聞かせるものではなく、“見せる=魅せる”もの

vol.53のポイント!

★ 見せる=魅せる意識を高めよう ★

面接官は皆さんと会って、実際に「見たい」から面接を行うのです。よって自分を見せに行く意識、面接官の“目”にアピールする意識を強く持ちましょう。その時に大事なのが、人の個性が伴う「表情」作りをすること。「あっ、今の表情良い!」と、**面接官役の友人や家族が評価してくれる時の自分の表情はどんな表情**なのかを確認しましょう。

★ ボディーランゲージも表情の一つ ★

ひざに置いた手は無表情なのです。しかし、この両手が胸まで上がり、動き始めた時、表情を持ち始めるのです。つまりは、ボディーランゲージを使っていないということは、「見せきれていない」ということなのです。**ボディーランゲージは動かし始めるきっかけさえつかめれば、**あとは自然に両手が動き、表現をしてくれるものなのです。**一度挙げた手は話し終えるまでは下げない**という意識で練習しましょう。

★ 人柄を魅せるために全身を使う ★

面接に合格するとは「面接官があなたに魅せられた」ということなのです。回答の内容だけで魅せようとするのではなく、顔の表情、上半身の動き(意気込みを示す、やや前のめりの姿勢)、両手の動き、**心情に応じた声の変化**のすべてを使って、“人柄を魅せる”ことに全力を注ぎましょう。

こっそり採用担当者の本音

同じような回答の場合、静止した人よりも動きのある人に魅力を感じる。聞き取りにくい声よりも、しっかりと聞こえる声の人に魅力を感じる!

実践 就活講座

大企業との比較ではなく、中小企業の魅力を見出そう

大企業志望だったことを隠す必要はない

リカバリー就職活動では、**第一志望であったというふりをする必要はありません**。なぜなら、「A業種・大手志望であったが、ここにきてB業種の中小企業を受けざるを得ない状況に追い込まれている」ことを、企業側はとっくにお見通しだからです。

ここで大切なのは、そんな応募者に、企業は何を求めているかを考えることです。

「本当は大手に就職したい」という**気持ちを引きずっている人**を採用したいでしょうか？　全く採用したくありません。「きっぱりと頭を切り替え、B業種や中小企業に就職することの意義を見出せた人」を採用したいのです。

あなたの価値観を、今すぐ目の前の企業・業種に合わせると同時に、「大手狙いでしたが、今後は規模にこだわらず、社風と仕事内容で考えています」と、切り替えたことを、しっかりと伝える意識を持ちましょう。

中小企業の魅力

私が新卒で入社した大企業は変化の波にのまれ、今は存在しません。一方で転職先の中小企業は、売上高も社員数も順調に拡大しました。

あなたに伝えたいのは、有望と感じる自社技術・ノウハウを持つ会社ならば中小という規模に不安よりも夢を持ってほしいこと、社長や経営陣の考えに直接触れられる機会が多い、会社の成長を感じることができる等の規模が中小ゆえのメリットがあることです。

私が経験から感じた中小企業の魅力を下にピックアップしましたので、今後の会社研究の参考にしてみてください。

社長登壇の説明会を重視

社長が登壇する説明会は、その会社の最も重要な人材を自分の目・肌で確認できる貴重な研究機会です。困難や激しい変化に社会や業界が直面している時ほど重視しましょう。

中小企業の魅力の一例

- 組織が小ぶりで全体が把握できる。
- 「うちの会社は…」と親近感、当事者意識を持ちやすく、会社への貢献を実感できる。
- 社長や役員が身近。会社が何を考えているかが、良く分かる。
- 他セクションとの垣根が低い。フランクに意見交換ができる。
- 社員が少ないために、実力が認められやすい、注目されやすい。
- 部門やチームが増設される過程での、出世・昇進のチャンスが多い。
- 過去の不の遺産とも言うべき、斜陽の部門や負債が少なく、景気上昇時に成長しやすい。
- 自分たちで新たな成長を実現するという気概に満ちている。
- 経営がアグレッシブなので、売りになるキャリアを身につけやすい。
- 若くしてマネージメントも経験できるチャンスが多い。（このような経験を積んでおくと、労働市場での価値が高まる）

内定 出る人 出ない人 vol.54

最終回 出会えてうれしい人を目指そう

練習を繰り返し、就活を再構築し、やっと最終面接にたどり着けた２人。リカバリー期間に成長をしているのでしょうか？

きまじめA君

（ある会社の最終面接）

（…A君、思ったままに、思ったままに、と心の中で呟く（つぶや）…）

社長　ところで、就職活動や学校で忙しいだろうに、弊社の社員を訪問してくれたそうだね。

はい。**仕事現場の実態を知らないままに就職活動を進めては、一番大切な部分が欠けてしまう**と考え、ご訪問させていただきました。

社長　ほ〜。立派な考えを持っている人は多いのだけど、実際の行動に移す人は少ないからね。私は行動するAさんを素直に評価したいと思うよ。

こちらこそ、お忙しい中お話の機会を作っていただきありがとうございました。でも実は「仕事への理解を深めることが大切」と心から考えられるようになったのは、就活が順調ではないからなのです。もしもスムーズに進んでいたとしたら、現場のことをろくに知らないまま、ただ「面接に受かって良かった」という就活で終わっていたはずです。

（**これまでの就活の反省点を語れるようにしておこう！**）

社長　何事においても、プロセスで**「気づき」を持てる**ということが大切なんだ。そして、反省し、改善に移すことができたAさんは大変素晴らしいと思うよ。ところで報告によると、Aさんは**「仕事の厳しい部分」について重点的に質問**していたようだね。話を聞いて、もっと楽な仕事を探したくなったのではないかね？

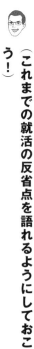

いえ、お話をお伺いして感じたのは、「困難な仕事ほど、自分の安定性につながる」ということです。**会社は、困難な仕事を担当する人を一番必要としている**と思いますので、リストラされるのも、きっと最後だと思います！

社長　ははは（好意的な笑い）。**自分のキャリアや能力の中に、**

安定性を見出していくという考え方のAさんには好感が持てるよ。ぜひ、重要なミッションを担う人材に成長してほしい！（…和やかな雰囲気で面接は終わる…）

ちゃっかりB君

（…B君、この会社のことだけ、この会社のことだけ、と心の中で呟く…）

社長　ところで、当社は第一志望ですか？

はい、もちろんです。御社の開発された○○商品に夢を感じました。自分で研究したほか、家族や友達にも御社の商品を説明して意見を求めてみましたが、その結果、社会に役立つものであると確信でき、**御社の先頭に立ってこの商品を世の中に広めていきたいと思いました！**

社長　でも、これまでBさんが訪問してきた会社と比較して、弊社は本当に規模が小さいから、いつつぶれるかも分かりませんよ？

厳しい就職活動を通して考えたのですが、私は**つぶれないかどうかという安定性や規模よりも、一緒に働きたいかどうか**で会社を選びたいと思っています。私は、御社の「株主と経営者と社員が一丸となって良い社会作りを目指し、会社と社会が一丸となって良い時代作りを目指していく」という理念に強く共感しています。ですから、もしもつぶれたとしたら、また会社を作る時の一員に加えてください！　人があっての会社ですから、人が諦めない限り、会社は何度でも再生できるし、作り直していけると思っています！

（厳しい就活を身をもって体験したからこそ、心の深い部分で実感できたことも多いはず。チャンスがあればどんどん語ってみよう！）

社長　「会社は人なり」を理解していながら、ついつい会社の規模に目がいく人が多い中で、Bさんと出会えて、私はうれしいよ！

ありがとうございます。頑張りますので、よろしくお願いいたします！

…さて、２人の結果はいかに？　ただ、この選考がどのような結果になろうとも、一つ言えるのは、**「出会えてうれしい」という気持ちを面接官に持たせることのできた２人ならば、いつか必ず内定を獲得できるということ。**A君、B君、よくぞここまで成長してくれた！

解説は**次のページ**へ！

苦労を買って出る心意気を持とう

vol.54のポイント！

★ 若い皆さんは、何度でもやり直せる！ ★

皆さんは失敗しても何度も挑戦できる、やり直せる！　その失敗が財産になる！　面接を何度失敗しても、**投げ出さずに反省して、変化し続けてください。自分を信じて希望を持ち続けてください。**小さくならず、挑戦の数を増やすことにエネルギーを注ごうではないですか！

★ 進むためには、気持ちの深さが必要 ★

面接に落ちた時、自分を否定されたようで悲しくなったかもしれません。しかし、自分は「その会社への気持ちを深めることに全力を注いだか？」とも反省してみましょう。説明会やウェブサイトの情報を覚えただけのレベルで選考に臨んでいた場合もあるはず。基本に立ち返り、選考をこなすことではなく、**企業への共感や賛同を育むことにエネルギーを注いでみましょう。**

★ 御社の一番大変な仕事を担当したいです ★

経営理念やビジョンに共感している会社であれば頑張れる…そう思って働いている人が確実にいます。ここで大切なのは「会社に必要な苦労を買って出ることは、あなた自身のキャリア上のメリット&人生の安定性として返ってくる」ということ。30代、40代…と歳を取るにつれ、リストラにおびえるような人生を送らないためにも、会社から絶対的に必要とされるスペシャリストを目指してほしいと思います。

こっそり採用担当者の本音

内定の早い遅いでは、今後の人生に一切、差はつかない。自分への問題意識の有無によっては、人の成長にはどんどん差が開く。自分に問題意識の持てるこの就活をぜひ生かしてほしい！

仲間入りしたい気持ちを強く持とう

心から入社したいと思うために

応募者の言葉の中に、「採用担当者が何か**感じるものがあるか？**」が、面接での大きな評価ポイントです。（例「この人は、本当に、うちの会社を気に入ってくれているんだな～」）

では、**あなたの言葉に、採用担当者が感じるものを加えるには、どうすればいいのでしょうか？**

実は簡単です。心から仲間入りしたい（＝入社したい）と思えばいいのです。

では、「心から」というレベルになるにはどうすればいいのでしょうか？ これは少し難しく、**HPにざっと目を通したくらいではなれません**。

必要なのは、人との出会いです。**自分の心を動かしてくれる人との出会いです**。例えば、「仕事を熱く語ってくれる先輩がいる会社だから入社したい」「あんなに細かな心遣いをしてくれた先輩がいるから入社したい」など。このような魅力的な人と出会えた瞬間に、あなたは心から入社したいと思えるようになるでしょう。

思ってしまえば、採用担当者に伝わるようになるのですから、ある意味、内定を獲得するのは簡単と言えます。**出会いを待つのではなく、作る意識で頑張ってください**。

「失礼しました」で怖いものなし

就活で、あなたがどんな失敗をしようとも、就活の歴史の中では、よくある失敗の一つにしか過ぎません。

人は重要なことにはこんな失敗をしてはいけないと慎重になり、**意識するほど、なぜか引き寄せられ、その失敗をしてしまうものなのです**。

だから失敗をする不安と、失敗した場合の気まずさとは、うまく付き合っていくしかありません。

この付き合い方で大切なのは、**失敗直後に「失礼しました」**と言えるかどうかです。

・場違いなことを言ってしまったら「失礼しました」。
・お茶をひっくり返してしまったら「失礼しました」。

このように失敗を流し去ってくれる「失礼しました」。なんて便利な言葉でしょう。初めての就活を、**失敗も勘違いも一切なしで乗り切るなんて絶対に無理**なのですから、「失礼しました」と二人三脚で、伸び伸びと頑張ってほしいと思います。

社会人となったA君・B君・C子さんから、皆さんへのメッセージ

〝継続は力なり〟をモットーに

僕が内定を獲れたのは卒業直前だったので、皆さんに就活のアドバイスをするなんて、とってもおこがましいのだけど、やはり「継続」って大切だと思います。正直、何度か就活を諦めかけたんだけど、あの時諦めなくて本当に良かったな、と思います。そのおかげで、僕は一日一日、少しずつだとしても着実に成長でき、結果、今の自分につながっているわけですから。たとえ、不合格連続の状況だとしても、そこでくじけない気持ちの強さを持つというのも、大きな成長と言えると思います。「次こそは!」という不屈の気持ちと行動は必ず内定につながると信じ、就活を頑張ってください。

社会人になってからが本当の勝負さ!

いや～、実は俺ね、最初の3カ月はアルバイト採用で、その結果で判断するという条件で就職したんだよね。だから、実は就活では内定をもらえてないの。

でも、筆記試験や面接の内容よりも、実際に仕事をさせてもらえたら絶対に力を発揮できると思っている俺みたいなタイプの人も、いっぱいいると思うんだよね。だからね、「どんな形でも会社に潜り込んで、そして仕事になったら正式内定の同期を抜いてやる!」って気持ちで就活するのもアリだと思うよ。ちなみに、俺はいずれ起業してビッグになるからね。君たちも、就職後の夢を持って今を頑張ってね。

出会った人の良い点を真似しましょう

チャンスが来るのは、明日? 3カ月後? それとも半年後? 就活でも仕事でも、これって分からないんですよね。でも、自己研鑽を心がけている人ほど、高く評価されたり、抜擢されるチャンスが早く、多く巡ってくると感じました。私は出会った人の素晴らしい点を見つけて、自分に取り入れるようにしています。例えば、物事についての考え方や人への接し方などの内面的な部分から、歩き方や服装、お辞儀の仕方などの外面的な部分まで。このようなことの積み重ねが、自分を成長させるうえでとても大切なことだと感じています。多くの人と接する就活の中で、真似したいと思う素晴らしい人と出会えることを祈っています。

まとめ

岡先生から就活生へのメッセージ

スムーズな就活なんて面白くない！

就職活動にはさまざまな価値が含まれています。

その第一の価値として「人生における大きな意思決定を、あなた自身で行うこと」が挙げられます。就活は自立した人間となるための大きなイベントとも言えるでしょう。

そして、この就活というイベントであなたは苦労を味わうことになると思います。この苦労こそが就活の第二の価値です。

もちろん、苦労などないに越したことはありません。しかし、現実的には苦労を避けて生きることができないことを、あなたも私も知っています。だからこそ、私たちはできるだけ若いうちに、苦労に対処する力を養うことが必要なのです。

優秀と評価されていたにもかかわらず、一度の挫折でぽっきりと心が折れてしまい、会社を辞めていった人を何人も見てきました。優秀ゆえに、学生時代に挫折を味わうことがなかったのでしょう。このことを思い出すたびに、優秀であるということもそれはそれでリスクがあるのだなと考えさせられます。

そう考えると、本書に登場するA君やB君、C子さんのように、さまざまな問題につまずき、悩みながらも、経験を積み重ねていき、人間として、社会人として成長していくことこそが、実は一番幸せなのではないかと感じます。

本書を読んでくれているあなたも、ぜひ、就活において立ちはだかる苦労に前向きに立ち向かってください。家庭、学校、サークル、アルバイト先の人たちが、損得を抜きに、協力をしてくれる環境にある今こそが、苦労に対処する術を身につける「最高の勉強機会」なのです。

そして、この就活を終えた時に、あなたが内定獲得以上の「人間的成長」を獲得し、社会人としての第一歩を踏み出すことを願っています。

【著者紹介】岡 茂信（おか しげのぶ）

現在東証プライム上場の情報システム開発企業で、延べ10000人以上の面接・採用選考経験を元に、1999年にジョブ・アナリストとして独立。全国のさまざまな大学及び就職イベントでの講演等で活躍、また一方では、有名企業に対し採用アドバイスも行ってきた。企業の採用手法および意図を知り尽くした存在として、毎年、多くの就職活動生から頼りにされてきた。「ハートを込める大切さと、そのハートを表現する力を磨く大切さに、この就活を通して気付いてほしい」－これが就活アドバイスを通して、著者が一番伝えたいことである。著書に小社オフィシャル就活BOOKシリーズ「内定獲得のメソッド 自己分析 適職へ導く書き込み式ワークシート」、「内定獲得のメソッド エントリーシート 完全突破塾」などがある。HP「岡茂信の就活の根っこ」(http://ameblo.jp/okashigenobu/)

編集　太田健作（verb）
イラスト　タナカケンイチ
カバーデザイン　掛川竜
デザイン・DTP　NO DESIGN

内定獲得のメソッド
就職活動がまるごと分かる本
いつ?　どこで?　なにをする?

著者　岡 茂信
発行者　角竹輝紀
発行所　株式会社マイナビ出版
〒101-0003
東京都千代田区一ツ橋2-6-3 一ツ橋ビル 2F
電話　0480-38-6872（注文専用ダイヤル）
03-3556-2731（販売）
03-3556-2735（編集）
URL　https://book.mynavi.jp

印刷・製本　大日本印刷株式会社